*Tanja Jungmann / Christina Reichenbach*

# Bindungstheorie und pädagogisches Handeln

Ein Praxisleitfaden

*Tanja Jungmann / Christina Reichenbach*

# Bindungstheorie und pädagogisches Handeln

Ein Praxisleitfaden

BORGMANN
MEDIA

Externe Links
Der Verlag weist ausdrücklich darauf hin, dass eventuell im Text enthaltene externe Links vom Verlag nur bis zum Zeitpunkt der Buchveröffentlichung eingesehen werden konnten. Auf spätere Veränderungen hat der Verlag keinerlei Einfluss. Eine Haftung des Verlages ist daher ausgeschlossen.



**Veröffentlicht in der Edition:**
***BORGMANN MEDIA* GmbH & Co. KG • Schleefstraße 14 • D-44287 Dortmund**

5. Aufl. 2020
Gesamtherstellung: Löer Druck GmbH, Dortmund

Bestell-Nr. 9406 ISBN 978-3-942976-20-6

# Vorwort

Das vorliegende Buch bietet eine praxisnahe, wissenschaftlich fundierte Auseinandersetzung mit der Bedeutung von Bindung und Beziehung in pädagogischen Kontexten. Da die Beziehungsgestaltung maßgeblich zum Fördererfolg beiträgt, ist es unser Anliegen, wesentliche Aspekte gelungener Beziehungsgestaltung zu verdeutlichen und zur kontinuierlichen Reflexion über den Einfluss eigener Beziehungserfahrungen auf die aktuelle Beziehungsgestaltung anzuregen.

Die Idee für dieses Buch entstand zum einen aufgrund zahlreicher fachlicher Gespräche im Rahmen unserer gemeinsamen Arbeit an der Leibniz Universität Hannover. Zum anderen zeigten Fortbildungsveranstaltungen für und die Kooperation mit pädagogischen Fachkräften (u. a. in Kindertageseinrichtungen und Schulen), dass das Thema auf großes Interesse stößt und zunehmend Bedarf an übersichtlich aufbereiteten, praxisrelevanten Informationen besteht.

Dies versucht das Buch zu leisten, allerdings ist das Forschungsgebiet zum Thema „Bindung" außerordentlich breit und hat in den letzten Jahren eine Vielzahl neuer Erkenntnisse hervorgebracht. Aufgrund dessen mussten wir eine Auswahl treffen, verweisen aber an entsprechenden Stellen auf wesentliche Untersuchungen und weiterführende Quellen.

An dieser Stelle möchten wir uns bei allen pädagogischen Fachkräften bedanken, die unsere Rohfassungen bereits kritisch Korrektur gelesen haben. Der Städtischen Kindertagesstätte Dortmund Lanstrop und unseren „Fotomodellen" danken wir für ihre Unterstützung durch illustratives Bildmaterial, das dazu beiträgt, den Text anschaulicher zu gestalten.

Hannover/Dortmund im Januar 2009

Tanja Jungmann & Christina Reichenbach

# 1. Bindung und Beziehung im konzeptuellen Rahmen von Risiko- und Schutzfaktoren

Es gibt eine Vielzahl von Risiko- und Schutzfaktoren, die auf verschiedenen Ebenen identifizierbar sind: Diese Faktoren liegen zum einen im Kind, zum anderen in der Familie sowie in der Umwelt. Einer der wesentlichen Schutzfaktoren in der kindlichen Entwicklung stellt eine gelungene Eltern-Kind-Bindung dar. Im Folgenden wird das Risiko- und Schutzfaktorenkonzept als theoretischer Rahmen für das Verständnis und die anschließende pädagogische Auseinandersetzung mit Aspekten der Bindungs- und Beziehungsgestaltung erläutert.

## Risikofaktoren

Risikoerhöhende Bedingungen, die seitens des Kindes vorliegen, werden als Vulnerabilität bezeichnet. Damit ist die Verletzbarkeit, Verwundbarkeit oder Empfindlichkeit einer Person gegenüber äußeren (ungünstigen) Einflussfaktoren gemeint, aus der sich eine erhöhte Gefahr für Entwicklungsabweichungen ergibt (vgl. Fingerle 2000).

Es kann die **primäre** von der **sekundären Vulnerabilität** unterschieden werden:

- Die primäre Vulnerabilität eines Kindes liegt von Geburt an vor, zum Beispiel in Form von genetischen Dispositionen, Behinderungen oder chronischen Krankheiten.
- Die sekundäre Vulnerabilität erwirbt das Kind erst in Interaktion mit seiner Umwelt, zum Beispiel durch negatives Pflegeverhalten der primären Bezugsperson, wenn bei dieser eine besondere Belastung besteht. Diese Belastung kann entweder in der Mutter selbst liegen (z. B. Depression), sich aus einer erschwerten Interaktion mit dem Kind ergeben (z. B. wenn eine Behinderung vorliegt) oder aber auch aus ungünstigen Umweltbedingungen hervorgehen (z. B. Armut, mangelnder sozialer Unterstützung).

Wie die Beispiele zeigen, können Risikofaktoren zudem in der Umgebung des Kindes liegen. Diese werden als Stressoren bezeichnet.

- Stressoren auf der Ebene der Familie sind beispielsweise elterliche Belastungen, Gewalt und Misshandlung innerhalb der Familie oder sehr junge Elternschaft (unter 15 Jahren).
- Stressoren auf der Umweltebene sind z. B. ein niedriger sozio-ökonomischer Status oder mangelnde soziale Unterstützung (vgl. Scheithauer / Niebank / Petermann 2000). Ein niedriger sozio-ökonomischer Status kann z. B. eine erschwerte Eltern-Kind-Interaktion auf der Grundlage von materieller und emotionaler Existenznot zur Folge haben.

Diese Beispiele zeigen, dass sich die Risikofaktoren, die im Kind, in der Familie oder in der Umwelt liegen, wechselseitig beeinflussen und nur schwer voneinander zu trennen sind.

Darüber hinaus ist auch das zeitliche Auftreten von Risikofaktoren im Lebenslauf von Bedeutung. Hier werden **diskrete** (punktuelle/einmalige) von **kontinuierlichen Risikoereignissen** abgegrenzt.

- Ein diskretes Risikoereignis ist z. B. die Trennung der Eltern, die nach Scheithauer / Petermann (1999) vor allem während der ersten vier bis fünf Lebensjahre einen besonderen Risikofaktor für den weiteren Entwicklungsverlauf des Kindes darstellt.
- Kontinuierliche Risikofaktoren, die über einen längeren Zeitraum andauern, aber in ihrem Ausmaß und ihrer Auswirkung variieren können, sind z. B. chronische Armut oder eine geringe Qualität der Eltern-Kind-Bindung (vgl. Scheithauer / Petermann 1999).

Des Weiteren ist zu unterscheiden, ob sich die Risikofaktoren direkt auf das Kind auswirken, wie zum Beispiel ein negatives Elternverhalten, oder indirekt über vermittelnde Einflussfaktoren, die Mediatoren genannt werden, wie z. B. der sozioökonomische Status, der eine Trägervariable für eine Vielzahl von weiteren Risikofaktoren (schlechte Wohnverhältnisse, Armut, innerfamiliäre Konflikte etc.) darstellt. **Für eine Prävention oder Intervention sind lediglich die Faktoren relevant, die veränderbar und variabel sind.**

Risikofaktoren treten selten isoliert auf. Mit dem gleichzeitigen Auftreten von mehreren Risikofaktoren erhöht sich das Risiko für eine abweichende Entwicklung. Zum Beispiel ist die mütterliche Belastung ein Risikofaktor für eine unangepasste Entwicklung des Kindes, welche sich beeinträchtigend auf das Interaktions- und Pflegeverhalten auswirkt, was wiederum die Bindungsqualität negativ beeinflussen kann. Das Risiko für eine abweichende oder ungünstige Entwicklung des Kindes erhöht sich noch zusätzlich, wenn die Mutter keine Unterstützung von anderen Menschen erfährt oder die finanziellen Möglichkeiten der Familie eingeschränkt sind.

Die Risikofaktoren in der Umwelt (Stressoren) interagieren mit der primären Vulnerabilität des Kindes. Es gibt Phasen erhöhter Vulnerabilität, in der bestimmte risikoerhöhende Faktoren mit höherer Wahrscheinlichkeit zu der beschriebenen sekundären Vulnerabilität und damit zu Entwicklungsabweichungen führen können. Phasen erhöhter Vulnerabilität stellen z. B. soziale Entwicklungsübergänge, wie zum Beispiel die Einschulung oder die Pubertät dar (vgl. Bronfenbrenner 1989; Schneewind 1995).

**Risikobedingungen sind nicht mit einer Entwicklungsauffälligkeit gleichzusetzen!** Sie erhöhen lediglich die Wahrscheinlichkeit für eine fehlangepasste Entwicklung.

Unterschiedliche Risiko- und Entwicklungsbedingungen können ebenso zum gleichen Ergebnis führen (= **Prinzip der Äquifinalität**), wie auch ein und dieselbe Risikobedingung viele unterschiedliche Entwicklungsergebnisse hervorbringen kann (= **Prinzip der Multifinalität**) (vgl. Scheithauer / Niebank / Petermann 2000).

- Beispiel zum Prinzip der Äquifinalität:
  Gehörlose Kinder erwerben mit der Gebärdensprache ebenso ein Zeichensystem zur Kommunikation, wie hörende Kinder dies mit der gesprochenen Sprache tun, obwohl ihnen die Sprache der Eltern als Vorbild fehlt (vgl. Goldin-Meadow 1997).
- Beispiel zum Prinzip der Multifinalität:
  Ein Kind mit einem schwierigen Temperament als Risikobedingung kann beispielsweise in einen Kindergarten kommen, in dem die Erzieherinnen sehr feinfühlig auf das Kind reagieren und es sich dadurch angenommen fühlt; andererseits kann es in einer weniger feinfühligen Umgebung permanent in soziale Konflikte geraten und eine Neigung zu Wutausbrüchen entwickeln (vgl. Zentner 2000).

## Schutzfaktoren

Manche Kinder entwickeln sich trotz vorhandener Risikofaktoren nicht abweichend. Um dieses Phänomen zu erklären, hat die Beschäftigung mit dem Schutzfaktorenkonzept eine besondere Bedeutung erlangt. Aufgrund ihrer kompensatorischen Wirkung werden Schutzfaktoren in der Literatur auch häufig als „risikomildernde" Faktoren bezeichnet.

Ebenso wie bei den Risikofaktoren werden Schutzfaktoren auf der Ebene des Kindes, der Familie und der Umwelt unterschieden (vgl. Scheithauer / Petermann 1999).

Schutzfaktoren, die im Kind liegen, werden als **Resilienz** (Widerstandsfähigkeit) bezeichnet. Dieser Begriff beschreibt die Fähigkeit einer Person, relativ unbeschadet mit den Folgen belastender Lebensumstände umzugehen und Bewältigungskompetenzen zu entwickeln (vgl. Laucht / Esser / Schmidt 1997). Zu den Schutzfaktoren im Kind gehören z. B. ein positives Temperament, was durch Flexibilität, Aktivität und Offenheit gekennzeichnet ist und eine überdurchschnittliche Intelligenz.

Resilienz entwickelt sich aber auch durch die Kind-Umwelt-Interaktion und ist daher im Laufe der Entwicklung dynamisch und veränderbar. Dies bietet einen wichtigen Ansatz für pädagogische Interventionen. Zu den Resilienzfaktoren, die durch das Zusammenwirken mit der Umwelt entstehen, zählen ein positives Sozialverhalten, ein positives Selbstwertgefühl, eine gute Selbstwirksamkeitsüberzeugung sowie ein aktives Bewältigungsverhalten.

Schutzfaktoren innerhalb der Familie, die zur Entwicklung von Resilienz beitragen, sind ein offenes unterstützendes Erziehungsklima, eine stabile emotionale Beziehung zu einer Bezugsperson, familiärer Zusammenhalt und Modelle positiven Bewältigungsverhaltens.

Schutzfaktoren innerhalb des sozialen Umfeldes (**Ressourcen**) sind soziale Unterstützung, positive Freundschaftsbeziehungen, aber auch positive Schulerfahrungen.

Auch bei den risikomildernden Faktoren ist ein gehäuftes Auftreten möglich, was letztendlich zur Potenzierung ihrer Wirkung beiträgt. Ebenso stehen Schutzfaktoren in Wechselwirkung und gegenseitiger Abhängigkeit voneinander. So ist eine sichere Bindungsbeziehung zu einer Bezugsperson wesentlich mit der Entwicklung eines positiven Selbstbildes verknüpft. Das Erleben von Selbstwirksamkeit in sozialen Beziehungen ermöglicht es dem Kind wiederum eher soziale Kontakte einzugehen und aufrecht zu erhalten, als einem Kind mit unsicherer Bindungsbeziehung. Somit bedingt der Schutzfaktor „sichere Bindungsbeziehung" eine Folge von weiteren Schutzfaktoren. Auch hier gilt, eine sichere Bindungsbeziehung ist zwar ein wichtiger Schutzfaktor für die psychisch gesunde Entwicklung, stellt aber keine Garantie dafür dar.

### Zusammenwirken von Risiko- und Schutzfaktoren

Im Entwicklungsverlauf treten Risiko- und Schutzfaktoren auf den unterschiedlichen Ebenen in Wechselwirkung zueinander. Die Komplexität dieser wechselseitigen Wirkung über die Zeit veranschaulicht Abbildung 1.

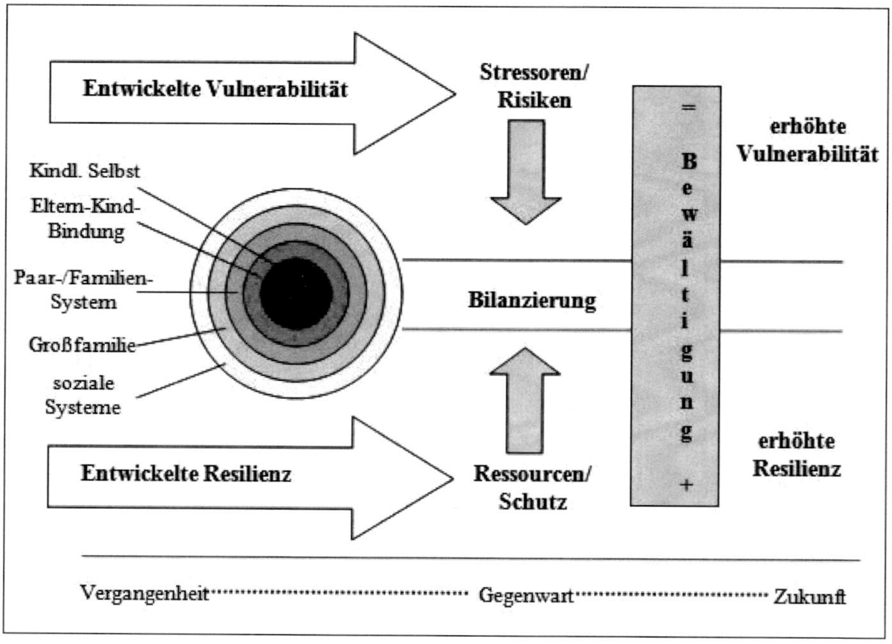


*Abb. 1: Prozessmodell (adaptiert nach Schneewind 1995 aus Suess / Zimmermann)*

Aus der Gesamtzahl an vorliegenden Risiko- und Schutzfaktoren ergeben sich entwickelte Vulnerabilitäten auf der einen Seite und entwickelte Resilienzen auf der anderen Seite. Mit dieser, im Entwicklungsverlauf durch die Wechselwirkung mit der familiären und sozialen Umwelt entstandenen Vulnerabilität einerseits, aber auch Resilienz andererseits trifft das Kind in der aktuellen Situation auf neue Stressoren und Risiken, aber auch auf neue Ressourcen und Schutzfaktoren. Die Bilanz der gemachten Erfahrungen mit den aktuellen Erlebnissen lässt einen Rückschluss darauf zu, ob das Kind in der Lage ist, die neuen Anforderungen zu bewältigen oder ob es zu einer Überforderung kommt. In der pädagogischen Situation hat man also immer die Möglichkeit, den Entwicklungsweg sowohl positiv als auch negativ zu beeinflussen.

> Die gesamten Zusammenhänge müssen auf biologischer, psychischer und sozialer Ebene in Abhängigkeit von ihrer Wechselwirkung, vom Entwicklungsstand des Kindes, von ihrem zeitlichen Auftreten und Andauern betrachtet werden.

## Grenzen des Risiko- und Schutzfaktoren-Konzeptes

Trotz der Relevanz des Risiko- und Schutzfaktorenkonzeptes für die pädagogische Praxis ist festzustellen, dass Schutz- und Risikofaktoren bisher ausschließlich beschrieben und nicht in ihrem Wirkmechanismus verstanden wurden. So ist vielfach nicht zu beurteilen, worin eigentlich das Risiko besteht, dem ein Kind ausgesetzt war. Liegt zum Beispiel das Risiko von Kindern, die mit einer durch Depression gesundheitlich belasteten Mutter aufwachsen, darin, dass diese Kinder aufgrund von Klinikaufenthalten ihrer Mütter häufige Trennungssituationen erleben oder gelingt es solchen Müttern weniger, eine durch Feinfühligkeit geprägte Beziehung zu ihrem Kind aufzubauen?

Methodisch und konzeptionell lassen sich Schutzfaktoren des Weiteren kaum punktuell von Risikofaktoren abgrenzen. Es kann somit nicht ausgeschlossen werden, dass diese Faktoren lediglich das Gegenteil oder das Fehlen von Risiken in der kindlichen Entwicklung erfassen (vgl. Julius / Goetze 2000). So erhielten zum Beispiel die als resilient identifizierten Kinder in der Studie von Werner / Smith (1982) im Kleinkindalter mehr Beachtung und Aufmerksamkeit als die „verletzbaren" Kinder. Sie waren aktiver und sozial umgänglicher und wurden von ihren Müttern als freundlicher und liebenswürdiger eingeschätzt. Diese Ergebnisse können zum einen dahingehend interpretiert werden, dass ein einfaches Temperament und ein sorgendes Elternverhalten Schutzfaktoren darstellen. Andererseits können diese Ergebnisse aber auch auf eine geringere Gesamtrisikobelastung hinweisen. Weiterhin kann die protektive, d. h. beschützende, Wirksamkeit von Schutzfaktoren nicht ohne weiteres angenommen werden, denn bei den ermittelten Sozialkompetenzen könnte es sich sowohl um Kompetenzen handeln, die vor der Entwicklung psychischer Symptome schützen (= Widerstandsfähigkeit / Resilienz) als auch um Kompetenzen, die das Ergebnis einer positiven Entwicklung sind.

Insgesamt fehlt derzeit also noch ein tieferes Verständnis der Prozesse und Mechanismen, die einer positiven Anpassung trotz widriger Entwicklungsbedingungen zugrunde liegen. Zweifelsohne kann jedoch die Qualität der Bindung einer Person in dreierlei Hinsicht als wesentlicher Faktor gesehen werden (vgl. Spangler/Zimmermann 1999):

- **Sichere Bindung als Ausgangspunkt eines Entwicklungspfades zu Kompetenz**
  So fiel z. B. bereits Rutter (1979) auf, dass bei mehr als drei Risikofaktoren die Wahrscheinlichkeit ein Verhaltensproblem zu entwickeln bei 75 % lag, wenn

es keine liebevolle und verlässliche Bezugsperson gab; verfügten Kinder mit vergleichbarer Risikokonstellation jedoch über eine solche Bezugsperson, verringerte sich das Risiko ein Verhaltensproblem zu entwickeln auf 25% (vgl. Suess / Zimmermann 2001).

- **Sichere Bindungsorganisation als Risikopuffer**
  Eine sichere Bindungsqualität kann zur besseren Bewältigung einer kritischen und belastenden Lebensituation beitragen, so dass es nicht zu einer Entwicklungsabweichung kommt. Als Puffer können z. B. ein gut entwickeltes Selbstwertgefühl oder die Möglichkeit und Fähigkeit des Kindes, auf unterstützende Bezugspersonen zurückzugreifen, wirken (vgl. Spangler / Zimmermann 1999).
- **Sichere Bindungsorganisation als wichtiger Einflussfaktor in der pädagogischen Intervention**
  Da sich Bindungsmuster in Beziehungen ausbilden, dort aufrechterhalten und auch verändert werden, stellt die Beziehung einen Hauptfokus möglicher Interventionen bei Eltern und Kindern dar. Hierin liegen auch die nachhaltigsten Konsequenzen für die Arbeit mit Kindern, Jugendlichen und Eltern. Die Entstehung von Arbeitsmodellen bzw. Konzepten von sich selbst, den primären Bindungspersonen und der Beziehung zu ihnen wird innerhalb der Bindungsforschung als Integrationsleistung beschrieben, die nicht allein die Verhaltensebene, sondern auch die kognitive und emotionale Ebene einbezieht. Deshalb sollten pädagogische Interventionen auch diese Bereiche in integrativer Form ansprechen (vgl. Zimmermann / Suess / Scheuerer-Englisch / Grossmann 2000).

# 2. Bindungstheorie

Die Bindungstheorie (vgl. Bowlby 1969; 1973; 1980) beschäftigt sich mit den Ursachen der menschlichen Neigung, enge emotionale Beziehungen einzugehen und mit den Folgen von Beeinträchtigungen dieser engen emotionalen Beziehungen für die psychische Gesundheit und die weitere Entwicklung. Die Bindungstheorie war ursprünglich als klinische Entwicklungstheorie konzipiert, hat jedoch überwiegend Eingang in die Entwicklungspsychologie gefunden. Generell beschäftigt sie sich mit Entwicklungseinflüssen auf die Qualität der Anpassung über die Lebensspanne (vgl. Zimmermann / Suess / Scheuerer-Englisch 2000). Ihre Relevanz für die pädagogische Praxis ergibt sich aus ihrer Beschäftigung mit sozial-emotionalen Schwierigkeiten und ihrer Erklärung. Das folgende Kapitel setzt sich aus diesem Grunde vertieft mit dem Bindungsbegriff, der Bindungsentwicklung, vor allem aber mit der Frage der positiven Beeinflussbarkeit bestehender Bindungsmuster durch korrigierende Bindungserfahrungen in pädagogischen Kontexten auseinander.

## 2.1 Der Bindungsbegriff

> Mit dem Begriff Bindung wird die enge soziale Beziehung zu bestimmten Personen, die Schutz oder Unterstützung bieten können, bezeichnet.

Bindungspersonen, die auf Bedürfnisse eines Kindes oder Erwachsenen nach Nähe und Zuneigung reagieren, sind nicht ohne Weiteres austauschbar, da die Art der Bindungsbeziehung an diese Personen angepasst ist (vgl. Grossmann / Becker-Stoll / Grossmann / Kindler / Schieche / Spangler / Wensauer / Zimmermann 1997).

Grundlage hierfür ist das Bindungsverhaltenssystem, welches zum Beispiel bei Furcht, Kummer, Krankheit, Erschöpfung oder Verunsicherung aktiviert wird. Das ausgelöste Bindungsverhalten zielt dann auf die Herstellung von physischer oder psychischer Nähe ab, z. B. durch direktes Aufsuchen von Körperkontakt oder durch gezielte Kommunikation.

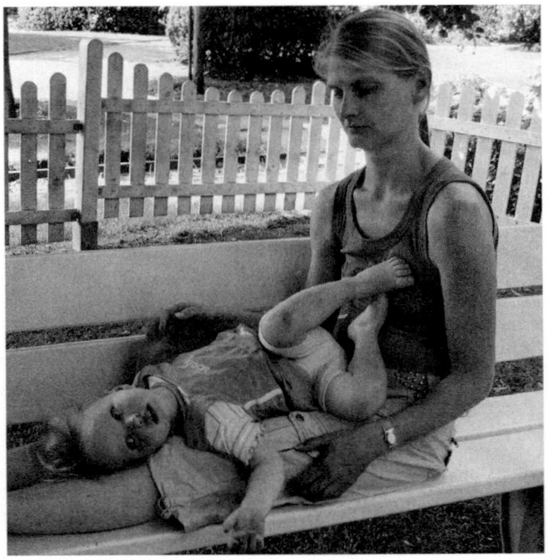

### Internale Arbeitsmodelle

Das Bindungsverhalten hat eine genetische Basis, ist aber durch Interaktionserfahrungen modifizierbar. Die Art und Weise, wie sich dieses Bedürfnis nach Bindung in konkretem Verhalten zeigt, wird laut Bindungstheorie durch sogenannte **internale**

**Arbeitsmodelle** gesteuert. Diese beinhalten das mit der Zeit in der Person selbst gespeicherte Wissen über Bindungserfahrungen sowie Erwartungen und Vorstellungen hinsichtlich der Reaktionen der Bindungspersonen und über das eigene Selbst. Sie dienen der Interpretation, Planung und Vorhersage von Interaktionen mit ihren Interaktionspartnern.
Dabei unterliegt die Konstruktion und Organisation von Beziehungserfahrungen im internalen Arbeitsmodell einem Entwicklungsprozess (vgl. auch Kapitel 2.2). Nach den Forschungsergebnissen zur Gedächtnisentwicklung werden Beziehungserfahrungen und Erwartungsmuster zunächst als prozedurale Gedächtnisinhalte und -prozesse[1] organisiert (vgl. Tulving 1985). Das prozedurale Gedächtnis ist die früheste Gedächtnisform in der Entwicklung und basiert auf (vorsprachlichen) sensomotorischen Lernerfahrungen, so werden z. B. wiederholte Erfahrungen von feinfühligem Eingehen der primären Bezugspersonen auf die kindlichen Bedürfnisse in den ersten anderthalb Lebensjahren dort gespeichert. Etwa um den 18. Lebensmonat des Kindes herum können diese und andere Lernerfahrungen dank des fortschreitenden Spracherwerbs zunehmend auch im deklarativen Gedächtnis[2] gespeichert und damit bewusst wieder abgerufen werden. Die Entwicklung des internalen Arbeitsmodells beginnt (vgl. Gloger-Tippelt 2001). Im Alter von etwa fünf Jahren sind Kinder mit dem Abschluss des Sprachlernens in der Lage, die im internalen Arbeitsmodell abgespeicherten Beziehungsinformationen über sich selbst und die primären Bindungspersonen auch sprachlich mitzuteilen.

Vor dem Hintergrund dieses Zusammenspiels zwischen kognitiven, sprachlichen und sozial-emotionalen Entwicklungsprozessen lässt sich die Bedeutung des elterlichen Einflusses auf die Konstruktion solcher Arbeitsmodelle nachvollziehen: So übernimmt das Kind etwa bis zum vierten Lebensjahr die Bewertung der Eltern, wenn es Erfahrungen oder Ereignisse darlegt oder aber vertritt. Damit ist auch erklärbar, wie eng die Entwicklung des eigenen Selbstkonzeptes mit elterlicher Kritik, Abwertung oder aber Würdigung und Wertschätzung verknüpft ist (vgl. Ziegenhain / Fegert 2004; Laskowski 2000).

---

[1] Das *prozedurale Gedächtnis* speichert Fertigkeiten, Erwartungen, Verhaltensweisen und die Ergebnisse von einfachen Lernvorgängen. Es ist vielfältig in Bezug auf die enthaltenen Informationsarten, die zugrundeliegenden Lernmechanismen und die entsprechenden anatomischen Regionen. Gemeinsam ist allen Inhalten des prozeduralen Gedächtnisses, dass sie ohne Einschaltung des Bewusstseins das Verhalten beeinflussen können, z. B. Gehen, Radfahren, Tanzen, Autofahren, Klavierspielen.

[2] Das *deklarative Gedächtnis* speichert Tatsachen und Ereignisse, die bewusst und auch sprachlich wiedergegeben werden können. Zum deklarativen Gedächtnis gehört zum einen das semantische Gedächtnis, das von der Person unabhängige, allgemeine Fakten enthält („Paris ist die Hauptstadt von Frankreich", „Man hat eine Mutter und einen Vater"). Dies ist das sogenannte Weltwissen. Zum anderen gibt es das episodische Gedächtnis, in dem biografisch relevante Ereignisse, Erlebnisse und Tatsachen gespeichert werden (Erinnerung an Erlebnisse mit den primären Bezugspersonen, die Gesichter und die Namen der eigenen Eltern).

Die in Interaktion mit den primären Bezugspersonen entstandenen Gedächtnisinhalte und -prozesse sind im semantischen Gedächtnis gespeichert und organisiert. Sie stimmen jeweils in individuell unterschiedlichem Ausmaß mehr oder weniger mit den Gedächtnisinhalten überein, die Kinder und später Jugendliche bzw. Erwachsene im episodischen Gedächtnis speichern. Beispielsweise kann ein Kind die primäre Bindungsperson dann als zurückweisend erleben, wenn diese seinen Kummer nicht wahrnimmt oder abwertet, indem sie es zurückweist. Im semantischen Gedächtnis kann das Kind dasselbe Verhalten der Bindungsperson aber als liebevoll speichern, wenn diese wiederholt auf ihre aufopfernde Fürsorge verweist. Solche inhaltlichen Nichtübereinstimmungen (Inkohärenzen) zwischen semantischen und episodischen Erinnerungen werden häufig von den Betroffenen nicht bewusst reflektiert.

Beispiele für Beziehungsmuster, die zu solchen Nichtübereinstimmungen führen können, sind eine unangemessene Übernahme von Fürsorgeaufgaben der Kinder für die Eltern (Parentifizierung, d. h. eine Rollenumkehr zwischen Eltern und Kind, wenn die Eltern dem Kind eine überfordernde „Eltern-Rolle" übertragen, da sie selbst ihre Elternrolle nicht hinreichend erfüllen) und die Übernahme von (semantischen) Erklärungen oder Ansichten der Bezugsperson, die im Widerspruch zu den tatsächlichen Erfahrungen des Kindes stehen.

- Von Parentifizierung oder Rollenumkehr wird gesprochen, wenn das Kind die Rolle eines Elternteils übernehmen muss, weil dieser schwer physisch oder psychisch erkrankt ist (z. B. „Mutterrolle" für andere Geschwister) oder das Kind die Rolle des Partners übernimmt, weil sich die Eltern trennen.
- Widersprüche zu den eigenen Erfahrungen oder Absichten ergeben sich z. B. dann, wenn das Kind von einem Elternteil geschlagen wird, ohne dass es dafür einen offensichtlichen Grund gab, das Elternteil dies aber nachträglich damit begründet, dass das Kind „nichts anderes verdient habe, weil es böse gewesen sei."

Durch die oft wiederholten Interaktionen mit den Bezugspersonen werden Muster im Umgang mit den eigenen Gefühlen automatisiert, so dass sich internale Arbeitsmodelle auch in spezifischen emotionalen Ausdrücken zeigen und wiederholen.

> Internale Arbeitsmodelle sind Muster der Emotions- und Verhaltensregulierung, die aus den frühen Bindungserfahrungen entstehen. Der Grad der Übereinstimmung der Informationen im prozeduralen und im semantischen Gedächtnis entscheidet darüber, ob sich eine sichere oder eine unsichere Repräsentation von Bindung ausbildet. Internale Arbeitsmodelle steuern einerseits das Bindungsverhalten, also ob und wie man sich in engen Beziehungen verhält, aber auch Verhalten, Kognitionen und Gefühle in anderen für die Person emotional bedeutsamen Situationen (z. B. Spiel- und Lernsituationen, in denen mit Anderen (den Peers oder der pädagogischen Fachkraft) interagiert wird (vgl. Grossmann / Grossmann 1993; Zimmermann 1999).

## Bindungs- und Explorationsverhaltenssystem

Das Bindungsverhaltenssystem wird ergänzt durch das Explorationsverhaltenssystem. Explorationsverhalten umfasst die Erkundung der Umwelt, das Spiel mit Objekten oder aber später auch das Spiel mit anderen Kindern. Während Bindungsverhalten zur Herstellung und Aufrechterhaltung von Nähe und damit von Sicherheit dient, löst sich das Kind durch umwelterkundendes Verhalten von der Bezugsperson, um Lernerfahrungen zu machen. Bindungsverhalten und Explorationsverhalten sind komplementär, das heißt, dass sie einander einerseits ergänzen, andererseits aber nicht gleichzeitig vollkommen aktiv sein können, was sich bildlich gut anhand einer Wippe veranschaulichen lässt (vgl. Abbildung 2).

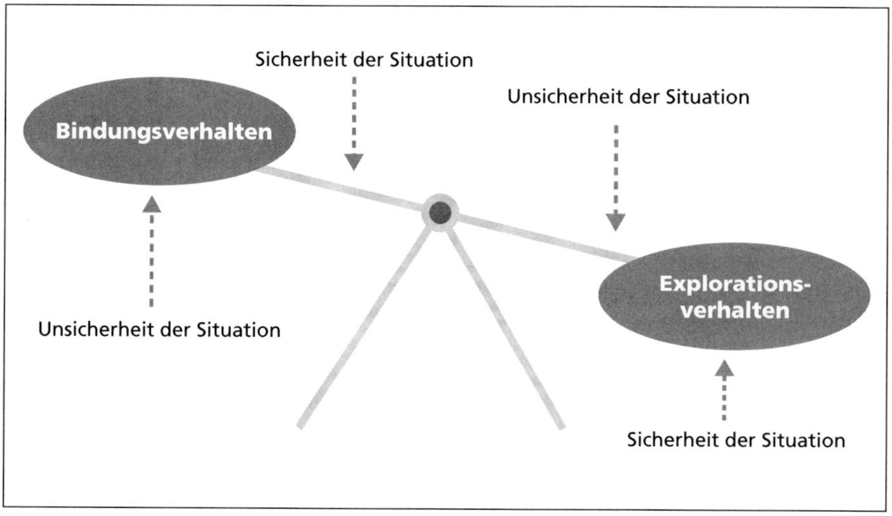


*Abb. 2: Bindungs- und Explorationsverhalten als komplementäre Verhaltenssysteme in Abhängigkeit von der Sicherheit der Situation*

Während in unsicheren Situationen das Bindungsverhaltenssystem aktiviert wird, ist in sicheren Situationen das Explorationsverhaltenssystem aktiv. Um zu explorieren und dadurch Lernerfahrungen sammeln zu können, braucht das Kind eine sichere Basis, die es idealerweise bei seinen Hauptbezugspersonen findet. Je besser sich ein Kind in seinen Bedürfnissen von seinen primären Bezugspersonen wahrgenommen fühlt, je verlässlicher es in Situationen der Unsicherheit oder bei Angst auf sie zurückgreifen kann, desto eher ist es in der Lage, sich in sicheren Momenten der Umwelt zu widmen und diese selbstständig zu erkunden.

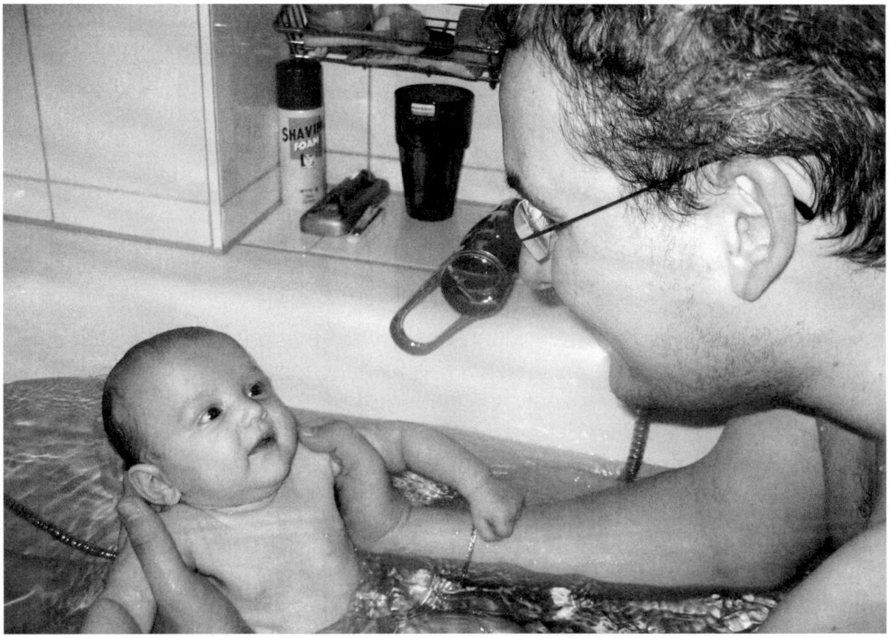

*Bindungsverhaltenssystem aktiviert*

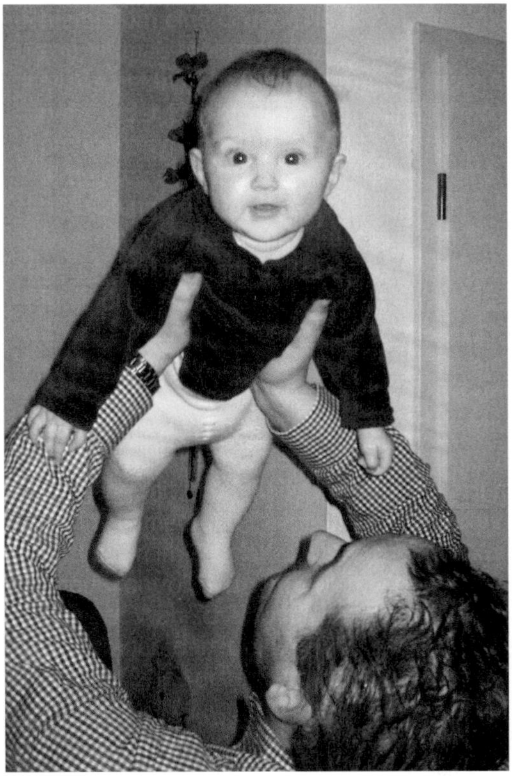

*Explorationsverhaltenssystem aktiviert*

## 2.2 Kindliches Bindungsverhalten und deren Entwicklung

Die sozial-emotionale Bindung entwickelt sich nach Bowlby (1984) und Ainsworth et al. (1978) in vier Phasen:

- der Vorphase (0-3 Monate),
- der Phase der personenunterscheidenden Ansprechbarkeit (3-7 Monate),
- der Phase der eigentlichen Bindung (ab 7-8 Monaten) und
- der Phase der zielkorrigierten Partnerschaft (ab 3 Jahren).

Damit liegen drei der vier Entwicklungsphasen des Bindungsverhaltens im Säuglingsalter, auf das zunächst im Folgenden eingegangen wird. Darüber hinaus wird die weitere Entwicklung des kindlichen Bindungsverhaltens in Anlehnung an Largo (2007) im Kleinkind- und im Schulalter beschrieben, wobei im Schulalter nochmals zwischen dem Grundschulkind und dem Jugendlichen differenziert wird.

Während für das Kleinkind die Erzieherin als pädagogische Fachkraft eine wichtige Rolle zu spielen beginnt, ist es für Grundschulkinder möglicherweise ein Lehrer, im Jugendalter rücken dann zunehmend die Beziehungen zu Gleichaltrigen in den Fokus. Wie Abbildung 3 illustriert, gibt es für jede Altersstufe bestimmte Entwicklungsthematiken, die immer wieder neue Auseinandersetzungen mit den Themen Nähe und Distanz, Bindung und Autonomie sowie eigene Identität und Identität von Interaktionspartnern erfordern.

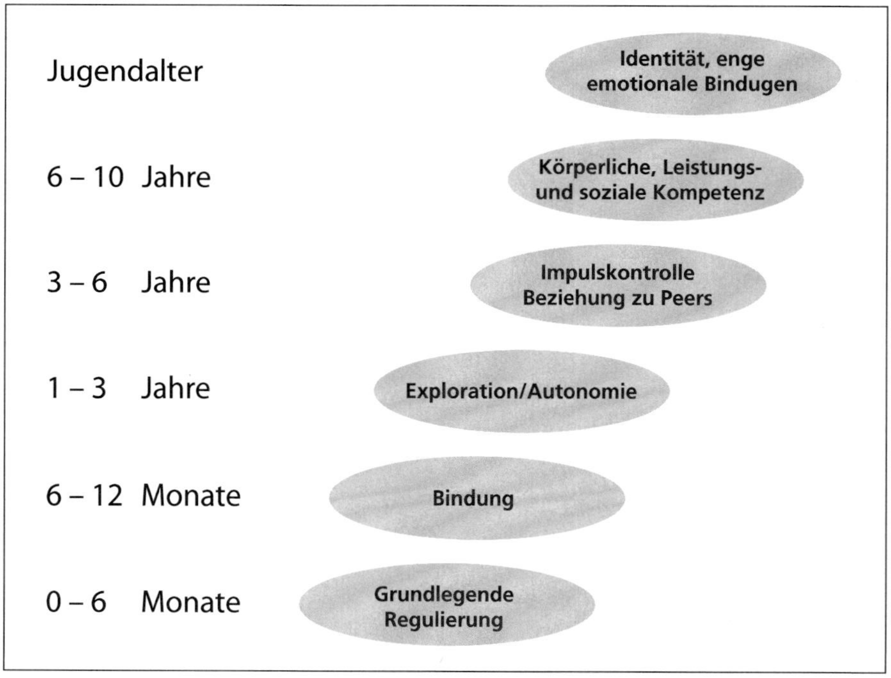


*Abb. 3: Bindung als Entwicklungsthematik (Spangler/Zimmermann 1999, 179)*

### Kindliches Bindungsverhalten im Säuglingsalter

Für den Säugling steht zunächst vor allem die Befriedigung seiner körperlichen Bedürfnisse im Vordergrund. Je älter er wird, umso größer wird sein Verlangen nach Nähe und Zuwendung. In den ersten Lebenswochen wird der Säugling vertraut mit den Personen, die ihn füttern, pflegen, auf den Arm nehmen, mit ihm sprechen und spielen. Seine Signale richtet der Säugling in dieser **Vorphase** der Bindung (0 bis 3 Monate) zunächst unspezifisch an die Personen in seiner Umwelt und macht im positiven Fall die Erfahrung, dass seine Bedürfnisse zuverlässig befriedigt werden. Zu diesen Personen entwickelt das Kind nach und nach eine Bindung.
Im Alter von etwa drei Monaten wird die Vorphase der Bindung von der der **personenbezogenen Ansprechbarkeit** abgelöst. Der Säugling richtet nun seine Signale bevorzugt an bestimmte Personen, die seine Bedürfnisse besonders zuverlässig erfüllen, ihm das Gefühl von Nähe und Sicherheit geben, ihn beim Füttern und bei der Pflege streicheln, ihn ansprechen und anlächeln. Dieses soziale Spiel in alltäglichen Situationen gibt dem Kind ein intensives Gefühl von Vertrautheit und Angenommensein (s. Fotos unten und S. 22).

Im Alter von sieben bis acht Monaten beginnt dann die **Phase der eigentlichen Bindung**. Wenngleich der Säugling bereits im Alter von einem Monat spürt, dass er von einer fremden Person aufgenommen wird, äußert er erst ab dieser Phase Ablehnung bis hin zu offensichtlichem Fremdeln (vgl. Largo 2007). Die Voraussetzung hierfür ist zum einen das Erreichen des kognitiven Meilensteins der Personen-

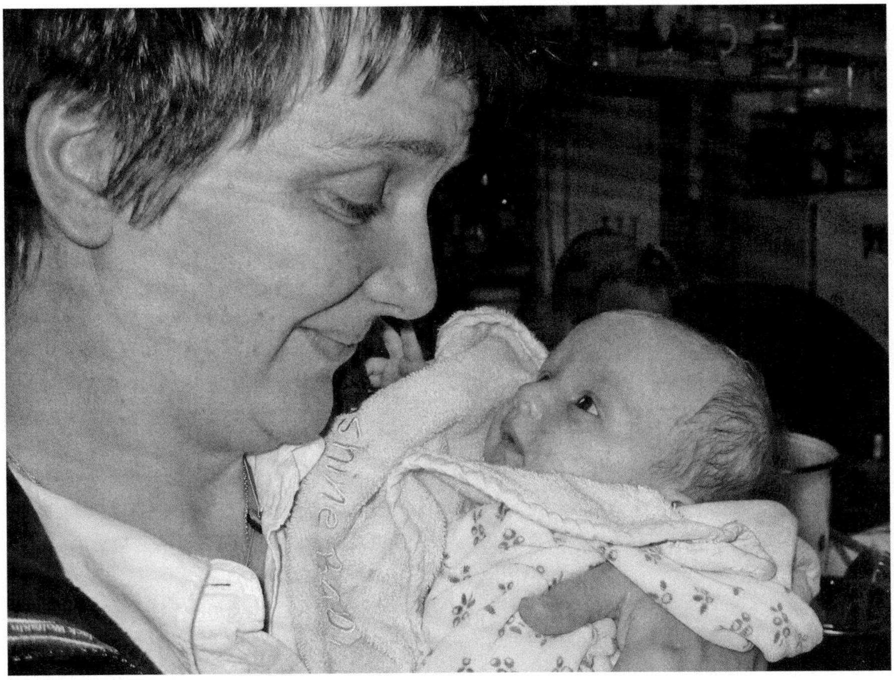

 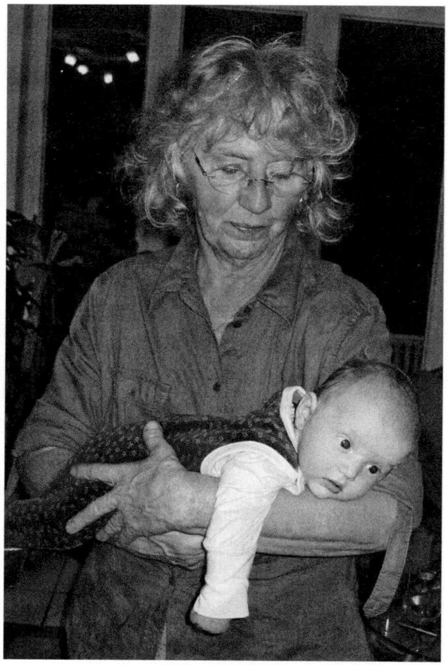

und Objektpermanenz, zum anderen das Erreichen des motorischen Meilensteins der Lokomotion, womit das Kind dann auch selber Nähe und Distanz regulieren kann.
Der Höhepunkt der Phase der eigentlichen Bindung wird im Alter von 12 bis 18 Monaten erreicht und fällt zusammen mit der Entwicklung des Selbst-Andere-Konzepts und im sprachlichen Bereich mit der Wortschatzentwicklung, dem Wortschatzspurt bis hin zur Produktion der ersten Zwei- und Dreiwortsätze. Damit wird das Kind auch verbal zunehmend zum kompetenten Interaktionspartner (vgl. Rauh 2002).

## Kindliches Bindungsverhalten im Kleinkind- und Vorschulalter

Zwischen dem zweiten und fünften Lebensjahr erwirbt das Kind ein erstes großes Stück Selbstständigkeit. Sobald es etwas kann, will es dieses auch zeigen. Zum Beispiel zieht es Kleidungsstücke wie Socken oder Mütze im zweiten Lebensjahr selber aus. Ein bis zwei Jahre später kann es sich vollständig selbstständig an- und auskleiden. Jeder kleine Schritt zur Selbstständigkeit stärkt das kindliche Selbstwertgefühl (vgl. Largo 2007).

Die Veränderungen im Bindungsverhalten werden wesentlich durch die Selbstwahrnehmung sowie das sich ständig erweiternde Raum- und Zeitverständnis ermöglicht. So kann ein zweijähriges Kind allein in einem Zimmer spielen, weil es sich in der Wohnung auskennt. Wenn es die Mutter in der Küche hantieren hört, fühlt es sich geborgen. Es kann, wenn ihm danach ist, zu ihr gehen oder sie herbeirufen.

Caroline

Ab einem Alter von drei Jahren beginnt die vierte Phase der Bindungsentwicklung, die der **zielkorrigierten Partnerschaft**. Das Kind lernt nun langsam, dass auch seine Bindungspersonen Bedürfnisse haben, die nicht immer und unbedingt mit

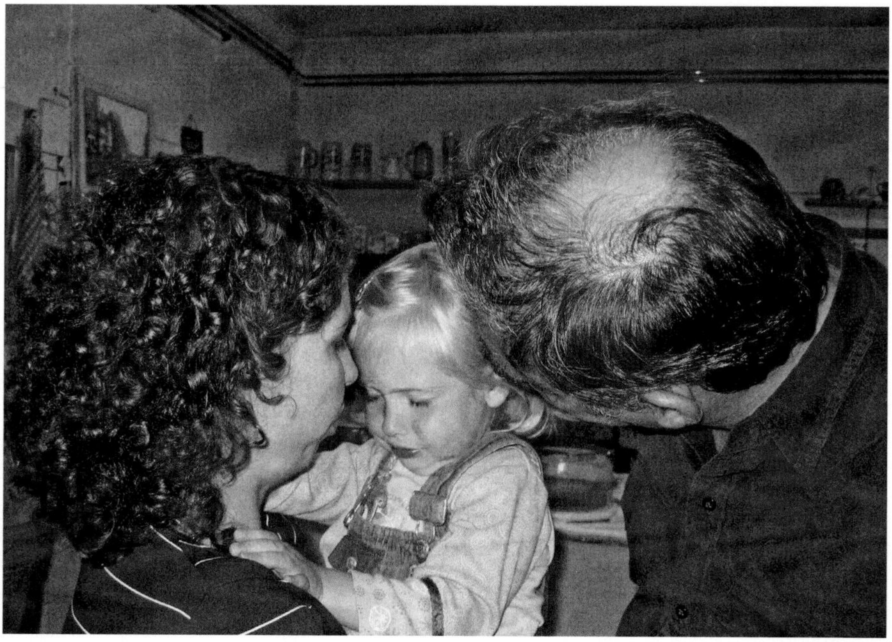

den eigenen Wünschen übereinstimmen. Die Entwicklungsherausforderung besteht darin, eigene Anliegen auch zurückstellen zu können bzw. auf einen späteren Zeitpunkt zu verschieben (Entwicklung von Frustrationstoleranz). Dies geht einher mit dem zunehmend besseren Zeitverständnis des Kindes. Im Alter von drei Jahren versteht es einfache Zeitangaben, wie „Nach dem Mittagessen gehen wir auf den Spielplatz". Ein fünfjähriges Kind, das einige Tage im Krankenhaus verbringen muss, versteht, was die Mutter meint, wenn sie abends zum Abschied sagt, dass sie morgen nach dem Frühstück wieder da ist. Diese Art von Aushandlungsprozessen im Rahmen einer zielkorrigierten Partnerschaft bleiben allerdings ein Leben lang Entwicklungsthema (vgl. auch Abbildung 3).

Auch wenn das Kind nun sehr viel selbstständiger ist, braucht es immer noch die Unterstützung von Bezugspersonen, wenn es in Kontakt mit anderen Erwachsenen und Kindern treten will. So ist anfänglich der Rückhalt der Mutter unerlässlich, wenn es beispielsweise in eine neue Spielgruppe oder erstmals die Kindertagesstätte besucht. Dies ist auch der Grund, weshalb die Eingewöhnungszeit in der Kindertagesstätte für das Kind so sanft wie möglich gestaltet werden sollte. Jedem Kind sollte die Gelegenheit gegeben werden, sich soviel Zeit zu nehmen, wie es braucht.

Die zeitliche und räumliche Abhängigkeit von Bezugspersonen bleibt im gesamten Vorschulalter bestehen. Das Kind ist auf die ständige Anwesenheit einer vertrauten Person, die auf seine Bedürfnisse eingeht, angewiesen. Es muss aber nicht zwingend die Hauptbezugsperson sein, auch zur pädagogischen Fachkraft kann das Kind nun eine funktionale Bindungsbeziehung aufbauen.

Im Vorschulalter sind nicht nur Körperkontakt und sprachlicher Austausch wichtig, auch gemeinsame Erlebnisse werden zu einer wichtigen Form der Zuwendung: Spielen, Singen und gemeinsame Ausflüge geben dem Kind das Gefühl des Angenommenwerdens und der Geborgenheit.
Kleinkinder sind dabei bereits sehr interessiert aneinander, können sich aber noch keine Geborgenheit geben, da ihre Fähigkeiten, sich empathisch zu verhalten, noch eingeschränkt sind. Erste Ansätze dazu zeigen sich im Alter von drei bis fünf Jahren im Rollenspiel (vgl. Largo 2007; Oerter 2002).

### Kindliches Bindungsverhalten im Schulalter

Im Schulalter ist das Kind in der Lage, selbstständig Kontakt zu Erwachsenen und Gleichaltrigen aufzunehmen. Diese sozialen Beziehungen sind für Kinder dieser Altersstufe sehr wichtig. Ein Mangel kann sich nachteilig auf Selbstwertgefühl und Wohlbefinden auswirken. Eltern und andere Hauptbezugspersonen können die kindlichen sozialen Interessen nicht mehr ausschließlich ausreichend befriedigen.

Wenngleich das Schulkind weitgehend für sich selbst sorgen kann, sollten seine emotionalen Bedürfnisse nicht von den Eltern unterschätzt werden. So möchte das Kind auch in diesem Alter noch umsorgt werden. Es ist zum Beispiel wichtig, dass Mahlzeiten gemeinsam eingenommen werden und, dass auch das Aufstehen und Schlafengehen durch Rituale begleitet wird, die ihm das Gefühl von Geborgenheit und Sicherheit geben.

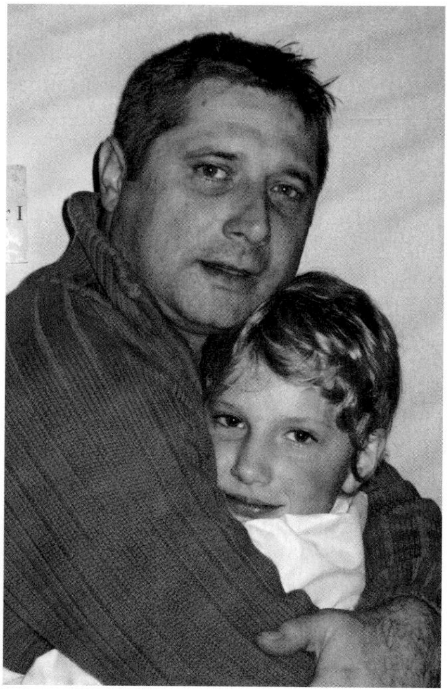

Ebenfalls von Bedeutung ist, dass das Schulkind die Gewissheit hat, dass es jederzeit Zuwendung und Schutz von einer Bezugsperson erhalten kann. Das Schulkind verfügt nun aber über eine innere Bereitschaft, sich auf fremde Erwachsene einzustellen und von ihnen zu lernen.

Auch die pädagogische Fachkraft kann sich dem Bindungsbedürfnis eines Kindes nicht entziehen. Wenn sie sich auf eine vertrauensvolle Beziehung zu ihren Schülern einlässt, verfügt sie über das mächtigste Erziehungsmittel, das es gibt: Die Bereitschaft der Kinder, sich auf sie einzustellen und von ihr zu lernen. Begegnet die pädagogische Fachkraft den Kindern mit Gleichgültigkeit oder Ablehnung, reagieren Kinder mit Enttäuschung und können im Zuge dessen schwierig werden. Lässt sich die pädagogische Fachkraft nicht auf die Kinder ein und hält sie auf Distanz, bleiben ihr nur Lob und Strafe als Mittel zur Erziehung. Dies wäre eine für Schüler und pädagogische Fachkraft mühselige und wenig befriedigende Art des Umgangs miteinander.

Kinder geben sich im Schulalter auch gegenseitig ein Gefühl von Nähe und Sicherheit. Dadurch werden tiefe und tragfähige Freundschaften möglich. Das Schulkind braucht also auch die Zuwendung von seinen Peers. Es ist darauf angewiesen, dass seine Fähigkeiten und Leistungen von ihnen geschätzt werden, denn nur so kann es sich die Zugehörigkeit zu einer Gruppe sichern (vgl. Largo 2007).

### Bindungsverhalten im Jugendalter

Der Jugendliche beginnt sich für soziale Zusammenhänge, die über seinen Verwandten- und Bekanntenkreis hinausgehen, zu interessieren. Er beschäftigt sich mit gesellschaftlichen, politischen und ökologischen Fragen. Das erweiterte Denken wird als innere und äußere Befreiung erlebt; der Jugendliche will in die Welt hinaus und sich ihr stellen.

Die tiefgreifendste Veränderung im Jugendalter betrifft aber das Bindungsverhalten. Die Bindung an die Eltern und andere Hauptbezugspersonen löst sich weitgehend auf (Ablösungsprozess) oder verändert sich derart, dass gleichzeitig eine Neuorientierung hinsichtlich der Beziehungen und Bindungen zu Gleichaltrigen stattfindet. Die zentrale Entwicklungsaufgabe besteht nun in der **Identitätsentwicklung** und dem Finden und Eingehen einer engen **emotionalen Bindung** zu einem Lebenspartner.

Die damit einhergehenden Verhaltensänderungen sind nicht nur für die Eltern verwirrend, der Jugendliche selbst ist oft genauso verstört. In dieser Phase erhöhter Vulnerabilität besteht häufig eine emotionale Labilität, die nicht selten zum Auftreten einer Vielzahl psychosomatischer Störungen, wie z. B. Essstörungen, aber auch zu einer Erhöhung von Aggression und Autoaggression bis hin zum Selbstmord führen kann.

In dieser Phase erhöhter Vulnerabilität sollten Eltern und pädagogische Fachkräfte weiterhin Gesprächsbereitschaft signalisieren, Interesse für die Bedürfnisse des Jugendlichen zeigen und Freiräume schaffen, damit dieser seine sozialen Fähigkeiten erproben kann (vgl. Largo 2007).

## 2.3 Bindungstypen und deren Erfassung

Nachdem es in Kapitel 2.2 zunächst um die Beschreibung des Bindungsverhalten und dessen Entwicklung ging, wird nun die Klassifikation der unterschiedlichen Bindungstypen und Möglichkeiten zu deren Erfassung in den verschiedenen Entwicklungsphasen dargestellt. Dabei resultieren drei Bindungstypen aus einer mehr oder weniger gelungenen Eltern-Kind-Interaktion:

- der sicher-balancierte Bindungstyp (B-Typ),
- der unsicher-vermeidende Bindungstyp (A-Typ) und
- der unsicher-ambivalente Bindungstyp (C-Typ)
- der vierte Typ – die desorganisierte/desorientiert Bindung (D-Typ) – wird häufiger beim Vorliegen von Kindeswohlgefährdung festgestellt.

Diese Typen sind allerdings immer noch differentialdiagnostisch von einer Bindungsstörung (vgl. Brisch 1999) abzugrenzen. Denn während pädagogische Interventionen bei den unsicheren Bindungstypen viel bewirken können, sind sie bei hoch unsicheren Bindungen und Bindungsstörungen notwendig, aber nicht ausreichend. Vielmehr bedürfen Kinder mit Bindungsstörungen einer therapeutischen Intervention durch einen Psychologen oder Psychiater. Dies ist in der pädagogischen Praxis nur in einem multidisziplinären Team denkbar.

### Erfassung der Bindungstypen im Kleinkindalter

Im Kleinkindalter wird die Bindungsqualität in der von Ainsworth / Blehar / Waters / Wall (1978) entwickelten „**Fremden Situation**" erfasst. Dabei handelt es sich um eine feste Abfolge von kurzen Trennungs- und Wiedervereinigungssituationen mit den jeweiligen Bindungspersonen (vgl. Tab. 1), in denen Kinder im Alter von 8-22 Monaten beobachtet und anhand ihres Verhaltens in die drei genannten Bindungstypen sowie zusätzlich dem D-Typ eingeteilt werden.

Insgesamt besteht die Fremde Situation aus acht dreiminütigen Episoden, von denen insbesondere die Episoden fünf und acht (Wiedervereinigung von Bindungsperson und Kind) ausschlaggebend für die Bindungsklassifikation sind:

| Episode | Ablauf der Fremden Situation |
|---|---|
| 1 | Elternteil und Kind betreten einen unbekannten Raum mit Spielsachen |
| 2 | Elternteil und Kind sind alleine, das Kind kann den Raum untersuchen |
| 3 | Fremde Person betritt den Raum, setzt sich, spricht erst mit dem Elternteil und nimmt dann Kontakt zum Kind auf |
| 4 | Elternteil verlässt den Raum; fremde Person und Kind bleiben zurück |
| 5 | Erste Wiedervereinigung; Elternteil kommt zurück, beruhigt das Kind – falls notwendig – und lässt dann das Kind explorieren; fremde Person verlässt den Raum |
| 6 | Elternteil verlässt den Raum; Kind bleibt alleine zurück |
| 7 | Fremde Person betritt den Raum, beruhigt das Kind – falls notwendig – und lässt das Kind dann explorieren |
| 8 | Zweite Wiedervereinigung; Elternteil kehrt zurück, beruhigt das Kind – falls notwendig – und lässt es dann explorieren; die fremde Person verlässt den Raum |

*Tab. 1: Episoden und Ablauf der Fremden Situation (vgl. Ainsworth / Bell / Stayton 1971)*

Das Verhalten der Kinder wird auf vier Skalen (Kontaktsuche, Kontakterhaltung, Widerstand und Vermeidung) beurteilt. Die Bindungsklassifikation ist beziehungsspezifisch, d. h. sie kann verschiedenen Bindungspersonen gegenüber unterschiedlich sein und ist in der Kindheit nicht als übergreifendes Persönlichkeitsmerkmal interpretierbar.
Die Klassifikation als desorganisiert / desorientiert kann auch zusätzlich zu den drei Hauptmustern auftreten. Die verschiedenen Bindungsqualitäten werden im Folgenden erläutert:

- **Bindungstyp A:**
  **Unsicher vermeidend gebundene Kinder** reagieren auf der Verhaltensebene in der Trennungssituation kaum. Zumeist spielen sie mit den im Raum befindlichen Spielsachen weiter. Auch in der Wiedervereinigungssituation wird Kontakt und Nähe zur Bezugsperson eher vermieden.
  Zunächst glaubte man, dass es sich bei diesen Kindern um die sicher gebundenen handelt, da das gezeigte Verhalten als sehr selbstständig interpretiert wurde. Spätere Forschungen durch Spangler / Grossmann (1999) haben jedoch ergeben, dass diese Kinder den größten Stress in der Fremden Situation empfanden. Dies wurde über den Gehalt des Stresshormons Cortisol im Speichel gemessen.
  Die Entstehung des unsicher vermeidend gebundenen Typs ist damit zu erklären, dass diese Kinder die Erfahrung gemacht haben, dass ihre Bindungsperson

bei Furcht, Kummer, Erschöpfung oder Unsicherheit nicht verfügbar war und keinen Trost gespendet hat. Aufgrund dieser Erfahrungen wird das Bindungsverhalten minimiert, da dieses in der Vergangenheit nicht zum erhofften Erfolg geführt hat. Die Emotionen des Kindes bleiben unreguliert, was den hohen Stresspegel erklärt.

- **Bindungstyp B:**
  **Sicher gebundene Kinder** zeigen in den Trennungssituationen, wenn der Elternteil den Raum verlässt, eine deutliche Aktivierung des Bindungssystems. Das bedeutet, dass sie z. B. weinen oder hinter der Bindungsperson her krabbeln und versuchen den Kontakt aufrecht zu erhalten. Sie lassen sich nur schwer von der fremden Person trösten. In den Wiedervereinigungssituationen beruhigen sie sich schnell, zeigen offene Freude, schmiegen sich an und widmen sich nachfolgend wieder der Exploration ihrer Umgebung.
  In der Untersuchung von Spangler / Grossmann (1999) hatten die Kinder des B-Typs die geringste Stressbelastung gemessen über den Cortisolgehalt im Speichel.
  Sicher gebundene Kinder haben die Erfahrung gemacht, dass ihre Bindungsperson auf ihre Emotionen feinfühlig und unmittelbar reagiert und diese durch Trost und Nähe reguliert. Entsprechend zeigen sie einen offenen emotionalen Ausdruck gegenüber Bezugspersonen, im Vertrauen darauf, dass Emotionen wie Furcht und Kummer adäquat beantwortet werden. So ist zu erklären, dass der Stresspegel selbst in der Fremden Situation gering bleibt.

- **Bindungstyp C:**
  **Unsicher-ambivalent gebundene Kinder** reagieren in der Trennungssituation mit sehr starker emotionaler Erregung. Sie sind nur sehr schwer oder gar nicht zu beruhigen. In der Wiedervereinigung mit der Bindungsperson zeigen sie ein ambivalentes Verhalten. Dieses kann geprägt sein von Nähesuchen bei gleichzeitigem Widerstand gegenüber Kontakt. Sie sind in den anderen Episoden der fremden Situation eher passiv und zeigen wenig Explorationsverhalten. Diese Kinder haben eine Stressbelastung, die höher ist als die der B-Typ-Kinder und niedriger als die der A-Typ-Kinder.
  Unsicher vermeidend gebundene Kinder haben die Erfahrung gemacht, dass ihre Bindungsperson mal sehr feinfühlig und prompt, in anderen Situationen aber nicht auf ihren Emotionsausdruck reagiert. Entsprechend wird dieser stark überzeichnet, um Furcht und Kummer unmissverständlich zu kommunizieren. In der Wiedervereinigungssituation sind diese Kinder dann hin- und hergerissen, ob es sich um eine Situation handelt, in der ihre Gefühle adäquat beantwortet werden oder nicht. Ihr Stresspegel ist aus diesem Grund höher als der der sicher gebundenen Kinder und niedriger als der der unsicher vermeidend gebundenen Kinder, da der Stressabbau zum Teil über den deutlichen Ausdruck der Emotionen erfolgt.

- **Bindungstyp D:**
  Bei dem **desorganisierten/desorientierten Bindungsmuster** ist eine klare Bindungsstrategie, wie sie bei den drei Haupttypen festzustellen ist, unterbrochen oder eingeschränkt. Diese Kinder zeigen bizarre Verhaltensweisen (z. B. Einfrieren des Gesichtsausdrucks oder Körpers, Grimassieren), mit abrupten

Unterbrechungen des Nähesuchens. Desorganisierte Bindungsmuster sind gehäuft bei misshandelten Kindern anzutreffen (vgl. Lyons-Ruth / Jacobvitz 1999), so dass diese Kategorie für den klinischen Bereich von besonderer Relevanz ist. Auch die Verhaltensweisen von Kindern nach langen Trennungen ähneln den Mustern der Bindungsdesorganisation. Das desorganisierte / desorientierte Bindungsmuster ist im Gegensatz zu den drei Haupttypen unabhängig von der mütterlichen Feinfühligkeit. Allerdings kann die Desorganisation des Kindes bereits durch eine geringe Orientierungsfähigkeit und eine geringe emotionale Regulationsfähigkeit im Neugeborenenalter vorhergesagt werden (vgl. Spangler / Grossmann 1999).

## Erfassung der Bindungstypen im Schulalter

Im Schulalter liegen zwei Verfahren zur Erfassung des Bindungstyps vor:

- Analog zur „Fremden Situation" wird das kindliche Verhalten beobachtet und klassifiziert. Die Trennung ist allerdings einstündig mit anschließender Wiedervereinigung.
  Während sich bei sicher gebundenen Kindern nach der Trennung eine rasche Kontaktaufnahme mit der Bezugsperson über Kommunikation vollzieht und ein entspannter Dialog entsteht, vermeiden unsicher-vermeidend gebundene Kinder die Kontaktaufnahme und ignorieren weitestgehend die elterlichen Versuche, in Kommunikation zu treten.
  Bei unsicher-ambivalent gebundenen Kindern ist dagegen in der Wiedervereinigungsphase ein übertriebener Emotionsaustausch gekoppelt mit einer Zurückweisung der Bezugsperson zu beobachten. Dies deutet auf ein unreifes, unpassendes Verhalten hin.
  Desorganisiert / desorientiert gebundene Kinder sind schließlich entweder kontrollierend, indem der Bezugsperson Anweisungen gegeben werden oder sich überfreundlich um diese Bezugsperson gekümmert wird, oder sie zeigen nicht eindeutig klassifizierbares Verhalten (vgl. Spangler / Zimmermann 1999)(s. Abb. S. 31).

- Die Erfassung der internalen Arbeitsmodelle der Bindung von Kindern im Schulalter (6 bis 10 Jahre) erfolgt über den Separation Anxiety Test (SAT, Kaplan 1987; vgl. auch Ziegenhain 1997). Dabei handelt es sich um ein projektives Verfahren, bei dem den Kindern Bilder, wie in Abbildung 4, gezeigt werden, die ihre Bindungsrepräsentationen aktivieren. Die Aufgabe des Kindes besteht darin, zu erzählen, wie sich das jeweils abgebildete Kind in der dargestellten Situation fühlen könnte und wie die Geschichte wohl ausgehen wird. Geschichten von desorganisiert / desorientierten und hoch unsicher gebundenen Kinder unterscheiden sich von sicher gebundenen Kindern z. B. durch Katastrophenfantasien oder in der Organisiertheit und Strukturiertheit ihrer Erzählungen zu den Bildern.

## Erfassung der Bindungstypen im Jugend- und Erwachsenenalter

Ab dem Jugendalter wird in der Regel das internale Arbeitsmodell von Bindung über das Bindungsinterview für Erwachsene (Adult-Attachment-Interview, AAI, George / Kaplan / Main 1985; Zimmermann 2007) erfasst. Hierbei handelt es sich

*Abb. 4: Bild 4 aus dem Separation-Anxiety-Test „Die Eltern verreisen für 4 Wochen und lassen ihr Kind bei den Großeltern"*

um ein etwa einstündiges Interview über die in der Kindheit erlebte Beziehung zu den Eltern und deren Bewertung aus heutiger Sicht. Die Hauptkriterien für die Klassifikation sind der erkennbare logische Zusammenhang und die Nachvollziehbarkeit der Erzählungen (Kohärenz), die Integration und die Reflexion eigener Bindungserfahrungen sowie die Wertschätzung der Bindung und der Beziehung zu den Eltern (Zimmermann / Becker-Stoll / Fremmer-Bombik 1997).

- Die Schilderungen der **sicher-autonom gebundenen Jugendlichen und Erwachsenen** (entspricht dem Bindungstyp B: sicher gebunden) sind klar, vollständig, angemessen und verständlich. Auch negative Beziehungserfahrungen werden einbezogen, integriert und angemessen bewertet. Aus den Schilderungen wird die Wertschätzung von Bindung und der Beziehung zu den Eltern ersichtlich. Unabhängig von positiven oder negativen Kindheitserfahrungen haben sicher-autonom gebundene Jugendliche und Erwachsene leichten Zugang zu ihren Bindungserfahrungen und schildern diese offen und frei, manchmal auch versöhnlich oder humorvoll, in jedem Fall aber kohärent.
- Im Gegensatz dazu sind die Schilderungen der **unsicher-distanziert gebundenen Jugendlichen und Erwachsenen** (entspricht dem Bindungstyp A: unsicher vermeidend gebunden) häufig unzusammenhängend. Oft wird die Bezugsperson auf der semantischen Ebene idealisiert („Ich hatte eine sehr glückliche Kindheit", „Wir waren eine wunderbare Familie"), andererseits treten auf der Ebene des episodischen Gedächtnisses Erinnerungslücken auf (vgl. Kap. 2.1). Die vorhandenen Erinnerungen lassen auf elterliche Zurückweisung schließen („Wenn ich Kummer hatte, bin ich mein Zimmer gegangen und wollte allein sein."). Die semantischen und episodischen Erinnerungen werden nicht

integriert und die Bindung sowie die Beziehung zu den Eltern wird tendenziell abgewertet. Jugendliche und Erwachsene mit distanzierter Bindungsrepräsentation leugnen oder bagatellisieren den Einfluss von Beziehungen auf ihre Entwicklung und betonen ihre eigene Stärke und emotionale Unabhängigkeit.

- Die Schilderungen der **unsicher-verwickelten oder unsicher-präokkupierten Jugendlichen und Erwachsenen** (entspricht dem Bindungstyp C: unsicher ambivalent gebunden) sind ebenfalls unzusammenhängend und unlogisch, wobei sich dieser Eindruck durch Berichte irrelevanter Details, widersprüchlicher Bewertungen der eigenen Bindungsgeschichte, der Äußerung von Ärger über die Bezugspersonen oder auch eine Passivität im Diskurs ergibt. Jugendliche und Erwachsene mit verwickelter oder präokkupierter (d. h. zuvor belegter) Bindungsrepräsentation zeichnen sich durch eine überbetonte Darstellung episodischer Gedächtnisinhalte und einen Mangel an semantischen Gedächtnisinhalten aus. So agieren sie häufig sprachlich entweder aktuellen Ärger gegenüber ihren Eltern aus oder sind ungünstigen Erinnerungen hilflos und passiv ausgesetzt, ohne ihr eigenes Selbst abgrenzen zu können.
- Jugendliche und Erwachsene mit einem **unverarbeitet-traumatisierten Bindungstyp** (entspricht dem Bindungstyp D: desorganisiert) zeigen zusätzlich zur Zusammenhangslosigkeit und Widersprüchlichkeit ihrer Schilderungen eine Reihe von sprachlichen Auffälligkeiten, insbesondere bei ihren Berichten über traumatische Erfahrungen (z. B. Gedankenfetzen, nicht passende Einschübe, hohe Emotionalität in der Stimme bei scheinbar banalen Inhalten). Der unverarbeitete Bindungsstatus kann vor dem Hintergrund autonomer, distanzierter oder verwickelter Bindungsstile auftreten.
- Jugendliche und Erwachsene mit einem **nicht-klassifizierbaren Bindungsstatus CC („Cannot classify")** zeigen keine vorherrschende Organisation mentaler Repräsentation. In ihren Schilderungen treten abrupte Wechsel unterschiedlicher Repräsentationsstile auf oder die affektive und kognitive Organisation der Darstellung unterschiedlicher Bindungspersonen differiert stark.

Die Klassifikation der Bindungsmuster mit den genannten Verfahren erfordert eine klinisch-psychologische Ausbildung und sollte ausschließlich von erfahrenen und speziell geschulten Psychologen durchgeführt werden. Der Bindungsstatus CC und der unverarbeitete Bindungsstatus treten gehäuft in klinischen Untersuchungsgruppen (im Zusammenhang mit Misshandlung, Depression oder der Borderline-Störung) auf.

## 2.4 Zur Stabilität von Bindungsmustern im Lebenslauf

Bowlby (1973) wählte das Bild eines Rangierbahnhofs, um die Auswirkungen frühkindlicher Bindungserfahrungen auf die spätere Entwicklung zu erläutern. Demnach stellen frühe Erfahrungen die Weichen für die Entwicklung des Kindes entlang eines bestimmten Gleises, das Teil eines fächerartig auseinander laufenden und miteinander durch Weichen verbundenen Gleissystems ist. Je weiter dieses Gleis von der „richtigen Spur" (= positive Entwicklung) wegführt und je länger das Kind bereits darauf unterwegs ist, desto schwerer wird die Rückkehr auf die „richtige Spur". Zudem werden Weichenstellungen mit zunehmendem Alter nicht nur von Außen – also zum Beispiel von der betreuenden Umgebung – sondern zunehmend vom Kind selbst vorgenommen, meistens so, dass eine einmal eingeschlagene Grundrichtung beibehalten wird.

Dieses Bild hat zu dem häufigen Vorwurf eines deterministischen Entwicklungsmodells[3] geführt, das der Bindungstheorie zugrunde liegen würde. Die Bindungsforschung hat aber eindrücklich gezeigt, dass positive wie negative Lebensereignisse zu Veränderungen in der Qualität des Bindungsverhaltens wie auch der Bindungsrepräsentationen führen können. Diese Veränderungen von einmal erworbenen Bindungsstrategien – und dies ist die zentrale Aussage des gewählten Bildes des Rangierbahnhofs – gehen allerdings nicht einfach und plötzlich vonstatten, sondern sie sind komplex und erfordern Zeit. Dies gilt umso mehr, je später Entwicklungsberatung und pädagogische Interventionen einsetzen.
Im Folgenden werden die wesentlichen Befunde zur Stabilität von Bindungsmustern umrissen, auf Entwicklungsberatung und pädagogische Interventionen wird in den Kapiteln 4 bis 7 anhand von konkreten Beispielen eingegangen.

In der Bielefelder und der Regensburger Längsschnittstudie (Spangler / Grossmann 1995) wurde die Entwicklung von Bindung im **engeren** und im **weiteren Sinne** bis ins Jugendalter erfasst.

- Im engeren Sinne zielten die Studien darauf ab, Kontinuität und Veränderung von Bindungsmustern und die Tradierung von Bindungsrepräsentationen der Eltern auf die Bindungsqualität der Kinder zu untersuchen.
- Im weiteren Sinne wurde betrachtet, inwieweit Bindungserfahrungen mit den Bezugspersonen und die Bindungsorganisation der Kinder zu verschiedenen Zeitpunkten mit sozial und emotional kompetentem Handeln zusammenhängen.

## Kontinuität und Veränderung von Bindungsmustern

In beiden Studien wurden die Kinder mit zwölf bzw. 18 Monaten in der „Fremden Situation" mit Mutter und Vater beobachtet und die Bindungsqualität erfasst (vgl. Grossmann / Grossmann / Huber / Wartner 1981; Wartner / Grossmann / Fremmer-Bombik / Suess 1994). In der Regensburger Längsschnittstudie wurde mit sechs Jahren die Bindungsqualität zur Mutter erneut erhoben. Es zeigte sich eine hohe Stabilität der Bindungsorganisationsmuster von 80%. Mit zehn Jahren wurden Familien der Bielefelder Stichprobe zu ihrer aktuellen Bindungsbeziehung interviewt (vgl. Scheuerer-Englisch 1989). Dabei stellte sich heraus, dass die Repräsentation der emotionalen Unterstützung durch die Eltern nicht mit der früheren Bindungsqualität zusammenhängt, sondern mit der aktuellen emotionalen Verfügbarkeit

---

[3] Deterministische Entwicklungsmodelle gehen von gesetzmäßigen Verläufen aus. Der weitere Ablauf der Ereignisse ist nach diesen Gesetzen vorherbestimmt (z. B. „Einmal unsicher gebunden, immer unsicher gebunden.") und durch pädagogische Interventionen nicht veränderbar. Es gibt verschiedene Varianten des Determinismus, die mehr oder minder streng die Vorherbestimmtheit aller Ereignisse voraussetzen, allerdings besteht bei ihnen allen die Gefahr von sich gegenseitig rechtfertigenden Annahmen und damit von Zirkelschlüssen.

und Unterstützung der Eltern aus der Sicht der Kinder. Des Weiteren zeigten sich in der Bielefelder Längsschnittstudie keine direkten Zusammenhänge zwischen der Bindungsqualität in der frühen Kindheit zu den Eltern und der Bindungsrepräsentation der Jugendlichen mit 16 Jahren. Allerdings sagt die Repräsentation der emotionalen Unterstützung durch die Eltern im Alter von zehn Jahren ihre eigene Bindungsrepräsentation mit 16 Jahren vorher, wenn nicht eine Trennung oder Scheidung der Eltern oder die psychische Erkrankung eines Elternteils diesen Zusammenhang unterbricht (vgl. Zimmermann 2015).

Somit bleiben Bindungsverhaltensstrategien von der frühen Kindheit bis zum Alter von sechs Jahren stabil, nicht aber bis in die späte Kindheit. Von der späten Kindheit bis zum Jugendalter ist jedoch eine Kontinuität auf der Ebene der Bindungsrepräsentation gut belegt.

## Bindungsgeschichte und kompetentes Handeln

Die Ergebnisse der Bielefelder und der Regensburger Längsschnittstudie zeigen darüber hinaus, dass ein deutlicher Einfluss der Bindungsgeschichte eines Kindes auf seine soziale und emotionale Intelligenz und sein Selbstkonzept besteht. So spielten beispielsweise sicher gebundene Kinder ausdauernder und konzentrierter als unsicher gebundene Kinder. Zudem hatten sie weniger Streit um Spielsachen oder in sozialen Angelegenheiten und lösten ihre Konflikte selbstständiger. Sicher gebundene Kinder beurteilen Bilder, auf denen konflikthafte Situationen dargestellt werden, weniger negativ, d. h., sie unterstellen den Konfliktparteien weniger böse Absichten und neigen eher zu einer positiven Weltsicht. In der amerikanischen Untersuchung von Main / Kaplan / Cassidy (1985) wiesen Kinder mit sicherer Bindungsqualität im Alter von sechs Jahren ein realistischeres Selbstbild auf, während Kinder mit unsicherer Bindungsqualität eher zur Idealisierung neigten.
Auch im Alter von zehn Jahren berichteten sicher gebundene Kinder, dass sie eher die Unterstützung der Eltern bei Kummer, Angst oder Ärger suchten. Zudem verfügten sie eher über ein festes Freundschaftsnetz, hatten häufiger einen besten Freund und weniger Probleme mit Gleichaltrigen als Kinder, die mit zwölf Monaten als unsicher gebunden klassifiziert worden waren (vgl. Zimmermann 1999).

Bindungssicherheit stellt somit die Basis für die Entwicklung von Sicherheit in der Exploration und damit der Aneignung von Wissen über die eigene Umwelt (soziales Lernen) und Strategien (soziale Problemlösekompetenz) damit umzugehen dar.

## Übertragbarkeit von Bindungsmustern durch Bezugspersonen

Verschiedene Untersuchungen mit dem AAI (Main u. a. 1985; vgl. Ainsworth / Eichberg 1991; Grossmann / Fremmer-Bombik / Rudolph / Grossmann 1988; Van IJzendoorn 1995; Spangler / Zimmermann 2015) haben gezeigt, dass Bindungsmuster generationsübergreifend eine Stabilität von 75% bis 82% für Mütter haben.

So ergibt sich der höchste Zusammenhang zwischen dem mütterlichen internalen Arbeitsmodell von Bindungsrepräsentation und der Bindungsqualität der Kinder im zweiten Lebensjahr. Der Zusammenhang mit dem internalen Arbeitsmodell der Väter ist geringer.
In der Bielefelder Längsschnittstudie zeigten sich außerdem Zusammenhänge zwischen dem internalen Arbeitsmodell der Mutter und dem internalen Arbeitsmodell der Zehnjährigen in Abhängigkeit von der aktuellen emotionalen Verfügbarkeit der Mutter. Gleiches gilt für das internale Arbeitsmodell ihrer jugendlichen Kinder im Alter von 16 Jahren (vgl. Zimmermann / Suess / Scheuerer-Englisch / Grossmann 2000).
Eine wesentliche Rolle in diesem Zusammenhang spielt die mütterliche Feinfühligkeit (vgl. Kapitel 2.3). Die Übertragbarkeit von Bindungsmustern durch die primäre Bezugsperson wird in der psychologischen Fachliteratur Transmission genannt.

Aber nicht nur das internale Arbeitsmodell ist entscheidend, denn ansonsten hätten unsicher-gebundene Mütter zwangsläufig unsicher-gebundene Kinder, sondern auch die Reflexionsfähigkeit der Mutter über die eigenen Bindungserfahrungen und ihre Fähigkeit, sich in ihr Kind hineinversetzen zu können, spielen eine große Rolle. Denn nur so kann es ihr gelingen, die Gefühle und Interaktionen des Kindes besser zu verstehen und darauf einzugehen (vgl. Fonagy et al. 1998). Beispielsweise können auch unsicher-gebundene Mütter aus sozioökonomisch deprivierten Familien sicher gebundene Kinder haben, wenn sie über eine hohe reflexive Kompetenz verfügen (vgl. Fonagy et al. 1991). Der Bewältigungsaspekt und nicht die Erfahrungen alleine stehen somit im Mittelpunkt der Übertragung von Bindungsstilen (vgl. Fremmer-Bombik 1987).

Die Reflexionsfähigkeit über eigene Bindungserfahrungen ist somit einerseits ein wichtiger Schutzfaktor, andererseits ist die Reflexionsfähigkeit in therapeutischen, aber auch in pädagogischen Settings veränderbar (vgl. Kapitel 4.1). Somit kann die Übertragung eigener negativer Bindungserfahrungen auf die nächste Generation (transgenerationale Transmission) unterbrochen werden, sofern die Mutter gelernt hat, diese Erfahrungen realistisch zu repräsentieren und reflektieren.

## 2.5 Zur Korrigierbarkeit von ungünstigen Bindungserfahrungen durch pädagogische Fachkräfte

In der späteren Entwicklung erhalten andere Beziehungen die Qualität einer Bindungsbeziehung (vgl. Strauß 2006). Bindungsbeziehungen jenseits der frühesten Kindheit haben gemäß Grossmann und Grossmann (2004) den Charakter einer „zielkorrigierten Partnerschaft" und können demnach kindliche Beziehungsschemata verändern. Vor allem die therapeutische Beziehung ist laut Strauß (2006) eine Bindungsbeziehung dieser Art. Brisch (2001) stellt dabei das emotionale Klima und die Arbeitshaltung und -weise in den Fokus seiner Betrachtungen. Seine Ausführungen beziehen sich zwar auf therapeutische Beziehungen, sind aber mit einigen Einschränkungen auch auf die pädagogische Beziehung übertragbar:

- So führt er z. B. aus, dass es seitens des Therapeuten sehr viel Feinfühligkeit und Empathie erfordert, sich auf die Bindungswünsche und das damit verbundene Interaktionsverhalten des Kindes einzustellen.
- Dem Therapeuten kommt die Funktion einer sicheren Basis zu, so dass die von Ainsworth beschriebenen Qualitäten der Feinfühligkeit auch auf therapeutische Beziehung übertragbar sind (vgl. Bowlby 1995, Brisch 2001). Analog sollte auch die pädagogische Fachkraft eine sichere Basis für das Explorieren und Lernen des Kindes sein und ihm mit derselben Feinfühligkeit begegnen, um eine gelungene, sichere Bindungsbeziehung zum Kind aufzubauen.
- In Anlehnung an Fonagy (2008) muss der Therapeut eine höhere Reflexionsfähigkeit haben als sein Klient. Analog gilt dies für die pädagogische Fachkraft, deren Handeln darauf ausgerichtet ist, die emotionalen Befindlichkeiten des Kindes aufzunehmen, zu verstehen und in der pädagogischen Arbeit aufzugreifen.

Neben diesen Übereinstimmungen sind die Beziehungen zwischen pädagogischer Fachkraft und dem Kind im Gegensatz zur Eltern-Kind-Bindung durch eine ganze Reihe von Besonderheiten geprägt:

- Im Kontrast zu einer – in der Regel – ungeteilten elterlichen Aufmerksamkeit bei der Betreuung des Kindes muss die pädagogische Fachkraft eine Gruppe regulieren, innerhalb derer sich dann auch die individuellen Beziehungen entwickeln. Dies legt einen ganz anderen Prozess des Beziehungsaufbaus und seiner Aufrechterhaltung zum einzelnen Kind nahe (vgl. Ahnert 2008).
- Kinder in einer Kindergartengruppe weisen zu allen Fachkräften, die diese Gruppe betreuen, ähnliche Bindungscharakteristiken auf. Somit scheint die Bindungsqualität eher von der Gruppenzugehörigkeit des Kindes als von der jeweiligen Fachkraft abhängig zu sein.
- Die Qualität der Fachkraft-Kind-Beziehung änderte sich selbst bei Personalwechsel nicht, was die Vermutung nahe legt, dass die Fachkraft-Kind-Beziehung eher durch ein gruppen- als durch ein kindzentriertes Fachkraftverhalten hervorgebracht wird (vgl. Ahnert / Pinquart / Lamb 2006). Den Befunden dieser Untersuchung zufolge entstehen sichere Fachkraft-Kind-Beziehungen in den Kindergruppen, in denen die Gruppenatmosphäre durch ein empathisches Fachkraftverhalten bestimmt wird, das gruppenorientiert ist und somit die Dynamik der Gruppe reguliert.
- Die Beziehungseigenschaften verändern sich altersabhängig. Während im Kleinst- und Kleinkindalter noch sicherheitsgebende und stressreduzierende Aspekte im Vordergrund stehen, entwickeln Kinder mit zunehmendem Alter eigene Strategien zur Emotionsregulation. Damit werden sie zum Teil unabhängiger von der pädagogischen Fachkraft, benötigen aber bis zum Schuleintritt erzieherische Unterstützung beim Erkunden ihrer Umwelt und beim Erwerb von Wissen.

Die vielfältigen Beziehungserfahrungen im Kindergartenalltag von Kindern werden in der neueren Forschung durch fünf Eigenschaften beschrieben, die neben zuwendenden, sicherheitsgebenden und stressreduzierenden Aspekten auch Unterstützung und Hilfen beim kindlichen Erkunden und beim Wissenserwerb einschließen (vgl. Booth / Kelly / Spieker / Zuckerman 2003):

- Eine liebevolle und emotional warme Kommunikation ist die Grundlage einer Bindungsbeziehung, bei der das Kind und die pädagogische Fachkraft Freude am Zusammensein und an einer gemeinsamen Interaktion haben (**Zuwendung**).
- Kinder spielen intensiver und erkunden ihre Umwelt aktiver, wenn die pädagogische Fachkraft verfügbar bleibt (**Sicherheit**).
- Die pädagogische Fachkraft hilft durch Trost und Unterstützung dem Kind, seine negativen Emotionen zu regulieren, Irritationen und Ängste zu überwinden und zu einer positiven emotionalen Stimmungslage zurückzukehren (**Stressreduktion**).
- Gleichzeitig sollte die pädagogische Fachkraft aber auch zu neuem Erkunden ermutigen (**Explorationsunterstützung**).
- Gelangt das Kind bei schwierigen Aufgaben an die Grenzen seiner Handlungsfähigkeit, braucht es zusätzliche Informationen und Unterstützung. Besteht eine sichere Fachkraft-Kind-Beziehung, wird das Kind diese Hilfen vorrangig bei dieser Bindungsperson suchen und auch von ihr akzeptieren (**Assistenz**).

Diese fünf Eigenschaften sind in jeder einzelnen Fachkraft-Kind-Beziehung in unterschiedlichem Maße ausgeprägt und mit der Safe und Secure Scale (Attachment Q-Sort, vgl. Booth / Kelly / Spieker / Zuckerman 2003) diagnostizierbar.

> Die wichtigsten sozialen Bedürfnisse eines jeden einzelnen Kindes sollten unter Berücksichtigung der Anforderungen der Gruppe zum richtigen Zeitpunkt bedient werden. Assistenz und Explorationsunterstützung sind wichtige Voraussetzungen für den Schuleintritt und sollten allen Kindern in ausreichendem Maße gewährt werden, um zu verhindern, dass schon vor dem Schulstart unterschiedliche Bildungschancen bestehen (vgl. Ahnert 2008).

Auf die Einflussfaktoren für gelungene Fachkraft-Kind-Bindungen wird in Kapitel 8 ausführlicher eingegangen.

Die Lehrer-Kind-Beziehung ist ähnlich der Fachkraft-Kind-Beziehung alters- und gruppenabhängig. Besonders für den Schulanfänger sind die sicherheitsgebenden Komponenten wichtig im Hinblick auf ihre schulische Kompetenzentwicklung, aber auch auf ihre sozial-emotionale Entwicklung (vgl. Sroufe 1983). Darüber hinaus ist die Beziehung zum Lehrer insbesondere für Hochrisikokinder eine wichtige Quelle von Sicherheit und Selbstwert (vgl. Garmezy 1984). Viele Programme zur Prävention von Schulabbrüchen beruhen auf der Annahme der Bedeutung einer beratenden oder unterstützenden Lehrperson (vgl. Boyer 1983). Die bessere Untersuchung der Lehrer-Kind-Beziehung und des Einflusses des Klassenklimas auf die Entwicklung der Beziehung zum individuellen Kind erforderte die Entwicklung von speziellen Untersuchungsinstrumenten. Mit der Student-Teacher-Relationship Scale (STRS, vgl. Pianta / Niemetz 1991) liegt ein solches Verfahren vor, bei dem die pädagogische Fachkraft ihre Beziehung zu einem speziellen Kind einschätzt. Die Skala enthält 16 Items, die drei Subskalen (I Konflikt, II Emotionale Nähe und III Abhängigkeit) zugeordnet werden können. Die Items sind an die Klassifikation der Eltern-Kind-Bindung und den Bindungs-Q-Sort (vgl. Waters / Deane 1985) angelehnt und sollen sowohl Sicherheit als auch Unsicherheit in der Lehrer-Kind-Beziehung erfassen. Das Ausmaß, in dem die pädagogische Fachkraft bestimmten Aussagen auf einer fünfstufigen Skala zustimmt, gibt Aufschluss über die Qualität der Lehrer-Kind-Beziehung.

- Beispielitems für eine sicherere Lehrer-Kind-Beziehung sind: „Der Schüler vertraut mir", „Der Schüler nimmt meine Hilfe und Unterstützung in Anspruch", „Ich würde die Beziehung zu diesem Schüler als herzlich bezeichnen".
- Beispielitems zur Erfassung einer unsicheren Beziehung sind: „Der Schüler versucht den Kontakt mit mir zu vermeiden", „Der Schüler misstraut mir", aber auch „Der Schüler braucht ständig Bestätigung von mir".

Zwei Items erfassen zusätzlich Veränderungen der Lehrer-Kind-Beziehung über den Zeitraum eines Schuljahres. Dabei soll die pädagogische Fachkraft im Freitext angeben, auf welche Einflussfaktoren sie diese Veränderung zurückführt.

In der Untersuchung von Pianta und Niemetz (1991) hatten die Kinder mit hohen Werten auf der Skala „Emotionale Nähe zur pädagogischen Fachkraft" auch emotional enge Bindungen an ihre Mütter. Sie zeigten zu Hause, im Kindergarten und in der ersten Klasse kompetente sozial-emotionale Verhaltensweisen. Hohe Werte auf der Skala Abhängigkeit in der Lehrer-Kind-Beziehung bekamen die Kinder mit unsicheren Mutter-Kind-Bindungen, die auch oft aggressive Verhaltenstendenzen zu Hause zeigten und in der Schule durch Verhaltensprobleme auffielen (vgl. 2.4).

Um die Muster sich selbst stabilisierender Bindungsrepräsentationen zu durchbrechen, die Auswirkungen auf den Lernerfolg und die Bildungschancen der Kinder haben, sind für unsicher-vermeidend und unsicher-ambivalent gebundene Kinder ebenso **Diskontinuitätserfahrungen** in der Lehrer-Kind-Beziehung erforderlich wie für die desorganisiert-gebundenen Kinder.

Die Auswirkungen der unsicheren Bindungsstile auf den Lernerfolg und die Möglichkeiten der pädagogischen Fachkraft, Diskontinuitätserfahrungen bereit zu stellen, werden in Kapitel 6 dargestellt und diskutiert.

# 3. Beziehung und Beziehungsgestaltung

Wie bereits beschrieben, übertragen Kinder ihre Beziehungserfahrungen auf neue Bezugspersonen. Nach Bowlby (1979) wird jede neue Person, zu der eine Bindung entwickelt wird, den bestehenden Bindungsmodellen angepasst. Zu diesen Bezugspersonen können pädagogische Fachkräfte sowie Therapeuten gehören.

Ein Kind mit einem unsicher-vermeidenden Bindungsmuster, das auf entsprechenden Beziehungserfahrungen basiert, wird sich zum Beispiel von dieser Fachkraft emotional zurück ziehen und die Versuche dieser Fachkraft nach Kontaktaufnahme ignorieren. Diese Strategie hat das Kind gelernt, um die Zurückweisung, Misshandlung oder Feindseligkeit, die es erwartet, zu vermeiden. Ebenso vermeidet es die Belastung, die mit der Enttäuschung unbefriedigter Nähe und Sicherheit verknüpft ist. Vermittelt über das kindliche Verhalten steigt die Wahrscheinlichkeit, dass die pädagogische Fachkraft als neue Beziehungsfigur wiederum das komplementäre bindungsbezogene Verhalten zeigt. Demnach bauen in pädagogischen Kontexten sicher gebundene Kinder wiederum eher eine sichere Bindung auf, während unsicher-vermeidend gebundene und unsicher-ambivalent gebundene Kinder auch in diesen Beziehungen eher unsicher-gebunden sind (vgl. Sroufe / Fleeson 1986 in Julius 2002).

Sollen die unsicheren Bindungsmuster nicht zementiert, sondern verändert werden, ist es bedeutend, Kindern in ihren Beziehungen zur pädagogischen Fachkraft Erfahrungen zu vermitteln, die den bisherigen widersprechen und die Entwicklung sicherer internaler Arbeitsmodelle von Bindung fördern.

Im Folgenden wird zunächst darauf eingegangen, was eine Beziehung im Allgemeinen und die pädagogische Beziehung im Besonderen ausmacht. Vor diesem Hintergrund werden Aspekte der Beziehungsgestaltung dargestellt, die in einen Zusammenhang mit der Entwicklung sicherer internaler Arbeitsmodelle gebracht werden können.

## 3.1 Der Beziehungsbegriff

Scheinbar wissen wir sehr genau, was eine Beziehung ist. Man stößt jedoch auf erhebliche Schwierigkeiten, wenn man diese definieren soll. Hier seien beispielhaft Fragen angeführt, die man sich stellen kann, wenn man über den Beziehungsbegriff nachdenkt:

- Beginnt eine Beziehung mit der ersten Kontaktaufnahme oder hat man erst eine Beziehung, wenn man sich länger kennt? (Dauer)
- Wie intensiv muss ein Kontakt sein, damit ich von Beziehung sprechen kann? (zeitliche Intensität)
- Muss mir eine Person wichtig sein, damit ich von einer Beziehung spreche? (emotionale Intensität)
- Was macht eine positive und was eine negative Beziehung aus? (Qualität)
- Will ich überhaupt nur von Beziehung sprechen, wenn es sich um eine positive Beziehung handelt? (Selektivität)

In der Tat ist der Beziehungbegriff nur sehr schwer zu definieren.

Der erste Aspekt von Beziehung ist, dass es sich dabei um ein theoretisches Konstrukt handelt, d. h. Beziehung ist nicht direkt beobachtbar. Wir können nur aus dem Verhalten der beteiligten Akteure darauf schließen, dass diese eine Beziehung haben. Ohne dass sie interagieren oder sich zu ihrer Beziehung äußern, kann kein Beobachter etwas über diese Beziehung wissen, sondern lediglich Vermutungen darüber anstellen. Diese Vermutungen werden in hohem Maße von dem jeweiligen Beobachter abhängen und konsequenterweise schätzen die Akteure in der Beziehung diese möglicherweise sehr unterschiedlich ein. Da jeder andere Beziehungserfahrungen gemacht hat, gewichtet er auch bestimmte Aspekte stärker und interpretiert diese anders. Je ähnlicher die Beziehungserfahrungen beider Akteure sind, desto größer ist die Übereinstimmung der Wahrnehmung und Interpretation der aktuellen Beziehung.

Spricht man von der Gestaltung der Beziehung durch die pädagogische Fachkraft, dann wird immer aus der Perspektive der pädagogischen Fachkraft argumentiert, jedoch in der Hoffnung, dass das Kind zumindest einen Teil der pädagogischen Absicht erkennt, würdigt und annehmen kann.

Beziehung kann ansonsten durch eine Reihe von Charakteristika bestimmt werden (vgl. Sachse 2006):

- Eine Beziehung zwischen zwei Personen beinhaltet immer eine **Interaktion**, d. h. Person A verhält sich auf Person B und Person B verhält sich im Hinblick auf Person A.
- Eine Beziehung bedeutet nicht nur eine einzelne Interaktion, sondern eine **Serie von Interaktionen über die Zeit**, d. h. es gab in der Vergangenheit Interaktionen, es gibt in der Gegenwart Interaktionen und es wird auch in der Zukunft Interaktionen geben.
- Die früheren Interaktionen führen zu **Erfahrungswissen** über die Beziehung und zum Aufbau von **Erwartungen** bei beiden Partnern, die spätere Interaktionen beeinflussen und gegenseitig (positive oder negative) Emotionen auslösen.
- Beide Interaktionspartner profitieren von der Interaktion, in dem sie gegenseitige Bedürfnisse stillen, d. h. jede Person hat **interaktionelle Ziele** im Hinblick auf die andere Person, von denen sie hofft oder erwartet, dass diese von der anderen Person befriedigt werden. Wenn eine Beziehung stabil bleiben soll, werden diese Bedürfnisse auch tatsächlich, zumindest zum Teil, befriedigt.

Die pädagogische Beziehung ist nicht irgendeine Art von Beziehung, sondern eine spezielle Beziehung. Sie ist gekennzeichnet durch:

- die institutionell festgelegte Kontinuität
- die institutionell festgelegten Rollen
- die Vorbildfunktion der pädagogischen Fachkraft
- die zeitliche begrenzten Interaktionen
- die überwiegend konzeptionell festgelegten Ziele
- die Reflexion des intuitiven Interaktionsverhaltens der pädagogischen Fachkraft

Damit ist die pädagogische Beziehung verglichen mit anderen Beziehungen stärker regelgeleitet, spezialisierter und zeitlich enger definiert. Sie bietet aber auch im Hinblick auf die Beziehungsgestaltung viele persönliche Freiräume, die optimal von der pädagogischen Fachkraft genutzt werden sollten.

## 3.2 Aspekte der Beziehungsgestaltung

Dass ein Kind in der pädagogischen Beziehung soziale Kompetenz entwickelt, sich als selbstwirksam erlebt und wahrnimmt, wie es „ankommt", ist eine wichtige Erfahrung für die Entwicklung seiner Identität. „Sich-als-wirksam-erleben" bezeichnet dabei nicht nur die sachliche und interaktive Ebene, sondern auch als Person wahrgenommen zu werden und eine entsprechende Rückmeldung von Anderen zu erhalten. Auch diese Ebene ist in der Beziehung immer präsent. Es macht allerdings einen Unterschied, ob diese Ebene implizit, einfach nebenbei, mit abläuft oder Gegenstand besonderer Beobachtung, Reflexion und Gestaltung ist (vgl. Thurmair 2003).

Die Gestaltung von therapeutischen Beziehungen wird in der Literatur relativ ausführlich behandelt. Dabei kommt insbesondere Rogers (1959), dem Begründer der Gesprächspsychotherapie, der Verdienst zu, die wesentlichen Aspekte therapeutischer Beziehungsgestaltung (Empathie, unbedingte Wertschätzung/Akzeptanz und Kongruenz/Echtheit) beschrieben und formuliert zu haben. Im Folgenden werden diese Aspekte auf die Gestaltung von Beziehungen innerhalb der pädagogischen Kontexte übertragen.

## Zuhören

Zuhören ist eine Voraussetzung, um die verbalen und nonverbalen Signale eines Kindes richtig zu „lesen" und angemessen beantworten zu können. Ohne Zuhören entsteht kein echter Dialog. Zuhören drückt Anerkennung aus und nimmt das Kind mit seinen Gefühlen, Gedanken und Ansichten ernst. Wenn jemand interessiert und aufmerksam zuhört, werden Kinder ermuntert, sich zu äußern und sich zu entfalten. Manchmal lösen sich bereits Probleme schon beim bloßen Erzählen, wenn man einen interessierten und engagierten Gesprächspartner hat, oder man findet neue Wege der Problemlösung.
Einfaches Zuhören kann von aktivem Zuhören unterschieden werden (vgl. Friedrich 2003):

- **Einfaches Zuhören** lädt generell zum Reden ein, signalisiert Interesse und Aufmerksamkeit (z. B. „Erzähl doch mal!", „Das klingt ja spannend!")
- **Aktives Zuhören** ist erforderlich, wenn Kinder etwas Besonderes auf dem Herzen haben, das sie mitteilen wollen. Hier versucht die pädagogische Fachkraft zu verstehen, was das Kind sagen will und empfindet. Dazu fasst sie das, was sie hört, nochmals in eigene Worte und teilt dies dem Kind mit. Dabei ist es wichtig, dies nicht in Form der eigenen Meinung, als Antwort oder als Ratschlag zu tun, sondern als eine Frage, die erkennen lässt, dass es um das vertiefte, akzeptierende Verstehen geht (= Spiegeln). Die pädagogische Fachkraft versucht sich somit aktiv in das Kind hinein zu versetzen, etwas aus seiner Sicht zu sehen und sich einzufühlen (= Empathie). Eine solche Widerspiegelung ermuntert das Kind zum Weitersprechen und gibt ihm Raum etwas, was die pädagogische Fachkraft vielleicht noch nicht verstanden hat, richtig zu stellen oder Inhalte zu präzisieren. Aktives Zuhören ist ein ausgezeichneter Weg, Vertrauen als Basis für eine tragfähige Beziehung zu gewinnen.

## Wahrnehmen

Das beobachtende Wahrnehmen von kindlichen Signalen ist eine wichtige Voraussetzung, um auf Kinder eingehen zu können. Dabei ist es sehr wichtig, zwischen dem Wahrnehmen von Verhaltensweisen durch Beobachten und Beschreiben von etikettierendem Bewerten zu trennen (z. B. ist „Das Kind schaut auf den Boden, wenn es mit mir spricht" eine Beschreibung; die etikettierende Bewertung wäre dagegen „Das Kind mag mich nicht ansehen"). Um herauszufinden, was ein Kind zu einem bestimmten, beobachtbaren Verhalten veranlasst, muss man genau hinsehen. Auch Verhaltensauffälligkeiten stellen oft sinnvolle Lösungen für das Kind im Umgang mit Schwierigkeiten dar. Es ist eine herausfordernde Aufgabe für pädagogische Fachkräfte herauszufinden, wofür das störende oder unerwünschte Verhalten steht, um dieses verändern zu können. Hier sind genaue Verhaltensbeobachtungen und der Austausch mit anderen pädagogischen Fachkräften sehr hilfreich (vgl. Friedrich 2003).

## Unbedingte Wertschätzung

Bei manchen Kindern ist es schwierig, das passende Tempo und die richtigen pädagogischen Methoden zu finden und akzeptierend mit ihnen umzugehen, weil ihr

Verhalten Ärger, Enttäuschung oder Ratlosigkeit bei der pädagogischen Fachkraft auslöst. Seitens des Kindes korrespondiert damit möglicherweise die Erfahrung, auch schon früher nicht angemessen unterstützt und verstanden worden zu sein (vgl. Thurmair 2003). Das Interesse, die Empathie und die Wertschätzung, die für das Gelingen der pädagogischen Situation notwendig sind, beinhalten auch, das Kind so anzunehmen, wie es ist. Somit ist unbedingte Wertschätzung ein wesentlicher Bestandteil von Empathie. Es bedeutet, dass die pädagogische Fachkraft ihre eigenen Sichtweisen und Werthaltungen in den Hintergrund stellt, um sich ohne Vorurteil(e) auf die kindliche Erlebniswelt einlassen zu können (vgl. Biermann-Ratjen / Eckert / Schwartz 1979). Wenn die pädagogische Fachkraft zum Beispiel wenig empathisch dem Kind gegenüber äußert „Du bist eben unsportlich", dann mag das inhaltlich eventuell zutreffen, greift aber das kindliche Selbstvertrauen an, entmutigt und beschämt das Kind, ohne ihm klare Erwartungen mitzuteilen oder gar Wege zu zeigen, wie es das Ziel dennoch erreichen kann.
Eine liebevolle, freundliche Begleitung, die dem Kind Informationen darüber vermittelt, wie ein Problem angegangen und Lösungen gefunden werden können, wertet das Kind nicht ab. Vielmehr wird die hilfreiche, begleitende Instruktion der pädagogischen Fachkraft im kindlichen Gedächtnis bleiben. Von Wertschätzung geprägte Interaktionssequenzen mit Erwachsenen werden somit zu Modellen der eigenen inneren Handlungsbegleitung, auch wenn in einer ähnlichen Situation die pädagogische Fachkraft nicht anwesend ist. Vielmehr beginnt das Kind, sich selbst zu instruieren, wie es zuvor die pädagogische Fachkraft in der sozialen Interaktionssituation getan hat. Dies beschreibt bereits Wygotski (1978) eindrücklich: zunächst führt die Interaktion zwischen dem Kind und einem kompetenten Interaktionspartner zu Leistungen, die in der Zone der nächsten Entwicklung des

Kindes liegen. Später kann das Kind dann.durch Selbstinstruktion eigenständig die Kompetenz zeigen, die zunächst nur mit Hilfestellung möglich war.
Viele Ängste und Unsicherheiten von Kindern, aber auch Erwachsenen beruhen darauf, dass ihnen hilfreiche, selbstbegleitende innere Gespräche fehlen. Botschaften wie z. B. „Du bist wichtig", „Du darfst du selbst sein", „Du kannst dich trauen", „Du gehörst dazu" oder „Du darfst deine eigenen Bedürfnisse haben" sind die Bausteine des kindlichen Selbstbildes. Diese Art von Botschaften kann durch die pädagogische Fachkraft verbal oder nonverbal vermittelt oder am Vorbild gelernt werden.

## Echtheit

Bei all dem bisher Genannten ist es wichtig, dass die Botschaften der pädagogischen Fachkraft auch ehrlich gemeint sind. Mit Echtheit ist die Authentizität der Bezugsperson gemeint, die nur dann überzeugend sein kann, wenn sie auch hinter dem steht, was sie sagt und tut. Die pädagogische Fachkraft merkt z. B., dass sie die Person des Kindes unbedingt wertschätzt, wenn sie positive Gefühle dem Kind gegenüber empfindet, selbst dann, wenn das kindliche Verhalten nicht ihren Erwartungen oder den Vorgaben entspricht. Genauso fällt aktives Zuhören leichter, wenn das Interesse der pädagogischen Fachkraft an dem, was das Kind erlebt hat und empfindet, auch echt ist. Wenn nur mit „halben Ohr" zugehört wird, kommt dies beim Kind an, auch wenn durch zeitweiliges Nicken, anderes suggeriert werden soll.

Insofern stehen Zuhören, Wahrnehmen, Interesse, Wertschätzung und Echtheit in enger Beziehung zueinander und bedingen sich gegenseitig. Vor allem die Echtheit bestimmt maßgeblich die Reichweite pädagogischer Maßnahmen und Interaktionen.

## Rituale, Strukturen, Grenzen setzen

Rituale und Strukturen haben für das kindliche Lernen, aber auch seine Sicherheit und Geborgenheit einen besonderen Stellenwert.
Rituale sind vorgegebene Handlungen bzw. feststehende Handlungssequenzen, die nach bestimmten Regeln ablaufen und in ihrer Form längere Zeit (z. B. für den gesamten Förderprozess) gültig sind und kontinuierlich wiederholt werden (vgl. Jackel 1999). Insofern sind die Abläufe vorhersehbar und planbar. Somit lassen sich durch Rituale Strukturen vorgeben, die alle Kinder brauchen und die für einige Kinder unerlässlich sind (z. B. verhaltensauffällige Kinder, Kinder mit ADHS und besonders Kinder mit einer Autismus-Spektrum-Störung). Grenzen erfüllen eine ähnliche Funktion. Sie geben Kindern Halt, Orientierung und Verhaltenssicherheit. Insofern ist die Gestaltung von Grenzen, auch mit den Kindern gemeinsam, indem z. B. Regeln des gemeinsamen Arbeitens und Spielens formuliert werden, ebenso wichtig, wie die Gestaltung von Freiräumen.

Zusammengefasst können folgende Funktionen von Ritualen, Strukturen und Grenzen genannt werden:

- sie geben Sicherheit und Halt,
- sie ermöglichen eine Orientierung,
- sie sorgen für Strukturierung und damit Ordnung,
- sie vermitteln Verlässlichkeit und Geborgenheit (z. B. Begrüßungsrituale).

Damit sind Rituale und Strukturen Teil einer sicheren Basis, die wiederum die Erfahrung von Selbstwirksamkeit und das Lernen durch Exploration erst ermöglichen (vgl. Kapitel 2).

Wenngleich bei der Darstellung der Aspekte von Beziehungsgestaltung Anleihen in der Gesprächspsychotherapie gemacht wurden, ist die pädagogische Situation nicht mit therapeutischen Settings gleichzusetzen. Wie die konkrete Umsetzung in pädagogischen Situationen realisiert werden kann und welche Chancen, aber auch Grenzen dieses hat, wird zunächst exemplarisch an einigen laufenden (Modell-) Projekten in dem nun folgenden Teil II veranschaulicht. Vielfältige Anregungen und einen konkreten Leitfaden für die Gestaltung der eigenen Beziehung im pädagogischen Kontext werden dann schließlich in Teil III des Buches gegeben.

# Teil II

# 4. Anwendungsfelder

In diesem Teil werden Anwendungsfelder für bindungs- bzw. beziehungsorientierte Interventionen in unterschiedlichen Entwicklungsphasen beschrieben. Die Vielzahl inzwischen vorgelegter Präventions- und Interventionsansätze, die auf der Bindungstheorie basieren, kann nach Gloger-Tippelt (2008) in drei Gruppen gegliedert werden: in indirekte, direkte und erweiterte bindungsorientierte Bindungsinterventionen.

- **Indirekte Interventionen** sind Fortbildungs- oder Beratungsmaßnahmen, die entweder auf Multiplikatoren wie Erzieher, Sozialpädagogen, Psychologen zielen oder auf ganze Institutionen wie Kindergärten, Heime, Kinderkliniken. Den pädagogischen Fachkräften wird Wissen über die Bedeutung des Bindungs- und Beziehungsaufbaus vermittelt; sie werden beraten, um die Gestaltung der sozialen Umwelt entsprechend zu planen.
- **Direkte Interventionen** sind Elterntrainings oder Elternberatung, die an der Eltern-Kind-Bindung ansetzen und sich auf die Optimierung der Interaktionen beziehen, die in engerem Sinne zwischen Bezugspersonen und Kind (je nach seinem Lebensalter) ablaufen.
- Mit **erweiterten Interventionen** sind Maßnahmen gemeint, in denen die Bindungstheorie und die Ergebnisse der Bindungsforschung zwar eine entscheidende Rolle spielen, die aber einerseits durch andere theoretische Zugänge ergänzt sowie andererseits mit juristischen, sozial-, (sonder)pädagogischen und politischen Elementen verknüpft werden. Beispiele hierfür sind die Modellprojekte, die im Rahmen des Nationalen Zentrums für Frühe Hilfen (NZFH) gebündelt wurden (http://www.fruehehilfen.de/).

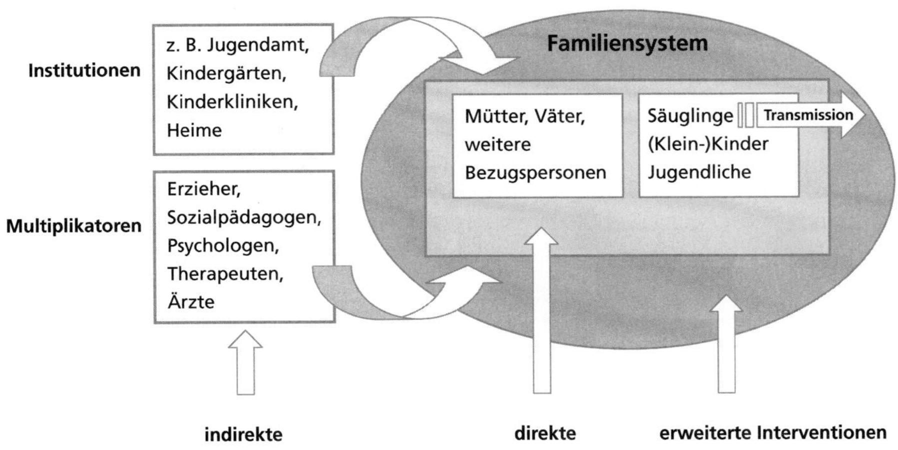


*Abb. 5: Indirekte, direkte und erweiterte bindungsorientierte Interventionen und ihre Ziele (Gloger-Tippelt 2008, 131)*

Die Anwendungsbeispiele, die im Folgenden dargestellt werden, stehen exemplarisch für erweiterte Interventionen, da diese durch die interdisziplinären Zugänge auch die nachhaltigsten Wirkungen entfalten. Es wird mit frühen, beziehungsorientierten Hilfen begonnen, bei denen die werdenden oder „frischgebackenen" Eltern mit ihrem Säugling im Zentrum stehen. Die Frühen Hilfen zielen darauf ab, die Regulationsfähigkeit innerhalb einer förderlichen Eltern-Kind-Beziehung von Anfang an zu unterstützen. Die beziehungsorientierte Prävention richtet sich dabei vor allem auf die elterlichen Bindungsrepräsentationen und das elterliche Interaktionsverhalten. Die Rolle der pädagogischen Fachkraft ist die einer professionellen entwicklungspsychologischen Elternberaterin, einer STEEP-Beraterin oder einer Familienbegleiterin (vgl. Kapitel 5).

Später lassen sich gezielte Veränderungen in Entwicklungsverläufen nur in Kenntnis der bisherigen Erfahrungen und Entwicklungen sowie der gegenwärtigen Einflüsse, die auf das Kind, seine Familie und seine Umwelt wirken, vornehmen (vgl. Kapitel 1). Beziehungsorientierte Interventionen richten sich nun in Krippe und Kindergarten auf die pädagogische Fachkraft selbst und ihre Beziehung zum Kind (vgl. Kapitel 6). Bei der Frage nach der Möglichkeit kompensatorischer Bindungserfahrungen in Krippe und Kindergarten müssen eine ganze Reihe von Besonderheiten berücksichtigt werden, die die Fachkraft-Kind-Beziehung im Vergleich zur Mutter-Kind-Bindung charakterisieren (vgl. Kapitel 2). Die positive Beeinflussung des internalen Arbeitsmodells von Bindung durch pädagogische Fachkräfte in Kindertageseinrichtungen muss immer auch die Dynamik, die aus der Geschlechter- und Alterszusammensetzung der Kindergruppe entsteht, mit einbeziehen.

Im Schulalter stehen entweder pädagogische Fachkräfte selbst und ihre Beziehung zu einzelnen Schülern im Fokus der beziehungsorientierten Intervention (vgl. Kapitel 7) oder sie fungieren als Moderatoren positiver und entwicklungsförderlicher Beziehungen zwischen den Gleichaltrigen (vgl. Kapitel 7). Pädagogische Fachkräfte können beispielsweise einen entscheidenden Beitrag leisten, damit bestehende unsichere Bindungsmuster von Kindern und Jugendlichen in der Schule nicht zementiert, sondern durch Interaktionserfahrungen verändert werden, die den bisherigen Beziehungserfahrungen widersprechen und die die Entwicklung sicherer internaler Arbeitsmodelle von Bindung fördern (Diskontinuitätserfahrungen, vgl. Julius 2002).

> Wichtig ist, dass die Kinder – ob als Kleinkinder, als Schulkinder oder als Jugendliche – in ihrer Bindungsentwicklung positive Erfahrungen sowohl mit ihren Bezugspersonen als auch mit den ihnen vertrauten pädagogischen Fachkräften machen, die sie später als Erwachsene an die nächste Generation weitergeben können.

# 5. Beziehungsorientierte elternzentrierte Frühprävention (0–3 Jahre)

Frühe Hilfen wurden aufgelegt, um einerseits Kindeswohlgefährdungen, wie Vernachlässigung und Misshandlung vorzubeugen, andererseits dienen sie aber auch der Prävention späterer sozial-emotionaler Probleme.

- In epidemiologischen Studien zeichnet sich ein Anstieg von psychischen Störungen bei Kindern und Jugendlichen ab (vgl. Fonagy 1996; Ihle / Esser 2002). Dabei konnten Zusammenhänge zwischen einer problematischen oder gestörten frühen Eltern-Kind-Beziehung und späteren Verhaltensauffälligkeiten gefunden werden (vgl. Ziegenhain / Fegert 2012).
- In Längsschnittstudien aus dem anglo-amerikanischen Sprachraum ließ sich der Teufelskreis von eigener Misshandlung und Vernachlässigung der Eltern, die von Opfern selber zu Tätern an ihren eigenen Kindern werden, ebenso wie die Möglichkeit des Durchbrechens dieses generationsübergreifenden Teufelskreises durch beziehungsorientierte elternzentrierte Prävention nachweisen (z. B. Minnesota-Längsschnittstudie von Egeland 2010; Elmira-Längsschnittstudie von Olds et al. 2004).

Neuere Befunde der Gehirnforschung zu „sensiblen Phasen" in der Entwicklung, in denen Kinder besonders stark und nachhaltig auf positive, aber auch negative Einflüsse und Impulse aus ihrer Lernumwelt reagieren, unterstreichen die Bedeutung früher Beziehungserfahrungen: Demnach besteht in den ersten drei Lebensjahren eine Dominanz der rechten Hirnhälfte, die u. a. verantwortlich für die Verarbeitung sozial-emotionaler Informationen und die Emotionsregulation ist. Emotionale Sicherheit bei einer primären Bezugsperson vermag als Puffer gegen Stress zu wirken, während fehlende oder unzulängliche Sicherheit zu physiologischen Stressreaktionen (erhöhte Konzentrationen des Stresshormons Cortisol im Speichel als Indikator emotionaler Belastung) führt. Insofern ist die Verhaltensregulation in der Bindungsbeziehung psychobiologisch begründet (vgl. Spangler / Grossmann 1993). Eine frühe und extreme emotionale Belastung (z. B. durch Misshandlung oder Vernachlässigung) kann demnach massive neurologische und Verhaltenskonsequenzen haben, die schlimmstenfalls irreversibel sind (vgl. Fonagy 1996).

Als Beispiele für beziehungsorientierte elternzentrierte Programme wird zunächst in Kapitel 5.1 auf die **Entwicklungspsychologische Beratung für junge Eltern** (vgl. Ziegenhain / Fries / Bütow / Derksen 2006) eingegangen.
In Kapitel 5.2 wird das **STEEP-Programm** (vgl. Erickson / Egeland 2014; Suess / Kißgen 2005) vorgestellt, dass sich an Hochrisikofamilien zu Beginn der Elternschaft wendet. Das **Modellprojekt „Pro Kind"** (vgl. Jungmann / Kurtz / Brand 2008) wird in Kapitel 5.3 beschrieben. STEEP und Pro Kind arbeiten nach dem Vorbild amerikanischer Programme, die in erster Linie zur Verhinderung von Misshandlung und Vernachlässigung entwickelt wurden. In Kapitel 5.4 wird schließlich das Programm **SAFE – Sichere Ausbildung von Eltern** (vgl. Brisch 2008) vorgestellt, dass sich an alle Eltern richtet.

## 5.1 Entwicklungspsychologische Beratung für junge Eltern

(vgl. Ziegenhain et al. 2006)

**Programmsteckbrief**

| | |
|---|---|
| ***Zielgruppe:*** | Hochrisikogruppe jugendlicher, allein erziehender Mütter, psychosozial belastete Familien, Familien mit behinderten oder biologisch vorbelasteten Kindern (z. B. Frühgeborene) |
| ***Altersbereich:*** | Säuglings- und Kleinkindalter |
| ***Teilnehmer:*** | Eltern bzw. Mütter und ihre Säuglinge bzw. Kleinkinder |
| ***Dauer:*** | Lösungsorientierte Kurzintervention (ca. 3 Monate) |
| ***Methoden:*** | Feinfühligkeitstraining mit Videofeedback |
| ***Besonderheiten:*** | Information über die allgemeine Entwicklung von Säuglingen und Kleinkindern, Übernahme der Perspektive des Kindes, Eltern beobachten und verstehen die Fähigkeiten ihres Kindes, Eltern werden in ihrer Elternrolle bestärkt |

### ▸ Zielgruppe

Die Entwicklungspsychologische Beratung wendet sich an Eltern in „schwierigen Lebenssituationen". Als schwierig wird die Lebenssituationen bezeichnet, wenn das Leben durch chronische Armut geprägt ist, wenn **psychische Erkrankungen** (z. B. Schizophrenie, Depressionen, Persönlichkeitsstörungen, Suchterkrankungen, Angst- und Zwangserkrankungen) vorliegen, wenn die Elternschaft sehr **frühzeitig** eintritt oder ein Elternteil – zumeist die Mutter – **alleinerziehend** ist. Das Vorliegen dieser Risikofaktoren kann von Geburt an zu einer Beeinträchtigung der seelischen Gesundheit und einer Gefährdung der Bindungs- und Beziehungsfähigkeiten des Kindes führen.
Exemplarisch wird im Folgenden auf die besondere Lebenssituation von Kindern mit psychisch kranken Eltern und Kinder mit jugendlichen, alleinerziehenden Müttern eingegangen (vgl. Ziegenhain et al. 2006).

- Im Allgemeinen sind Frauen häufiger von **psychischen Erkrankungen** betroffen, wobei im Speziellen die Zeit rund um die Geburt als eine kritische Phase für das Auftreten einer psychischen Erkrankung erachtet wird (Wochenbettdepressionen, psychotische Episoden im Wochenbett bei 0,1 bis 0,2% der Mütter, subklinische Varianten, die als „Baby Blues" bezeichnet werden, sogar bei 25% bis 85% der Mütter). Während die Prognosen für diese Störungen durchaus

günstig sind, stellen sie für die Kinder der betroffenen Mütter beträchtliche Risikofaktoren dar, Entwicklungsprobleme sowie sozial-emotionale und Verhaltensstörungen zu entwickeln. Dabei haben allerdings chronische negative Verhaltensweisen von Eltern mit Persönlichkeitsstörungen, wie verzerrte Wahrnehmung und Fehlinterpretation der kindlichen Signale, feindseliges und aggressives Verhalten dem Kind gegenüber, gravierendere Auswirkungen als kurze oder begrenzte psychotische Episoden, die allerdings in der frühen Kindheit ebenfalls schwerwiegende Folgen für die weitere kindliche Entwicklung haben. Hinzu kommt, dass die psychische Erkrankung eines Elternteils häufig mit einer Anhäufung (Kumulation) weiterer Risikofaktoren verbunden ist. So leben psychisch kranke Personen oft auch in finanziell schwierigen Verhältnissen, da sie nicht in der Lage sind, einer geregelten Berufstätigkeit nachzugehen, sind alleinerziehend oder von Trennung bedroht und haben weniger soziale Kontakte. Damit erfahren sie seltener soziale Unterstützung, wodurch dem Kind die Chancen auf andere positive oder kompensierende Beziehungen entgehen.
Zusammengenommen verweisen die bisherigen Forschungsbefunde – die sich überwiegend auf die Entwicklungsrisiken von Kindern mit depressiv erkrankten Eltern beziehen – auf eine besondere Vulnerabilität von Säuglingen und Kleinkindern (z. B. Jones / Field / Hart / Lundy / Davalos 2001; Diego / Field / Hernandez-Reif 2001). Dies unterstreicht die Bedeutung von primär und sekundär präventiven Hilfen.

- Wenngleich der Anteil **jugendlicher Eltern** in Deutschland mit 0,6% bis 0,7% vergleichsweise gering ist (vgl. Statistisches Bundesamt 2004), handelt es sich hierbei um eine Gruppe, in der Risiken ebenfalls kumulieren und die jugendliche, oftmals allein erziehende Mutter ebenso wie ihren Säugling in besonderem Maße gefährden: Die betroffenen Jugendlichen sind auf die verfrühte Übernahme der Elternrolle weder in ihrer Persönlichkeitsentwicklung noch in ihrer emotionalen Entwicklung ausreichend vorbereitet, leben häufig in psychosozial belastenden Verhältnissen, haben keine abgeschlossene Schul- oder Berufsausbildung und überdies oft biografisch schwerwiegende Vorerfahrungen (z. B. Trennung oder Scheidung der eigenen Eltern, Missbrauchs- oder Vernachlässigungserfahrungen) (z. B. Ziegenhain / Derksen / Dreisörner 2003). Ferner sind jugendliche Mütter im Vergleich zu anderen Jugendlichen weniger gefestigt in ihrer Identität, haben ein geringeres Selbstwertgefühl und nicht selten liegt auch eine psychiatrisch relevante Symptomatik vor (vgl. Fegert 2000).
  Forschungsbefunde sprechen dafür, dass die Kinder jugendlicher Eltern neben kognitiven und sprachlichen Entwicklungsauffälligkeiten häufiger hochunsichere Bindungen aufweisen, die auf weniger feinfühliges Verhalten der Mütter im Umgang mit ihrem Säugling oder Kleinkind zurückführbar sind. Sie werden öfter in Heimen und Pflegefamilien untergebracht als Kinder volljähriger Mütter und fallen im Schulalter häufiger durch aggressives Verhalten oder eine geringe Impulskontrolle auf. Im Jugendalter werden die Söhne jugendlicher Mütter mit höherer Wahrscheinlichkeit straffällig und die Töchter sind früher sexuell aktiv und tragen damit ein erhöhtes Risiko ebenfalls im Jugendalter schwanger zu werden (z. B. Furstenberg / Brooks-Gunn / Chase-Lansdale 1989; van IJzendoorn / Schuengel / Bakermans-Kranenburg 1999; Coley / Chase-Lansdale 1998).
  Eine Entwicklungspsychologische Beratung ist auch dann indiziert, wenn der Beziehungs- und Bindungsaufbau die Eltern aufgrund der besonderen Situa-

tion des Kindes vor erhöhte Herausforderungen stellt (z. B. Frühgeburten, Behinderungen, chronische Erkrankungen). Exemplarisch wird im Folgenden auf die besondere Situation frühgeborener Kinder und Kinder mit Behinderungen eingegangen.

- **Frühgeborene Kinder** sind die zahlenmäßig größte Gruppe der Risikokinder. 50.000 bis 80.000 Kinder kommen jährlich in Deutschland vor der 37. Schwangerschaftswoche zur Welt, rund 1.000 Kinder davon an der Grenze zur Lebensfähigkeit bereits nach 24 bzw. 25 Schwangerschaftswochen (vgl. Jungmann 2003, 2007). Bei einer Frühgeburt gibt es nicht nur ein frühgeborenes Kind, sondern auch „frühgeborene Eltern". Die Eltern sind oftmals traumatisiert und durch die Situation überfordert. Ihr Selbstbild als Vater bzw. Mutter und ihr Konzept vom Kind sind weniger konkret und differenziert als bei einer Termingeburt. Sie sind emotional noch nicht bereit, die praktischen Vorbereitungen sind noch nicht beendet oder haben nicht einmal begonnen (vgl. Gloger-Tippelt 1988). Meist sehen die Eltern ihr Kind zum ersten Mal auf der Neugeborenenintensivstation. Psychisch stark belastend wirken u. a. das Aussehen des Kindes, sein Gesundheitszustand und die an ihm vorgenommenen medizinischen Maßnahmen (vgl. Jotzo / Schmitz 2001; Hughes / McCollum 1994). Frühgeborene Kinder sind Risikokinder und brauchen besondere Fürsorge und Zuwendung. Sie sind weniger reaktionsbereit und leichter irritierbar als termingeborene Kinder, können Erregungszustände schlechter regulieren, zeigen mehr negative Affekte und vermeiden häufig den Blickkontakt (vgl. Pauli-Pott 1991). Außerdem verfügen sie oft nicht über die Zeichen sozialer Kompetenz, wie z. B. vorhersagbares Verhalten, soziale Responsivität und verständliche Verhaltenshinweise. Die Beziehungs- und Bindungsentwicklung zwischen dem frühgeborenen Kind und seinen Eltern ist durch die besonderen Herausforderungen an die elterlichen Beobachtungsfähigkeiten und angemessene Reaktionen auf diskrete Belastungszeichen des Kindes sowie durch biografisch bedingte Fehlwahrnehmungen und Verzerrungen gefährdet. So sehen Eltern möglicherweise die erlittene Frühgeburt als gerechte Strafe für bestimmte Ereignisse in ihrem Leben an, quälen sich mit Selbstvorwürfen und entwickeln überzogene Erwartungen an die eigenen elterlichen Fähigkeiten. Häufig ist bis ins Vorschulalter ein kompensatorischer Erziehungsstil zu beobachten, der Folgen für die Balance zwischen Bindung und kindlicher Autonomieentwicklung haben kann: Dadurch, dass das Kind besonders geschützt, viel gefördert wird, viel Aufmerksamkeit und weniger konsequente Grenzen erfährt, traut es sich möglicherweise weniger die Erkundung seiner Umgebung zu und entwickelt Schwierigkeiten bei der emotionalen Selbstregulation (vgl. Sarimski 2000).
- Kommt ein **Kind mit einer Behinderung** zur Welt, ist die Passung in der Beziehungs- und Bindungsentwicklung auf Seiten des Kindes durch seine häufig sehr langsamen und teilweise überschießenden Reaktionsfähigkeiten und seine oftmals minimalen, kaum vorhersehbaren Entwicklungsschritte gefährdet. Gerade das schwer einschätzbare Entwicklungspotenzial des Kindes kann zu Einschränkungen der intuitiven elterlichen Kompetenzen führen. Es erfordert viel Geduld und Ausdauer, um in Alltagssituationen immer wieder feinfühlig die Feinzeichen von Regulation und Belastung des Kindes zu erkennen, entsprechend die Stimulation bei Belastung zu reduzieren, dem Kind Reaktionen zu entlocken und wiederum kontingent auf diese Reaktionen zu reagieren (vgl.

Calvet-Kruppa 2001). Da bei geistiger Behinderung die kognitiven Entwicklungsmöglichkeiten begrenzt sind, kommt dem emotionalen Bereich für die Kommunikation zwischen Eltern und Kind sowie die Förderung der Intelligenz eine besondere Bedeutung zu. Gerade Kinder mit einer geistigen Behinderung reagieren sehr sensibel auf emotionale Zuwendung oder Missstimmungen ihrer Bezugspersonen. Durch die Mitteilung der Diagnose einer drohenden schweren Behinderung, erleben Eltern jedoch zum Teil massive Veränderungen ihrer Alltagsrealität und ihrer Zukunftspläne. Der Umgang mit eigenen Gefühlen der Wut, der Trauer, der Angst oder gar der Schuld sind ein wichtiger Bestandteil der Entwicklungspsychologischen Beratung. Erst wenn die elterliche Traumatisierung aufgelöst werden kann, ist auch das Risiko für die Entwicklung einer unsicheren Bindung gebannt und damit wird eine positivere sozial-emotionale Entwicklung des Kindes möglich (vgl. Marvin / Pianta 1996; Sheraan / Marvin / Pianta 1997).

### ▸ Ablauf

Die Entwicklungspsychologische Beratung beginnt mit einem konkreten **Anlass**, der häufig dringend ist (z. B. zeigt sich dies in elterlichen Äußerungen, wie „Wir können nicht mehr!"; „Es muss sofort etwas passieren, sonst tue ich mir oder meinem Kind etwas an!") oder einem Anliegen der Eltern, das auf eine Verhaltensänderung ihres Kindes abzielt (z. B. „Mein Kind schreit Tag und Nacht, es soll endlich aufhören zu schreien!").

Im Erstgespräch sind aus den Anliegen **konkrete Ziele** zu entwickeln und die Aufträge für die Beratung zu klären. Dabei wird die Einladung zur Formulierung konkreter, realisierbarer Ziele als ein erster Schritt zur Lösungsfindung betrachtet. Wenn Anlässe oder Anliegen des Jugendamtes oder der Kinderklinik vorliegen, müssen diese im Erstgespräch zu Anliegen und Zielen der Eltern entwickelt werden.

Eine Methode ist der **Einsatz zirkulärer Fragen**, mit deren Hilfe sich Eltern in die Perspektive des Auftraggebers hineinversetzen können (z. B. „Wie kommt es, dass sich die Frau vom Jugendamt so viele Sorgen um die Entwicklung Ihres Kindes macht, dass Sie denken, sie würde übertreiben?") um so aus mehreren Anliegen ein gemeinsames Anliegen zu entwickeln (vgl. Methoden).

Ein wichtiges Motto der Entwicklungspsychologischen Beratung ist **„Sehen – Verstehen – Handeln"**. Damit wird ins Zentrum gestellt, dass professionelles Handeln eine sorgfältige Beobachtung – eben das Sehen – voraussetzt. Dazu werden alltägliche und alterstypische Eltern-Kind-Interaktionen auf Video aufgezeichnet, was den Eltern ermöglicht, unmittelbare und nicht sprachlich vermittelte Eindrücke von ihrem Kind und sich selbst zu erhalten (vgl. Methoden). Erst in einem zweiten Schritt kann dann die Interpretation – das Verstehen – des Beobachteten vor dem Hintergrund von theoretischen Konzepten, empirischen Befunden oder Praxiserfahrungen stattfinden. Die konkreten Handlungen, die daraus resultieren, können sehr vielfältig sein und reichen von Gesprächen mit den Eltern und Kollegen über die gemeinsame Suche nach Lösungen und Ressourcen bis hin zur Entwicklung von Kooperationsbeziehungen zu anderen Hilfesystemen.

### Programmkonzept

Die Entwicklungspsychologische Beratung basiert auf Erkenntnissen der interdisziplinären Säuglings- und der entwicklungspsychologischen Bindungsforschung. Darüber hinaus sind Einflüsse aus systemisch-lösungsorientierten Beratungsansätzen und Therapiekonzepten für das Säuglings- und Kleinkindalter erkennbar (vgl. de Shazer 2009; von Schlippe / Schweitzer 1996; Kriz 1999). Die bindungstheoretisch begründete Förderung feinfühligen elterlichen Verhaltens wird mit der spezifischen Vermittlung von Ausdrucks-, Belastungs- und Bewältigungsverhaltensweisen von Säuglingen und Kleinkindern verknüpft. Letztere Komponente orientiert sich an dem Entwicklungsmodell von Als (1982) und Brazelton (1984), sowie den ersten erfolgreichen Trainingsprogrammen von van den Boom (1994), in denen die Mütter von erfahrenen Beraterinnen darin bestärkt wurden, auf die Mitteilungen ihres Kindes feinfühlig zu antworten.

Feinfühliges elterliches Verhalten ist nach Ainsworth / Bell / Stayton (1974) wie folgt charakterisiert:

- Kommunikationssignale und Mitteilungen des Kindes werden von den Eltern wahrgenommen.
- Die Kommunikationssignale und Mitteilungen werden richtig interpretiert. Oft wird z. B. das Weinen des Kindes als Hunger missverstanden, dabei ist es ein Kontakt- oder Zuwendungssignal.
- Auf die Kommunikationssignale wird prompt, kontingent und angemessen reagiert.

Auf der Grundlage von kurzen Videosequenzen von Wickel-, Fütter- oder Spielsituationen wird das Verhalten primär aus der Sicht des Kindes beschrieben und elterliches Verhalten darauf bezogen. Der Einsatz von Videos hat sich als besonders geeignet erwiesen, um den Perspektivenwechsel zu fördern.

Gerade beim gemeinsamen Betrachten von Videoaufnahmen taucht aber auch die eigene Beziehungsvergangenheit immer wieder auf.

- Eltern machen sich z. B. ganz offen Gedanken darüber, ob ihre eigenen Eltern auch auf ihr Weinen reagiert haben.
- Manchmal kommen auch negative Gefühle wie Missgunst oder Neid beim Betrachten des eigenen Umgangs mit dem Kind auf, weil dieses es besser hat als sie selbst es hatten und das Kind trotzdem oft so undankbar ist. Interpretationen kindlichen Verhaltens als Ausdruck von Undankbarkeit können großen negativen Einfluss auf den Umgang mit dem Kind haben.

Aus bindungstheoretischer Sicht ist es wichtig, die diesen Gefühlen zugrundeliegenden Bindungsmodelle zu erkunden, und die Eltern auch in der Auseinandersetzung mit eigenen Kindheitserinnerungen – ihren **„Gespenstern der Vergangenheit"** – zu unterstützen. Dies kann während des Betrachtens der Videosequenzen geschehen und auch den Schwerpunkt einer oder mehrerer Sitzungen bilden.

Wichtig ist aber, dass nicht nur die Auseinandersetzung mit eigenen frühkindlichen Bindungserfahrungen und deren Integration in die Erwachsenenpersönlichkeit gefördert wird, sondern vor allem deren mögliche Einflüsse auf den konkreten Umgang mit dem Kind im Hier und Jetzt kritisch reflektiert wird. Es wird davon ausgegangen, dass innerhalb einer haltgebenden therapeutischen Beziehung das aufmerksame Betrachten der Interaktionen von den Eltern nicht als Kritik an ihrem eigenen Verhalten verstanden wird, sondern als eine besonders unterstützende Art der Hilfestellung bei Problemen in der dyadischen oder triadischen Beziehung (vgl. Thiel-Bonney 2002).

## ▸ Methoden

Im Folgenden wird auf einige Methoden, die in der Entwicklungspsychologischen Elternberatung eingesetzt werden, noch einmal kurz eingegangen. Eine ausdrückliche Beschreibung findet sich bei Ziegenhain et al. (2006).

***Videointeraktionstraining***

Nach Downing (2003) sind folgende Schritte in der Videoarbeit mit den Eltern maßgeblich:

- Positive (gelungene) Szenen zeigen, auch wenn diese zunächst nur eine Ausnahme in der gesamten Videosequenz darstellen. Dabei wird unterstrichen, wie den Eltern positive Kommunikation mit ihrem Kind gelungen ist (Stärkung des elterlichen Selbstvertrauens in die eigene Kompetenz).
- Negative (dysfunktionale) Szenen ansprechen.
- Erfragen der elterlichen Kognition: Was sehen oder bemerken die Eltern in dieser Szene? Wie verstehen und interpretieren sie die Sequenz, auch aus der möglichen Sicht des Kindes? Was möchten die Eltern verändern und wie könnten sie eine solche Veränderung erreichen?
- Benötigen die Eltern nach der Exploration evtl. noch Informationen, z. B. zu entwicklungspsychologischen Fragen?
- Die emotionale Reaktion der Eltern auf die betrachtete Szene wird angesprochen: Wie erging es den Eltern beim Anschauen des Videos? Was fühlten sie dabei? Welche körperlichen Reaktionen konnten sie bei sich feststellen?
- Erfragen der Erinnerungen an die eigene Kindheit („Gespenster im Kinderzimmer", die man nicht an die eigenen Kinder weitergeben möchte, aber auch die Erinnerungen an die „guten Geister", die auch das eigene Kind in seiner Entwicklung fördern können).
- Transfer für Zuhause vorbereiten: Wie können die Eltern mehr von dem tun, was zu einer gelungenen Kommunikation mit ihrem Kind beiträgt? Was könnte helfen, um weitere positive Situationen zu initiieren etc.?

Für das Videointeraktionstraining ist ein Maßstab für gelungene Eltern-Kind-Interaktion unerlässlich. Die Interaktionsqualität zwischen Eltern und Kindern wird in den ersten Lebensjahren auf der **Feinfühligkeitsskala** von Ainsworth et al. (1974) eingestuft und mit Maßen zur Bindungsqualität in Zusammenhang gebracht.

Dabei zeigte sich, dass Eltern mit sicherer Bindungsqualität während des ersten Lebensjahres ihres Kindes zwar in der Lage sind, die Perspektive des Kindes einzunehmen und auf klare Signale (z. B. Weinen) angemessen und prompt zu reagieren, es jedoch bei subtileren Signalen durchaus zu Missverständnissen oder Fehlinterpretationen kam. **Das Interaktionsverhalten von Eltern mit sicherer Bindung ist also weit davon entfernt, perfekt zu sein, aber es ist gut genug:** Auf der neun Punkte umfassenden Feinfühligkeitsskala (9 = „sehr feinfühlig"; 1 = „fehlende

Feinfühligkeit") erreichten sicher gebundene Eltern einen mittleren Punktwert von 6 (vgl. Grossmann / Grossmann / Spangler / Suess / Unzer 1985).

***Elemente systemisch-lösungsorientierten Arbeitens***

Bestimmte Frageformen und Frageschemata aus dem systemisch-lösungsorientierten Arbeiten wurden übernommen, um die wertschätzende und an der Elternperson interessierte Haltung zu unterstreichen. Zugleich sollten aber auch Fragen, wie „Was hat sich seit unserem letzten Treffen verändert?" dazu anregen, Suchprozesse zur Aktivierung elterlicher Kompetenzen und Ressourcen auszulösen (vgl. de Shazer 2009).

- **Skalierungsfragen** werden in der Entwicklungspsychologischen Elternberatung angewendet, um den Grad der Erschöpfung oder die Kraftreserven der Eltern im Erstgespräch zu erfassen („Stellen Sie sich eine Skala von 1 bis 10 vor, die für ihre Kraftreserven steht. Mit 1 wird ein Zustand völliger Erschöpfung beschrieben, die 10 bezeichnet einen Zustand, in dem Sie sich so fit und energiegeladen fühlen, wie Sie es für sich wünschen. Wo auf dieser Skala stehen Sie heute?"). Die Einschätzung im Erstgespräch ist der Bezugspunkt in weiteren Gesprächen, der dem Feststellen von Veränderung und den Gründen für diese Veränderung dienen kann („Bei unserem letzten Gespräch waren Sie bei 2 auf dieser Skala, heute sind Sie bei 3. Da hat sich einiges verändert. Was hat sich verändert, damit Sie von 2 auf 3 gekommen sind?").
- **Copingfragen**, d.h. Fragen, die sich mit Bewältigungsstrategien befassen, eignen sich dazu, Bewältigungskompetenzen der Eltern zu würdigen („Woher nahmen Sie die Kraft, das alles zu bewältigen?", „Wer kann Sie in dieser Situation unterstützen?", „Was tut Ihnen gut?").
- **Ausnahmefragen** werden angewendet, um von der Problemorientierung zu einer Lösungsorientierung zu kommen („Was ist anders, wenn Ihr Kind leichter einschläft?"). Ausnahmen können in der äußeren Gestaltung der Situation, im Verhalten des Kindes, der Eltern, der elterlichen Gefühle oder anderer Einflüsse begründet sein. Sobald die Bedingungen identifiziert sind, die zu den Ausnahmen führen, kann man diese und damit auch den gewünschten Zielzustand häufiger herstellen.
- **Zirkuläre Fragen** laden zur Perspektivenübernahme ein. Dies kann sich auf das Elternpaar beziehen, wenn die Problemwahrnehmung und die Lösungsansätze sehr unterschiedlich sind und wenn die Eltern von anderen Institutionen zur Entwicklungspsychologischen Beratung geschickt wurden (vgl. Ablauf).

Insbesondere für die Gestaltung von Erstgesprächen (aber auch weitere, darauf aufbauende Gespräche) eignen sich die beiden folgenden Frageschemata: Zum einen das **PELZ-Modell** (Vogt-Hillmann / Burr 2006); zum anderen die **SOFT-Analyse** (Fatzer 2005):

- PELZ steht für **P**roblem („Wie nehmen Sie die Situation wahr?"), **E**rklärung („Warum ist es so schwierig geworden?"), **L**ösung („Was haben Sie schon unternommen, um das Problem zu lösen?") und **Z**iel („Was soll bei der Beratung für Sie herauskommen?"). Das PELZ-Modell hilft, Gespräche zu strukturieren, bei denen Eltern ein Problem benennen und dieses lösen wollen. Der Einsatz dieses Modells eignet sich besonders für Eltern- oder Erziehungsberatungsstellen und Frühfördereinrichtungen.

- SOFT steht für **S**atisfaction (= Stärken), **O**pportunities (= Möglichkeiten), **F**ails (= Schwächen) und **T**hreats (= Ängste). Diese Methode stammt ursprünglich aus der Organisationsberatung, ist aber auch gut auf Eltern anwendbar, die von einer anderen Institution geschickt werden, weil diese den Beratungsbedarf erkannt hat. Diese Eltern empfinden es als besonders wohltuend, zunächst danach gefragt zu werden, was ihnen gut gelingt, worauf sie stolz sind und welche Träume sie haben bzw. welche Möglichkeiten sie sehen. Erst im Anschluss daran geht es darum, was ihnen schwerfällt und wovor sie Angst haben.

Aus den Antworten der Eltern in beiden Frageschemata lassen sich konkrete Beratungsziele ableiten, daher sollten sie mit Einverständnis der Eltern sorgfältig dokumentiert werden. Die Art der Fragen unterstützt die Entwicklung von ressourcenorientierten kleinen Veränderungen im Alltag gemeinsam mit den Eltern.

### Evaluationsergebnisse

Die Entwicklungspsychologische Beratung wurde an jugendlichen und alleinerziehenden Mütter und ihren Säuglinge evaluiert (vgl. Ziegenhain / Dreisörner / Derksen 1999; Ziegenhain / Derksen / Dreisörner 2004). Dazu wurde eine Gruppe der Mütter in den ersten drei Lebensmonaten ihrer Säuglinge entwicklungspsychologisch unter der Verwendung des Videointeraktionstrainings beraten. Eine weitere Gruppe von Müttern erhielt über denselben Zeitraum ein Gesprächsangebot, während einer dritten Gruppe keine Intervention angeboten wurde. Im Vergleich zu der Gruppe mit Gesprächsangebot und der Gruppe ohne Intervention gingen Mütter, die die Entwicklungspsychologische Beratung erhielten, zunehmend feinfühliger mit ihrem Säugling um. Unabhängig von der Gruppenzugehörigkeit und dem Interventionsangebot beeinflusste allerdings die individuelle Mentalisierungsfähigkeit, wie sie über das Adult Attachment Interview (AAI) erfasst wird, den feinfühligen Umgang mit dem Säugling (vgl. Kapitel 2).

Der Entwicklungspsychologische Beratungsansatz und das Videointeraktionstraining sind als Bausteine konzipiert, die sich flexibel in unterschiedliche Praxisfelder und institutionelle Hilfestrukturen integrieren und mit anderen Angeboten der Jugendhilfe kombinieren lassen. Die Tabelle 2 gibt eine Übersicht der Arbeitsfelder und Institutionen, in denen die Entwicklungspsychologische Beratung entweder bereits angeboten wird oder in denen derzeit Strukturen für ihre Implementierung entwickelt werden.

| Jugendhilfe | Andere Hilfssysteme |
|---|---|
| Familienbildungsstellen<br>Erziehungsberatungsstellen<br>Sozialpädagogische Familienhilfe<br>Gemeinsame Wohnformen für Mütter/ Väter und ihre Kinder | Frühförderstellen<br>Sozialpädiatrische Zentren<br>Hebammen<br>Kinderarztpraxen<br>Schwangerschaftsberatungsstellen<br>PEKIP-Gruppen |

*Tabelle 2: Entwicklungspsychologische Beratung in unterschiedlichen Arbeitsfeldern und Institutionen (aus Ziegenhain et al. 2006)*

## 5.2 Das STEEP-Programm

(vgl. Erickson / Egeland 2014; Suess / Kißgen 2005; Ludwig-Körner / Koch 2005)

**Programmsteckbrief**

| | |
|---|---|
| ***Zielgruppe:*** | Hochrisikogruppe psychosozial stark belasteter Familien, Familien mit behinderten oder biologisch vorbelasteten Kindern (z. B. Frühgeborene), ursprünglich nur Erstgebärende |
| ***Altersbereich:*** | Säuglings- und Kleinkindalter |
| ***Teilnehmer:*** | Eltern bzw. Mütter und ihre Säuglinge bzw. Kleinkinder |
| ***Dauer:*** | Letztes Schwangerschaftsdrittel bis mindestens zum ersten, höchsten zum zweiten Geburtstag des Kindes |
| ***Methoden:*** | Hausbesuche und Elterngruppen im 14-täglichen Wechsel |
| ***Besonderheiten:*** | Strukturiertes Arbeiten nach dem STEEP™-Handbuch, therapeutische Beziehung („therapeutic alliance") zwischen der STEEP-Beraterin und der Mutter, videogestütztes Feinfühligkeitstraining „Seeing is believing™"-Ansatz |

### ▸ Zielgruppe

STEEP™ steht für „**S**teps **t**owards **e**ffective and **e**njoyable **p**arenting" (= Schritte zu einer effektiven, Freude bereitenden Elternschaft). Bei seiner ersten Umsetzung 1987 in Minnesota wurde ausschließlich mit psychosozial stark belasteten Erstgebärenden im letzten Drittel ihrer Schwangerschaft bis zum ersten Geburtstag des Kindes gearbeitet (Egeland / Erickson 1987). Erstgebärende wurden aus dem Grund ausgewählt, weil der Übergang zur Elternschaft mit entscheidenden Veränderungen im Leben verbunden ist. Dieser Übergang stellt eine sensible Phase dar, in der die einzigartige Möglichkeit besteht, durch Beratung und Begleitung die elterlichen Fähigkeiten zu stärken und die Qualität der Mutter-Kind-Beziehung zu fördern, so dass dies dem Erstgeborenen, aber auch allen weiteren Kindern zu Gute kommt.

Bei späteren Abwandlungen von STEEP™ wurden bestimmte Zielgruppen – beispielsweise drogenabhängige Mütter oder Eltern mit frühgeborenen oder gesundheitlich gefährdeten Kindern – betreut, wobei das Unterstützungsangebot nicht auf Erstgebärende beschränkt wird. Auch die Betreuungsdauer wurde bis auf den zweiten Geburtstag des Kindes erweitert. Wenngleich STEEP™ vornehmlich den Kontakt zur schwangeren Frau sucht und die STEEP™-Gruppen sich hauptsächlich auf Mütter und Kinder konzentrieren, werden Väter so intensiv wie möglich im Rahmen der Hausbesuche und beim Seeing is believing™-Ansatz an dem Programm beteiligt. Einige STEEP™-Programme bieten auch Vater-Kind-Gruppen an (vgl. Erickson / Egeland 2014).

## ▸ Ablauf

Das STEEP™-Programm wird in zwei unterschiedlichen Interventionssettings durchgeführt, die abwechselnd im wöchentlichen Turnus stattfinden: Hausbesuche und Gruppentermine.

- Die **Hausbesuche** bilden die Grundlage der Partnerschaft zwischen STEEP-Beraterin und werdender Mutter. Der Erstkontakt erfolgt z. B. über Krankenhäuser oder Gynäkologen, wenn die Frauen zu ihren regelmäßigen Vorsorgeuntersuchungen gehen. Die Teilnahme am STEEP-Programm ist freiwillig, die Hausbesuche müssen nicht in der Wohnung der Teilnehmerin stattfinden und können von ihrer Dauer her variieren. In der Regel dauern die meisten Besuche jedoch eine bis eineinhalb Stunden. Im Einklang mit der Philosophie von STEEP™ suchen die STEEP-Beraterinnen gemeinsam mit den Frauen nach Möglichkeiten, wie sie ihre Ziele erreichen können. Dabei wird die Frau als Expertin für ihr eigenes Leben anerkannt, die bestimmt und entscheidet, wie sie das Angebot am besten nutzt. Sie wird ermutigt, die Zeit des Hausbesuchs als etwas zu betrachten, das ihr gehört und diese Zeit so zu nutzen, dass sie den größtmöglichen Vorteil für sie und ihr Kind bringt. Inhaltlich orientieren sich die STEEP-Beraterinnen an dem Praxishandbuch (vgl. Methoden/Materialien).
  Realistische Erwartungen an das Kind werden bereits vor der Geburt verstärkt, indem Informationen über die kindliche Entwicklung und das Erreichen von Entwicklungsmeilensteinen gegeben werden. Sobald das Kind auf der Welt ist, wird mittels Video-Feedback (vgl. Kapitel 4.1) geübt, die Perspektive des Kindes zu übernehmen.
  Neben intrapsychischen Vorgängen und lebenspraktischen Themen geht es in den Hausbesuchen auch um die Schaffung einer sicheren und kindgerechten Umgebung sowie um die Besprechung finanzieller Sorgen und Probleme. Vor diesem Hintergrund ist eine Trennung zwischen Beratung, Therapie und sozialarbeiterischer Betreuung wenig sinnvoll, da bei der STEEP-Beraterin diese Tätigkeiten in dem zentralen Ziel, Eltern den Beziehungsaufbau zu ihren Kindern zu ermöglichen, zusammenfließen (vgl. Suess / Kißgen 2005).
- An den **Gruppenterminen** nehmen alle Familien, die eine STEEP-Beraterin betreut, gemeinsam teil. In der Regel bilden zehn Eltern-Kind-Paare eine Gruppe, bei der zunächst die Kinder mit anwesend sind. Die Gruppentermine beginnen mit einer freien Spielzeit, gefolgt von einer gemeinsamen Mahlzeit. Danach werden die Kinder von einer Erzieherin betreut, um den Müttern Gespräche zu ermöglichen, die bereits angesprochene Eltern-Runde. Dabei können Themen aus den Einzelterminen vertieft werden, d. h. es kann um eigene Kindheitserfahrungen gehen (z. B. Wie hat man uns in der Kindheit Disziplin beigebracht?) und welche davon an die eigenen Kinder weitergegeben werden sollen und welche nicht (z. B. dem Kind auf konstruktive Weise Grenzen setzen). Der Einsatz der vertrauten STEEP-Beraterin dient zum einen der Herstellung einer vertrauensvollen, sicheren Atmosphäre, zum anderen aber auch der Vermeidung von negativen Gruppenprozessen.

Durch den Wechsel der Settings können die jeweiligen Vorteile geschickt miteinander verbunden werden: so lassen sich Konflikte und Störendes besser im Hausbesuch besprechen, zu den Gruppenterminen erfahren sie, dass es anderen Eltern in vergleichbaren Situationen ähnlich ergeht, sie können von den Fortschritten Anderer angeregt werden und somit voneinander profitieren.

## ▸ Programmkonzept

STEEP™ ist ein evidenzbasiertes (forschungsgestütztes) Programm. Es ist aus einer innovativen Studie über die Entwicklung von Kindern aus Hochrisikofamilien an der Universität von Minnesota entstanden. Erklärtes Ziel dieser Studie war die Identifikation von Bedingungen, die es Kindern ermöglichen, zu psychisch stabilen, kompetenten Erwachsenen zu werden, obwohl sie unter extrem schwierigen Bedingungen aufwachsen (**Resilienzforschung**). Den Ergebnissen zufolge haben Säuglinge mit einer sicheren Elternbindung mehr Selbstvertrauen, schneiden besser in der Schule ab, schließen leichter Freundschaften und erhalten diese länger aufrecht als unsicher gebundene Kinder (vgl. Sroufe / Egeland / Carlson 1999). Somit ist STEEP™ nicht nur evidenzbasiert, sondern auch bindungstheoretisch fundiert. Erickson und Egeland entwickelten vor diesem Hintergrund das Präventionsprogramm STEEP™.

***„Seeing is Believing"-Ansatz: SIB™***

Ein bedeutsamer Leitsatz von STEEP™ lautet: „Was man sehen kann, das glaubt man auch" (= Seeing is Believing, Erickson 2000). Bei den regelmäßigen Hausbesuchen durch die STEEP-Beraterin werden Eltern und Kind im Umgang miteinander auf Video aufgenommen. Dies geschieht allerdings auf freiwilliger Basis. Die Videoaufzeichnungen sind vertraulich. Sie werden ausschließlich dem Supervisor der STEEP-Beraterin gezeigt, damit sie ihre Fähigkeiten in der Zusammenarbeit mit den Familien verbessern kann. Die Videoaufzeichnungen erfüllen folgende wichtige Funktionen:

- Eltern sind sehr daran interessiert, die ersten Lebensmonate und -jahre ihres Kindes zu dokumentieren. Filme sind ein wertvolles Andenken für die Familie und sie ermöglichen es der STEEP-Beraterin, die kindliche Entwicklung zu verfolgen.
- Durch das Filmen kann das elterliche Bemühen um das Verstehen der kindlichen Kommunikationssignale und ihre Reaktion darauf dokumentiert werden.
- Die Aufmerksamkeit wird auf die Eltern-Kind-Beziehung gelenkt, somit ist das Filmen eine konkrete Strategie, um das Kind und das eigene Interaktionsverhalten in den Mittelpunkt zu rücken.
- Die Filme regen Eltern dazu an, den Standpunkt eines außen stehenden Beobachters einzunehmen und mit kritischer Distanz auf die Beziehung zu ihrem Kind zu schauen.

Vor der Videoaufnahme werden die Eltern gebeten, sich zu überlegen, in welcher Situation sie gerne mit ihrem Kind gefilmt werden möchten. Geeignet sind Pflege- oder Versorgungssituationen wie das Füttern, Baden oder Wickeln des Kindes, aber auch Situationen, in denen das Baby neue erworbene Fähigkeiten zeigen kann (z. B. das Heben des Köpfchens, das Rollen auf die Seite oder das Drehen von der Rücken- in die Bauchlage), Lieblingsaktivitäten des Kindes (wie gemeinsames Spiel, in der Badewanne plantschen oder das Vorlesen eines Bilderbuches).

Möglichst unmittelbar nach der Videoaufnahme werden die Interaktionssequenzen gemeinsam mit den Eltern angesehen. Dabei ist es vor allem am Anfang wichtig, positive Interaktionssequenzen hervorzuheben, um einerseits die elterliche Selbstwirksamkeitserfahrung und Kompetenz, andererseits aber auch den Aufbau einer vertrauensvollen Beziehung zwischen STEEP-Beraterin und Mutter zu fördern. Wenn die „therapeutische Beziehung" (therapeutic alliance) gefestigt ist, können auch kritische Interaktionssequenzen betrachtet werden, wobei es wichtig ist, dass die STEEP-Beraterin als sichere Basis für die Eltern fungiert, um auch schmerzvollere Erfahrungen im Umgang mit sich selbst oder als Mutter/Vater im Umgang mit dem Kind zu erkunden.

Im Video-Feedback werden spezielle Übungen eingesetzt, z. B. ein Training des Umdeutens kindlicher Kommunikationssignale und Verhaltensweisen durch offene Fragen wie „Ich frage mich, was das Baby wohl empfindet, wenn..." (an dieser Stelle wird auf ein bestimmtes elterliches Verhalten verwiesen, z. B. „wenn es sanft gestreichelt wird."). Dabei wird die Mutter darin unterstützt, die Signale ihres Kindes zu verstehen, z. B. statt „Es weint ständig, weil es mich ärgern will" umzudeuten in „Es weint, weil es mir zeigen will, dass es auf den Arm genommen werden möchte".

Dabei ist es wichtig, dass die STEEP-Beraterinnen nicht belehren und kritisieren, sondern durch offene Fragen die Eltern zu ermuntern, ihren Umgang mit dem Kind kritisch zu reflektieren und die Kompetenz ihres Kindes in der Interaktion entdecken („Wie teilt ihr Kind Ihnen mit, dass es z. B. Hunger hat, auf den Arm genommen werden möchte, schlafen möchte?"). Nicht die Experten lehren den Umgang mit dem Kind, sondern das Kind weist von Anfang an den Weg zu freudvoller und effektiver Elternschaft. Darauf machen die STEEP-Beraterinnen aufmerksam und gehen gleichsam mit den Eltern gemeinsam auf „Entdeckungsreise" in Bezug auf die Kommunikationssignale und Verhaltensweisen des jeweiligen Kindes.

STEEP™ gehört zu den Programmen, deren Intervention auf der Interaktions- und der Repräsentationsebene ansetzt, wobei immer wieder zwischen den beiden Ebenen gewechselt wird. Damit erfolgt eine konsequente Orientierung an der Bindungsforschung, die einen deutlichen Zusammenhang zwischen den elterlichen internalen Arbeitsmodellen von Bindung und beobachtbaren Verhaltensmustern in der Fremden Situation nach Ainsworth et al. (1978) hat. Eine Trennung der beiden Ebenen wäre außerdem auch praxisfern, denn in der konkreten Situation spielen immer beide Ebenen eine Rolle und sind untrennbar miteinander verbunden.

#### *Die „therapeutische Beziehung"*

Wie bereits angedeutet betont das STEEP™-Programm in besonderem Maße die „therapeutische Beziehung", denn Beziehungen verändern Beziehungen (vgl. Sameroff 2005). Im Übergang zur Elternschaft ist das Bedürfnis nach unterstützenden Beziehungen besonders hoch, da die Verantwortung für das Überleben und die Persönlichkeitsentwicklung eines kleinen Kindes schwer wiegt und das eigene Leben tiefgreifender verändert als man sich dies zunächst vorstellen konnte (vgl. Stern 2004). Es braucht Zeit, um in die Rolle als Mutter oder als Vater hineinzuwachsen – und dies gilt in besonderem Maße für hochrisikobelastete Eltern. Das gesteigerte Bedürfnis nach unterstützenden Beziehungen bildet den Rahmen der therapeutischen Beziehung, die in erster Linie eine sichere Basis darstellen muss, um die Eltern partnerschaftlich beim Hineinwachsen in ihre Elternrolle zu unterstützen. Die sichere Basis soll aber auch zum Erkunden eigener Gefühle und Erinnerungen, die im Umgang mit dem Kind auftauchen, zur Reflexion des eigenen internalen Arbeitsmodells von Bindung und zu deren Weiterentwicklung ermutigen. Eine besondere Rolle spielt dabei die Ressourcenorientierung der STEEP-Beraterinnen und ihre Fähigkeit ein Klima des Vertrauens, des Respekts und der Wertschätzung zu schaffen, ohne dass die Konfrontation mit schwierigen Themen aus der eigenen Beziehungsvergangenheit unmöglich wäre. Die folgenden Aussagen charakterisieren die Haltung der STEEP-Beraterinnen den Frauen gegenüber (vgl. Erickson / Egeland 2014, 54 ff.):

- *„Ich bin nicht hier, um zu (ver-)urteilen."*
  Obwohl es nicht immer leicht ist, keine Wertungen vorzunehmen, insbesondere dann nicht, wenn man sieht, dass bestimmte Entscheidungen oder Verhaltensweisen nicht gut für die Mutter und ihr Kind sind, ist es wichtig anzuerkennen, dass diese Entscheidungen vor dem Hintergrund der Erfahrungen und der derzeitigen Lebensumstände verständlich sind.
- *„Wir sitzen im selben Boot."*
  Mit dieser Aussage wird ein partnerschaftliches Unterstützungsmodell beschrieben, in dem die Mutter durch einen gemeinsamen Problemlöse-Prozess mehr Selbstvertrauen entwickeln kann und dazu ermutigt wird, eigene konstruktive Entscheidungen – zunehmend unabhängig von der STEEP-Beraterin – zu treffen.
- *„Vielfalt ist die Würze des Lebens."*
  Die STEEP-Beraterin übernimmt eine Vorbildfunktion, indem sie Unterschiede in Lebensstil, Kultur und Wahrnehmung wertschätzend und akzeptierend gegenüber steht. Es gibt auch bei Problemlösungen nicht den Königsweg, sondern jeder Lösungsansatz ist vor dem Hintergrund kultureller Traditionen, Wertvorstellungen, Überzeugungen, Lebensumständen und individueller Motivationen zu betrachten.
- *„Du kannst das!"*
  Eine wichtige Aufgabe der STEEP-Beraterin besteht darin, den Frauen, die selber häufig die Erfahrung gemacht haben, in bestimmten Situationen im Elternhaus oder in der Schule hilflos oder als Versager dazustehen, dazu anzuregen, sich ihrer eigenen Fähigkeiten, Stärken und Entscheidungsmöglichkeiten bewusst zu werden. Dieser parallele Prozess in der therapeutischen Beziehung ebnet den Weg dahin, dass Eltern – trotz vieler negativer Vorerfahrungen in ihrer eigenen Biografie – ihren Kindern das Gefühl zu geben vermögen, etwas bewirken zu können und kompetent zu sein.

Im Mittelpunkt der therapeutischen Beziehung stehen das Kind, seine Entwicklung, aber auch die gemeinsame Freude am Kind und seiner Entwicklung. Dabei nehmen die STEEP-Beraterinnen keine distanzierte Expertenhaltung ein, sondern zeigen sich in erster Linie als Menschen und wenn dies der Fall ist – auch als Eltern. Damit können sie als Modell oder Vorbild dienen, mit eigenen Fehlern und Schwächen kompetent umzugehen, wodurch ein entscheidender Beitrag zu einem realistischen Elternbild geleistet werden kann.

## ▸ Methoden/Materialien

Der Leitfaden für die STEEP-Beraterinnen vermittelt Informationen auf leicht verständliche Art und dient als Nachschlagewerk für die Planung und Umsetzung der

Hausbesuche und Gruppentreffen. Der Zeitpunkt der Themen wird von den STEEP-Beraterinnen in Absprache mit der Gruppe festgelegt, wobei ein ausgewogenes Verhältnis zwischen Gruppen- und Einzelinteressen sowie den Bedürfnissen der einzelnen Mütter bestehen sollte. Es ist vorgesehen, dass die Themen während der Gruppentreffen präsentiert werden. Ihre Vertiefung findet dann in den anschließenden Hausbesuchen statt. Am besten ist es allerdings, wenn Mütter von sich aus Themen ansprechen, entweder im Hausbesuch oder in der Gruppe, da die Teilnehmerinnen dann eher bereit sind, es in strukturierter Form in der Gruppe zu behandeln. Die meisten Kapitel im Leitfaden setzen sich wie folgt zusammen:

- Das **Baby-Thema** – Hierbei handelt es sich um Themen, die sich auf ein bestimmtes Alter des Kindes beziehen (z. B. die Bedeutung des Schreiens in den ersten sechs Lebenswochen, feinfühliger Umgang mit dem Neugeborenen oder die Bedeutung des Lächelns im Alter von sechs bis zwölf Wochen über Füttern und Ernährung bis hin zur Förderung der Sprachentwicklung und dem Umgang mit Wutanfällen im Alter von 12 bis 18 Monaten).
- Die **Eltern-Runde** – Dabei stehen Themen im Fokus, die sich auf Fragen beziehen, die von besonderer Bedeutung für die Mütter sind (z. B. Erwartungen an STEEP™, das Aufteilen der elterlichen Pflichten zwischen Vater und Mutter, Reflexionen über das Muttersein).
- Die **Orientierungshilfen** – Diese sollen einen schnellen Überblick zur jeweiligen Entwicklungsstufe des Kindes einerseits und der Gruppe andererseits geben. Sie bereiten die STEEP-Beraterinnen auf mögliche Fragen oder Probleme vor, die sehr wahrscheinlich auftreten werden, wenn die Kinder die jeweilige Entwicklungsstufe erreicht haben (z. B. ist es ein Alarmzeichen in der Entwicklung, wenn ein Kind im Alter von neun bis zwölf Monaten nicht beginnt Wörter zu formulieren, die Mutter nicht versteht bzw. nicht auf diese reagiert. Aufgrund der zunehmenden motorischen Fähigkeiten des Kindes leiden manche Mütter unter Verlustgefühlen, weil ihr Kind nicht mehr so verschmust und anlehnungsbedürftig ist).

Zusätzlich bieten Trainings-Videos zum Seeing is Believing™ (Erickson 2000) eine ausführliche Erläuterung des Ansatzes, einschließlich praktischer Beispiele und der Wiedergabe von vier Hausbesuchen, bei denen diese Strategie angewendet wird.

## ▸ Evaluationsergebnisse

74 Familien nahmen am ursprünglichen STEEP™-Programm teil. Ihre Entwicklungsverläufe wurden mit 80 Familien in einer Kontrollgruppe verglichen. Die Teilnehmerinnen waren Erstgebärende, mindestens 17 Jahre alt und hatten keine höhere Schulbildung als den High-School-Abschluss. Außerdem lebten sie in Armut (Sozialhilfe oder einkommensschwache Verhältnisse ohne Sozialversicherung). Frauen im Interventionsprogramm wurden ab dem siebten oder achten Schwangerschaftsmonat regelmäßig von einer STEEP-Beraterin zu Hause besucht und sie nahmen an einer Mutter-Kind-Gruppe teil, die alle vierzehn Tage stattfand und von derselben Mitarbeiterin geleitet wurde, die auch die Hausbesuche machte. Die Gruppenzusammensetzung ergab sich aus den erwarteten Geburtsterminen: jeweils acht bis zehn Frauen bildeten eine Gruppe, deren Kinder im gleichen Dreimonatszeitraum zur Welt kamen.

Die Ergebnisse zeigten, dass STEEP™ sich generell positiv auf die Eltern-Kind-Beziehung und die persönliche Reife der Eltern auswirkte, die Stressfaktoren, denen die Familie ausgesetzt war, wirksam verringerte und zu realistischeren Erwartungen hinsichtlich der Betreuung und Entwicklung des Kindes führte, die soziale Isolation verringerte und die Qualität der Kindesumwelt verbesserte (vgl. Egeland / Erickson 1993; Egeland / Weinfield / Bosquet / Cheng 2000).

In einer ersten einjährigen Evaluation des Programms in Deutschland an einer zufällig eingeteilten Interventionsgruppe mit STEEP-Beraterinnen und einer Kontrollgruppe ohne STEEP-Beraterinnen ergab sich eine Verbesserung der Feinfühligkeit der Mütter in der Interventionsgruppe. Diese ging auch mit geringeren depressiven Symptomen und geringerem Stresserleben einher. Unerwartet konnte jedoch kein Unterschied in der Verteilung der Bindungsqualitäten der Kinder nachgewiesen werden. Dies wird auf den von vorneherein höheren Prozentsatz sicher-gebundener Kinder in der Kontrollgruppe zurückgeführt. Längerfristige Betrachtungen sprechen allerdings dafür, dass der prozentuale Anteil der sicher gebundenen Kinder in der Interventionsgruppe stabil bleibt, während er in der Kontrollgruppe absinkt (vgl. Suess / Kißgen 2005).

Mittlerweile wurde das STEEP-Programm auch in Deutschland erfolgreich auf der Neugeborenenintensivstation oder bei Müttern mit postpartalen Depressionen angewendet (vgl. Hartmann 2001). Die Übertragung auf ein anderes Setting erfordert natürlich Modifikationen und eine Anpassung an die besonderen Bedürfnisse der Eltern mit einem frühgeborenen Kind oder einer psychischen Erkrankung. Zunehmend rücken derzeit auch Pflege- und Adoptivfamilien in das Blickfeld der STEEP-Entwickler. Gerade bei Kindern, die in ihrer Ursprungsfamilie traumatische Erfahrungen gemacht haben, stellte man auch in der Adoptivfamilie das Fortdauern von Bindungsstörungen fest (vgl. Lieberman 2003). Somit liegt ein erhöhter Unterstützungsbedarf im Aufbau einer entwicklungsförderlichen Beziehung zwischen Adoptiveltern und -kind von Anfang an vor.

## 5.3 Das Hausbesuchsprogramm des Modellprojektes Pro Kind

(vgl. Olds 2007; Jungmann / Kurtz / Brand 2008; Jungmann et al. 2015; http://www.stiftung-pro-kind.de/)

| Programmsteckbrief | |
|---|---|
| ***Zielgruppe:*** | Erstgebärende in biopsychosozial schwierigen Lebenssituationen, Aufnahme in der 12. bis 28. Schwangerschaftswoche |
| ***Altersbereich:*** | Säuglings- und Kleinkindalter |
| ***Teilnehmer:*** | Eltern bzw. Mütter und ihre Säuglinge bzw. Kleinkinder |

| | |
|---|---|
| ***Dauer:*** | 12. bis 28. Schwangerschaftswoche bis mindestens zum zweiten, höchsten zum dritten Geburtstag des Kindes |
| ***Methoden:*** | Regelmäßige Hausbesuche durch Familienbegleiterinnen (unmittelbar nach der Aufnahme in das Modellprojekt und nach der Geburt des Kindes jeweils für vier Wochen wöchentlich, danach vierzehntägig) |
| ***Besonderheiten:*** | Strukturiertes, theoriegeleitetes Arbeiten nach den drei NFP-Handbüchern für die Schwangerschaft, die Säuglingszeit und die frühe Kindheit; PIPE-Modul (**P**artners **i**n **P**arenting **E**ducation) zur Verbesserung der Eltern-Kind-Interaktion |

## ▸ Zielgruppe

Das Modellprojekt „Pro Kind" basiert auf dem evidenzbasierten Nurse-Family-Partnership-(NFP-)Programm (Olds / Henderson / Kitzman / Eckenrode / Cole / Tatelbaum 1999; Olds / Kitzman / Cole / Robinson / Sidora / Luckey / Henderson / Hanks / Bondy / Holmberg 2004). Dabei handelt es sich um ein Hausbesuchsprogramm für erstgebärende Frauen und ihre Familien in sozial schwierigen Lebenssituationen. Während in den USA lediglich das Leben in Armut als Aufnahmekriterium herangezogen wurde, waren die Frauen, die bei „Pro Kind" in Deutschland aufgenommen wurden, mehrfach oder hochrisikobelastet. So musste ein finanzieller Risikofaktor (Bezug von Arbeitslosengeld II und/oder Überschuldung) sowie zusätzlich mindestens ein persönlicher oder sozialer Risikofaktor (z. B. Minderjährigkeit, keine abgeschlossene Schul- oder Berufsausbildung, chronische psychische oder physische Gesundheitsproblematik, eigene Gewalterfahrungen) vorliegen.

## ▸ Ablauf

Die frühe Hilfe in Form des Begleitungsangebotes beginnt während der Schwangerschaft und endet mit dem zweiten Geburtstag des Kindes. In den USA ermutigen sogenannte „Nurses" die Teilnehmerinnen bei der Entdeckung der eigenen Stärken und geben ihnen Hilfestellungen bei der Aneignung von Selbstbestimmung und Lebensautonomie. Ziel ist es, die mütterliche und kindliche Gesundheit bereits in der Schwangerschaft positiv zu beeinflussen, die vorhandenen, wenn auch vielfach verschütteten, elterlichen Erziehungsfähigkeiten zu kräftigen und Ressourcen freizusetzen, mit deren Hilfe die eigenen Lebenswege und Lebensräume selbstbestimmt gestaltet werden können. In Deutschland übernehmen Hebammen und Sozialpädagoginnen die Rolle der „Nurses", sie werden Familienbegleiterinnen genannt.

Die Teilnahme am Modellprojekt Pro Kind ist freiwillig und kann jederzeit widerrufen werden. Die Hausbesuche beginnen bereits frühzeitig in der Schwangerschaft, möglichst jedoch in der 12. bis 16., spätestens bis zur 28. Schwangerschaftswoche und werden bis zum zweiten Geburtstag, in einigen Kommunen auch bis zum dritten Geburtstag des Kindes fortgesetzt.

Es werden zwei Varianten der Familienbegleitung unterschieden: Bei der einen Variante arbeiten Hebammen und Sozialpädagoginnen in einem Team zusammen (Modell Niedersachsen), bei der anderen Variante fungiert eine fest angestellte Hebamme in engerer Anlehnung an das NFP-Konzept als Familienbegleiterin (Modell Bremen). Sowohl Hebammen als auch Familienhelferinnen bringen mit ihren unterschiedlichen Berufskompetenzen wichtiges Handwerkszeug für die Arbeit als Familienbegleiterin mit. Zusätzlich erhalten beide Professionen umfangreiche Fortbildungen.

Die Frauen und ihre Familie wissen von Anfang an, welche Familienbegleiterin bzw. welche Familienbegleiterinnen sie über den gesamten Zeitraum von zirka zweieinhalb Jahren begleiten werden. Zunächst finden wöchentliche Besuche statt, die dem Kennenlernen dienen. Anschließend wird die Frau etwa alle zwei Wochen zu Hause besucht. Durch diese Kontinuität und Regelmäßigkeit kann eine Vertrauensbeziehung im Sinne einer therapeutischen Allianz („therapeutic alliance", vgl. 4.2) entstehen.

In den leitfadengestützten Hausbesuchen wird auf umfangreiches Material zurückgegriffen und die Grundprinzipien Freiwilligkeit, Wertschätzung, Ressourcenorientierung, Langfristigkeit und Nachhaltigkeit. Die Begleitung orientiert sich an den folgenden Leitsätzen:

- Jeder ist Experte für das eigene Leben!
- Folge den Herzenswünschen der Familien!
- Kleine Schritte können Großes bewirken!
- Der Weg ist das Ziel!
- Betone die Stärken!

Der Ablaufplan gibt sowohl der Frau als auch der Familienbegleiterin einen Rahmen für die Besuche. Die Verabredungen, die die Familienbegleiterin und die Teilnehmerin am Ende eines jeden Besuches treffen, werden schriftlich festgehalten und fördern somit die Verbindlichkeit ihrer derzeitigen Beziehung.

Die Grenzen von Pro Kind sind erreicht, wenn in einer Familie so schwerwiegende Probleme auftreten, dass zum Schutz des Kindes andere verbindliche Wege gefunden werden müssen. In diesem Fall wird mit allen gemeinsam geklärt, welchen Platz Pro Kind als zusätzliches Angebot auf freiwilliger Basis weiterhin einnehmen kann. Es wird, möglichst gemeinsam mit der Familie, Kontakt zum Jugendamt aufgenommen, um zusätzliche Unterstützung zu erhalten, wie z. B. durch den Umzug in eine Mutter-Kind-Einrichtung, betreutes Wohnen oder engmaschige sozialpädagogische Familienhilfe.

### ▸ Programmkonzept

Das Betreuungskonzept basiert neben der Bindungstheorie Bowlbys auch auf Erkenntnissen und Hypothesen der Ökologischen Theorie Bronfenbrenners und der Selbstwirksamkeitstheorie Banduras.

- Die eigenen frühkindlichen Bindungserfahrungen der werdenden Mütter sind nach der **Bindungstheorie Bowlbys (1969)** in Form von Beziehungsschemata im internalen Arbeitsmodell abgespeichert. Diese prägen den Stil der emotionalen Kommunikation und der Beziehungen. Negative Bindungserfahrungen spiegeln sich folglich in späterem ungünstigen Kommunikations- und Beziehungsverhalten wieder. Dies kann enorme Auswirkungen im Hinblick auf die Qualität der späteren Mutter-Kind-Beziehung haben. Fundamental für eine Veränderung dysfunktionaler Bindungsschemata sind enge, nahezu therapeutische Bündnisse zwischen den Familienbegleiterinnen und den Familien, die bereits während der Schwangerschaft geknüpft werden. Der Aufbau einer durch Respekt und Empathie geprägten Beziehung soll helfen, sich selbst als jemanden zu sehen, der Unterstützung, Aufmerksamkeit und Liebe verdient. Dabei ist es wichtig, dass die Familienbegleiterinnen die Kindheitserlebnisse der Mütter und deren Beziehungsschemata kennen bzw. systematisch erfassen. Mütter und andere Erziehungspersonen sollen ihre eigenen Kindheitserfahrungen reflektieren und Entscheidungen darüber treffen, wie sie vor dem Hintergrund der eigenen Erfahrungen ihr Kind erziehen möchten. Die Familienbegleiterinnen führen dieses Thema zwischen dem sechsten und dem achten Lebensmonat des Kindes ein. In einigen Familien kann aber sogar schon pränatal über die eigenen Kindheitserfahrungen der Eltern gesprochen werden (insbesondere Disziplinierungsmaßnahmen, Identifikation mit anderen Eltern, die ihrer Meinung nach ihre Kinder gut erzogen haben). Dabei ist es wichtig, ein Gespür für die Bereitschaft der Eltern zu entwickeln, über dieses Thema zu reflektieren (häufig macht es erst Sinn, wenn die Kinder bereits auf der Welt sind und das Thema „Grenzensetzen" ansteht).

> Den Eltern soll so geholfen werden, ihr Kind als eigenes Individuum mit Bedürfnissen zu sehen, die sich von ihren eigenen unterscheiden. Die Wahrnehmung kindlicher Motivationen und Kommunikationsmethoden sollen entwickelt werden. Dabei werden explizit sensitives, responsives und engagiertes Erziehungsverhalten in der frühen Kindheit von den Familienbegleiterinnen unterstützt und gefördert.

- Gemäß dem **Person-Prozess-Kontext-Modell von Bronfenbrenner (1996)** sind Programmwirkungen auf den Verlauf der Schwangerschaft, die kindliche Gesundheit und Entwicklung sowie den mütterlichen Lebensweg zu erwarten. Die wichtigste Frage dabei lautet: In welchem Ausmaß lassen sich individuelles Verhalten und adaptives Funktionsniveau verbessern, wenn strukturelle Eigenschaften der Gesellschaft und genetische Anlagen das Risiko für ein schlecht angepasstes Funktionsniveau erhöhen? Eine der Haupthypothesen der Ökologischen Theorie ist z. B., dass die effiziente Funktion der Eltern-Kind-Beziehung im Entwicklungskontext von der Existenz und der Art der anderen Beziehungen abhängt, die die Eltern haben. Sind diese durch jeweils gegenseitige positive Gefühle geprägt und bilden die Kontakte ein unterstützendes Netzwerk in der Erziehung, dann erhöht dies die Güte der Eltern-Kind-Beziehung. Umgekehrt wird das Entwicklungspotential der Eltern-Kind-Beziehung durch Streitigkeiten oder Interferenzen in anderen Beziehungen beeinträchtigt.

Das Pro Kind-Programm zielt darauf ab, die informellen (z. B. Kindsvater oder Lebenspartner, Familie, Freunde und Bekannte der Mutter) und formellen Netzwerke (z. B. Inanspruchnahme von Gesundheits- und Sozialdiensten) der Mutter bzw. der Eltern zu optimieren und darüber auch ihr Erziehungsverhalten und die Interaktion mit ihrem Kind zu verbessern.

- Nach der **Selbstwirksamkeitstheorie Banduras (1977, 1982)** spielen kognitive Bewertungsprozesse und individuelle Überzeugungen hinsichtlich des Zusammenhangs zwischen eigenen Anstrengungen und erhofftem Ergebnis eine wichtige Rolle bei der Änderung bestehender maladaptiver, d. h. nicht optimal angepasster, Verhaltensweisen (wie z. B. dem Nikotin- oder Alkoholkonsum, aber auch einem strafenden Erziehungsverhalten) und beim Erwerb und der Beibehaltung neuer Verhaltensmuster (z. B. positives Erziehungsverhalten).
Aus diesem Grund werden die Ergebnis- und Effizienzerwartungen der Mütter differenziert erfasst. Einige Frauen sind z. B. überzeugt, dass das Rauchen ihnen und ihrem ungeborenen Kind schadet (Ergebniserwartung), aber sie glauben nicht, dass sie es schaffen werden, damit aufzuhören (Wirksamkeitserwartung). Die Familienbegleiterinnen werden darin geschult, den Frauen in einem ersten Schritt Hilfestellungen bei der Setzung kleiner, erreichbarer Ziele zu geben. Dies stärkt ihr Vertrauen in die eigenen Fähigkeiten zur Verhaltensänderung. In einem zweiten Schritt werden dann z. B. Pflege- und Erziehungsverhaltensweisen systematisch positiv verstärkt, die bereits Teile des gewünschten Verhaltens enthalten oder eine Annäherung an das Zielverhalten darstellen.

Durch das Aufzeigen von bereits bestehenden Stärken wird sukzessive das Vertrauen der Eltern in ihre erzieherischen Fähigkeiten aufgebaut, was auch einen Anreiz für den Erwerb weiterer Erziehungsfähigkeiten schafft. Die Familienbegleiterinnen unterstützen die Frauen zudem im Umgang mit alltäglichen Problemen sowie dem Finden von geeigneten Bewältigungsstrategien. Dadurch werden Angst und Unsicherheit bei den Frauen abgebaut und Handlungsspielräume aufgezeigt.

## Methoden/Materialien

Die Handbücher sind Leitfäden für die Familienbegleiterin, die diese auf die konkreten Bedürfnisse der Familie anpasst. Dabei werden sechs Themenbereiche bzw. Domänen abgedeckt:

- **Persönliche Gesundheit**
Diese Domäne ist inhaltlich über die (mütterliche) Gesundheit und das Gesundheitsverhalten der Mutter (z. B. Ernährung, Bewegung, Suchtverhalten, Stressverhalten, Schlaf, körperliches und emotionales Befinden, Geburtsvorbereitung, Verhütung etc.) definiert.
- **Gesundheitsförderliche Umgebung**
Darunter werden Faktoren im Haushalt, in der Schule, in der Nachbarschaft oder der Gemeinde gefasst, die Einfluss auf die mütterliche und/oder kindliche

Gesundheit haben können (z. B. häusliche Sicherheit oder Gewalt, Überheizung/zu kalte Räume, Passivrauchen).

- **Mutter-/Vater-/Elternrolle**
  In dieser Domäne, die zentral für die beziehungsorientierte Prävention durch die Familienbegleiterinnen ist, steht die Anpassung an die Erfordernisse der neuen Rolle, die Bindung zum Kind, aber auch Themen der Säuglingspflege und der gesundheitlichen Versorgung des Kindes (regelmäßige Arztbesuche, Schutzimpfungen) sowie die Einstellung zum Kind, der Umgang mit dem Kind, das elterliche Erziehungsverhalten und die Förderung der kindlichen Entwicklung im Vordergrund (vgl. dazu PIPE-Modul).
- **Familien-, Freundes- und Bekanntenkreis**
  Ein wichtiges Ziel von Pro Kind ist die Vernetzung der Frauen mit ihrem informellen Unterstützungssystem. Somit geht es in dieser Domäne darum, mit den Frauen den Aufbau sozialer Netzwerke zu thematisieren, bestehende Netzwerke auszuweiten, sich aber auch ggf. weitere Unterstützungssysteme zu erschließen. Ein wichtiges Thema ist darüber hinaus aber auch die Veränderung der Beziehungen zum Ehepartner/Freund oder zu anderen wichtigen Personen.
- **Entwicklung einer eigenen Lebensperspektive**
  Da die Frauen befähigt werden sollen, ihre eigenen Stärken wieder zu entdecken und ihr Leben selbst in die Hand zu nehmen, geht es auch darum, in den zweieinhalb bis dreieinhalb Jahren der Begleitung gemeinsam mit den Frauen Perspektiven im Hinblick auf ihre Ausbildung und Arbeitssituation sowie ihre Familienplanung zu entwickeln.
- **Nutzung von Gesundheitsversorgung und sozialen Diensten**
  Neben dem Aufbau von informellen Netzwerken ist ein weiteres Thema, den Kontakt zu kommunalen Dienstleistungsnetzwerken aufzubauen und ggf. auszuweiten, vor allem aber den selbstständigen Umgang mit Ämtern/Ärzten/Kliniken zu erlernen.

In der Schwangerschaft stehen vor allem die Beschäftigung mit den Domänen „Persönliche Gesundheit" und „Mutter-/Vater-/Elternrolle" im Vordergrund der Familienbegleitung.

## Das PIPE-Curriculum – Partners in Parenting Education

PIPE steht für „**P**artners **i**n **P**arenting **E**ducation" (Partner in der elterlichen Erziehung). Dieser Titel bezieht sich auf die Familienbegleiterinnen, die darin geschult werden, Eltern partnerschaftlich im Bindungsaufbau, bei der Beziehungsgestaltung zu ihrem Kind sowie der Erziehung ihres Kindes zur Seite zu stehen. PIPE ist ein zentraler bindungstheoretisch fundierter Programmbaustein in der Domäne „Mutter-/Vater-/Elternrolle", der darauf abzielt die Eltern-Kind-Bindung zu stärken und dadurch auch die späteren sozialen und emotionalen Kompetenzen der Kinder zu verbessern.

Dabei kommt dem gemeinsamen Spielen auf dem Fußboden („floor time") eine zentrale Bedeutung zu, denn dies hilft Müttern, mit ihren Kindern in eine entwicklungsförderliche Kommunikation einzutreten. Die Familienbegleiterinnen führen diese Aktivitäten im Rahmen der Hausbesuche ein. Zunächst werden die Mütter gebeten, eine Decke auf dem Boden auszubreiten, auf der sie selber mit ihren Kin-

dern und die Familienbegleiterin mit einer Babypuppe sitzen. Die Familienbegleiterin beginnt mit der Puppe zu interagieren, damit das Kind nicht ihr gegenüber eine positive Reaktion zeigt, die es der Mutter eventuell verwehrt. Nach der Erläuterung der Bedeutung von emotionaler Verbundenheit, demonstriert die Familienbegleiterin eine Kommunikations- oder Spielsituation mit ihrer Puppe und fordert die Mutter auf, diese Aktivität mit ihrem Kind auszuprobieren. Zum Beispiel ruft die Familienbegleiterin die Puppe bei ihrem Namen und wendet dann langsam den Kopf der Puppe ihrem Gesicht zu. Sie begleitet diese Handlungen mit Äußerungen wie „Hallo Sascha! Ja, hast du gehört, dass ich dich beim Namen gerufen habe? Oh, du hast Lust Dich zu unterhalten. Du bist schon so ein großer Junge."
Dann wendet die Familienbegleiterin den Kopf der Puppe wieder ab. Sie begleitet dies wiederum sprachlich, etwa "Oh, jetzt brauchst du eine kleine Pause. Ich warte ab bis du wieder mit mir reden möchtest." Die Familienbegleiterin bittet dann die Mutter ihr Kind genauso zu halten, wie sie es getan hat und es bei seinem Namen zu rufen. Die Freude einer frischgebackenen Mutter, wenn ihr Kind auf ihre Stimme reagiert und sich ihr zuwendet, ist eine sehr wichtige, motivierende Erfahrung, die die weitere Mutter-Kind-Interaktion positiv beeinflusst. Daran anknüpfend kann die Familienbegleiterin z. B. mit der Mutter besprechen, was Säuglinge bereits hören und sehen, um daraus die Bedeutung der elterlichen Stimulation des Kindes herzuleiten und der Mutter ihre zentrale Rolle als erster Lehrer im Leben ihres Kindes zu verdeutlichen.
Vor dem Hintergrund dieses illustrativen Beispiels soll nun auf die drei wesentlichen Leitgedanken des PIPE-Curriculums eingegangen werden:

- „Listen, listen, listen": Hier wird die Bedeutung des aufmerksamen, aktiven Zuhörens und Hinsehens in der Kommunikation mit dem Kind ebenso betont wie die Wahrnehmung des Kindes als eigenständige Persönlichkeit.

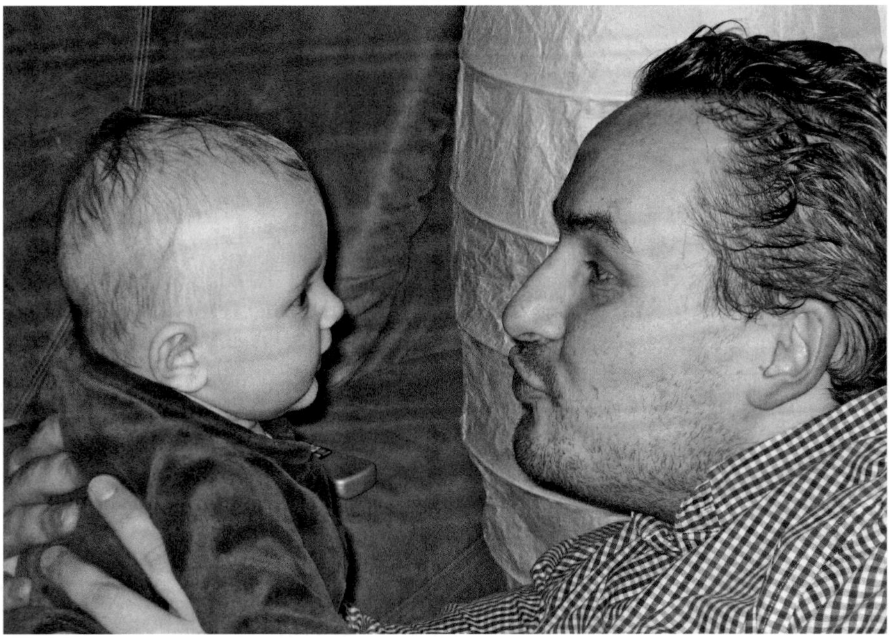

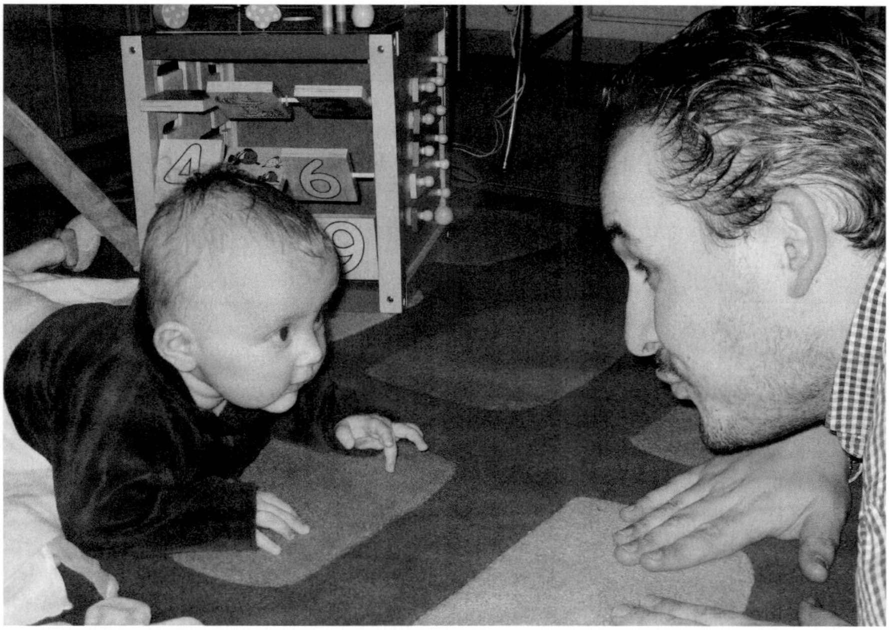

- Zuneigung und Liebe sind vielschichtig. In Abhängigkeit von den kindlichen Bedürfnissen kann sich Liebe und Feinfühligkeit im elterlichen Verhalten durch die Herstellung von Nähe und Intimität äußern, aber auch durch das Loslassen des Kindes, wenn dieses seine Umwelt explorieren möchte und zunehmend unabhängiger von seinen Eltern wird.
- Gemeinsames Spiel und Sicherheit in der Exploration: Hier wird unterstrichen, dass Kinder spielerisch lernen. Das kindliche Spiel ist mit dem späteren Lernen gleichzusetzen und von besonderer Bedeutung für die kognitive, sprachliche und motorische Entwicklung.

Diese drei Leitgedanken finden sich jeweils in den 28 Themen des PIPE-Handbuchs wieder, zu denen die folgende Tabelle 3 einen Überblick gibt:

| **Aktives Zuhören und Hinsehen** | **Vielschichtigkeit von Liebe und Zuneigung** | **Spielen ist Lernen** |
|---|---|---|
| Kommunikation von Anfang an | Ob Liebe entsteht, liegt an einem selbst | Spielerisch Unterschiede erfassen |
| Unterstützung der Regulationsfähigkeiten des Kindes | Die Einzigartigkeit des Kindes | Lernen am elterlichen Modell |
| Kommunikationssignale des Babys | Liebe braucht eine sichere Basis | Was lernen Kinder wirklich? |
| Einklinken in / Ausklinken aus der Kommunikation | Freude und Lachen | Lernen von Regeln |

| | | |
|---|---|---|
| Gemeinsames Spiel am Boden (floor-time) | Zärtliche Berührungen | Lernhemmnisse |
| Spracherwerb | Zuneigung und Verpflichtung | Spielen regt die Sinne an |
| Musik und Rhythmus | Liebe heißt auch Loslassen können | Spielen ist gegenseitige Nachahmung |
| Gemeinsames Bilderbuchlesen | Liebe und Grenzen | Spielen ist Kommunikation |
| | Liebe ist manchmal harte Arbeit | Spielerisch Probleme lösen |
| | Kraft schöpfen, sich selbst Gutes tun | |

*Tabelle 3: Themen des PIPE-Handbuches*

Das Handbuch ermöglicht ein flexibles Vorgehen, d. h. die Familienbegleiterinnen können die Reihenfolge und die Schwerpunkte der einzelnen Themen so auswählen, dass sie zu den Bedürfnissen der jeweiligen Teilnehmerin passen. PIPE ist so konzipiert, das es für wenige Einheiten (vier bis acht Hausbesuche), aber auch über die gesamte Zeit der Familienbegleitung bis zum zweiten Geburtstag des Kindes eingesetzt werden kann. Die Ergebnisse der amerikanischen Begleitforschung haben gezeigt, dass die Eltern umso sensibler werden, je mehr und intensiver sie die Themen behandelt haben.

Für jede PIPE Lerneinheit wird eine vierschrittige Routine empfohlen. Der immer gleiche Ablauf gibt Struktur und Sicherheit, was für die Partner in der elterlichen Erziehung, also Eltern und Familienbegleiterinnen, Ressourcen für eigene Lernerfahrungen und Reflexion freisetzt. Die vier Schritte, die sich stark an lernpsychologischen Gesetzmäßigkeiten orientieren, werden im Folgenden kurz skizziert.

***Schritt 1 – Informationen geben***

Das Handbuch stellt zu jedem Thema Hintergrundinformationen bereit, die von der Familienbegleiterin an die Eltern weitergegeben werden können. Dies sollte auf möglichst unterhaltsame und anregende Weise geschehen. Im Handbuch werden als Lernstrategien Diskussionen zum Thema, Arbeitsblätter, Informationsblätter, Spiele und praktische Übungen angeboten. Die Auswahl richtet sich nach den eigenen Vorlieben der Familienbegleiterin, aber auch nach dem Lerntyp, der Persönlichkeit und dem kulturellen Hintergrund der Eltern. Außerdem sollten die theoretischen Inhalte in kleinen Portionen, dafür aber regelmäßig und aufeinander aufbauend vermittelt werden.

***Schritt 2 – Demonstration und Lernen am Modell***

Die Demonstration übernimmt eine Brückenfunktion zwischen den Informationen und ihrer Umsetzung in der Praxis durch die Eltern. Lernen am Modell ist entscheidend für den Erfolg der partnerschaftlich begleiteten, praktischen Eltern-Kind-Aktivität. Eine überzeugende Demonstration fundiert das theoretisch Vermittelte und trägt zur positiven Erfahrung des Zusammenspiels zwischen Eltern und Kind bei.

Die ausgewählte Aktivität wird durch die Familienbegleiterin stets an einer Puppe, nicht an dem Kind selbst, beispielhaft vorgeführt. Die Puppe wird eingesetzt, um zu verhindern, dass das Kind im Kontakt mit der Familienbegleiterin positiver reagiert als bei der eigenen Mutter, was wiederum negative Auswirkungen auf das elterliche Selbstkonzept und die Beziehung zwischen Familienbegleiterin und Mutter haben kann (vgl. einführendes Beispiel). Zur Unterstützung der Demonstration wird zudem die Nutzung von Aktivitätskarten empfohlen.

***Schritt 3 – Begleitetes Ausprobieren in strukturierten Situationen:***
Im PIPE-Handbuch werden gut strukturierte, praktische Aktivitäten für die Eltern-Kind-Interaktion vorgestellt bzw. Vorschläge für die Strukturierung von Situationen gemacht. Spiele und praktische Aktivitäten sollen den Eltern dabei helfen, feinfühliger, d. h. offener für die kommunikativen Signale ihrer Kinder zu werden und adäquat darauf zu reagieren. Die Auswahl von Spielen oder Situationen richtet sich nach dem Entwicklungsstand des Kindes und orientiert sich an seinem Temperament.

Der positive Verlauf der Eltern-Kind-Aktivität kann wie folgt vorbereitet werden:
- Die Interaktion sollte an einem ruhigen Ort stattfinden und die elterliche Aufmerksamkeit voll auf das Kind gerichtet sein.
- Die Spielfläche kann durch eine Spieldecke definiert werden, die Eltern und Kind gemeinsam nutzen.
- Das Spiel oder die praktische Aktivität sollte beiden Interaktionspartnern Spaß machen.
- Sollte sich während des gewählten Spiels oder der Aktivität herausstellen, dass die falsche Wahl getroffen wurde, kann die Aktivität gewechselt werden.
- Das gemeinsame positive Erleben und darüber die Verbesserung der Eltern-Kind-Beziehung ist das Ziel.

Während sich Eltern und Kind in der Aktivität miteinander beschäftigen, übernimmt die Familienbegleiterin die Rolle der Mentorin. Sie befindet sich dabei außerhalb des Blickfelds des Kindes, beobachtet es aber aufmerksam und kann so seine Beteiligung in der Interaktion einschätzen. Ist der Mutter oder dem Vater ein Signal entgangen, kann die Familienbegleiterin dem Kind „seine Stimme leihen“. Diese Methoden lenkt die elterliche Aufmerksamkeit auf das Kommunikationsverhalten des Kindes. Gemeinsam kann die elterliche Deutung des Verhaltens ermittelt werden. Solche Strategien kommen allerdings nur dann zum Einsatz, wenn dies die emotionale Verbundenheit und Abstimmung zwischen Eltern und Kind verbessert.

***Schritt 4 – Gemeinsame Auswertung:***
Die gemeinsame Auswertung vervollständigt den Lernprozess. Besonders wertvoll ist an dieser Stelle eine Videoaufnahme der Interaktion, so dass die Eltern die Perspektive des Kindes einnehmen und seine Signale mit einbeziehen können: Hatten Eltern und Kind Freude an der Aktivität? Ging es ihnen in der Interaktion gut? Wenn nicht, haben die Eltern eine Idee, warum nicht und wie sie damit umgehen könnten? Wenn nicht, wie kann die Familienbegleiterin helfen? So können die Eltern und die Familienbegleiterin partnerschaftlich herausfinden, was funktioniert hat und woran noch gearbeitet werden sollte.

### ▸ Evaluationsergebnisse

Die amerikanischen Befunde zur Wirksamkeit und Effizienz des Nurse Family Partnership (NFP)-Programms sprechen dafür, dass bei Frauen, die von Nurses begleitet wurden – im Vergleich zu Frauen in der Kontrollgruppe – die Intervalle zwischen den Schwangerschaften durch das Hausbesuchsprogramm signifikant verlängert werden konnten (30,23 Monate im Vergleich zu 34,28 Monaten). Insgesamt waren die Frauen im Hausbesuchsprogramm seltener erneut ungewollt schwanger (1,16 im Vergleich zu 1,38 Schwangerschaften beziehungsweise 1,08 im Vergleich zu 1,28 Geburten) und ihre Partnerschaften waren signifikant stabiler als die der Frauen in der Kontrollgruppe (54,36 Monate vs. 45 Monate). Die Kinder im Hausbesuchsprogramm hatten im Vergleich zu den Kindern in der Kontrollgruppe einen höheren Intelligenzquotienten (93,34 vs. 90,24), einen größeren rezeptiven, d. h. passiven Wortschatz (84,32 vs. 82,13) und weniger Verhaltensprobleme im grenzwertigen oder klinisch auffälligen Bereich (1,8% vs. 5,4%). Die Familien im Hausbesuchsprogramm waren signifikant kürzer abhängig von sozialen Unterstützungsleistungen, wie Sozialhilfe (7.21 Monate vs. 8.96 Monate) und Essensmarken (9,67 Monate vs. 11,50 Monate). Statistisch signifikante Effekte auf den mütterlichen Ausbildungsstand, ein festes Arbeitsverhältnis, eine feste Partnerschaft und Heirat waren allerdings ebenso wenig nachweisbar, wie Effekte auf häusliche Gewalt, Ausbildungsstand des Partners und Verhaltensauffälligkeiten durch Substanzmissbrauch (vgl. Olds / Kitzman / Cole / Robinson / Sidora / Luckey / Henderson / Hanks / Bondy / Holmberg 2004).

Wie auch das NFP-Programm wurde das bundesdeutsche Modellprojekt Pro Kind durch eine umfassende dreigliedrige Forschung, bestehend aus Implementationsforschung, biopsychosozialer Evaluation und Kosten-Nutzen-Analyse, begleitet. Die 755 Frauen, die bei Pro Kind aufgenommen wurden, sind multipel risikobelastet. Im Mittel liegen sechs Risikofaktoren vor, wobei 83% der Frauen durch ALG 2- bzw. Sozialhilfebezug oder Überschuldung finanziell belastet sind, 32,6% von fehlender Unterstützung berichten, bei 75,2% gesundheitliche Belastungen vorliegen und 78,3% der Frauen selber Vernachlässigungs- oder Gewalterfahrungen gemacht haben. Die Risikobelastung verteilt sich in den beiden Untersuchungsgruppen der Kontroll- und Begleitungsgruppe in etwa gleich. Die Begleitforschung will auf der Basis des Kontrollgruppendesigns auch mittel- und langfristig erfassen, wie sich die frühe Förderung durch die Familienbegleitung im Projekt Pro Kind auf die betroffenen Kinder und ihre Eltern auswirkt. Dabei kommen zahlreiche Erhebungsinstrumente, wie z. B. kognitive, motorische und sprachliche Entwicklungstestungen, zum Einsatz. Die abschließenden Befunde sprechen für kleine, aber signifikante Effekte auf die elterliche Selbstwirksamkeit und tendenzielle Effekte auf die soziale Unterstützung und das elterliche Wissen über die Kinderpflege und -erziehung. Die Bindungsentwicklung zum Kind wird über die Zeit in der Interventionsgruppe als positiver beschrieben. Insbesondere die hochrisikobelasteten Mütter berichteten über mehr soziale Unterstützung und ihre Kinder erzielten höhere Entwicklungstestwerte. Analysen zum Einfluss verschiedener Indikatoren der Umsetzungsqualität zeigten, dass die Beziehung zwischen Familienbegleiterin und Mutter ein guter Prädiktor des Treatmenterfolgs ist (Jungmann et al. 2015; Sierau et al. 2015).

## 5.4 SAFE® – Sichere Ausbildung für Eltern

(vgl. Brisch 2008)

**Programmsteckbrief**

| | |
|---|---|
| ***Zielgruppe:*** | Alle werdenden Eltern, die bereit sind, sich auf die emotionale Entwicklung ihres Kindes einzulassen und hierfür ein unterstützendes Präventionsprogramm in Anspruch zu nehmen |
| ***Altersbereich:*** | Säuglingsalter |
| ***Teilnehmer:*** | Eltern und ihre Säuglinge |
| ***Dauer:*** | 20. Schwangerschaftswoche bis zum ersten Geburtstag des Kindes |
| ***Methoden:*** | regelmäßige Elterngruppen (zunächst im monatlichen, später im vierteljährlichen Rhythmus), Feinfühligkeitstraining mit Videounterstützung, individuelle Traumapsychotherapie, Hotline |
| ***Besonderheiten:*** | Klinisch fundiertes primäres Programm (Bindungsstörungen) zur universellen Prävention; Kombination aus Gruppen- und Individualangeboten; Inanspruchnahme der Traumapsychotherapie richtet sich nach den Ergebnissen des AAI (Adult Attachment Interview). SAFE®-Mentorenausbildung u. a. für pädagogische Fachkräfte |

### ▸ Zielgruppe

Anders als in den bisher vorgestellten Programmen – die ein selektives Angebot für hochrisikobelastete Erst- oder Mehrgebärende darstellen – wird bei SAFE®-Sichere Ausbildung für Eltern davon ausgegangen, dass alle Väter und Mütter, insbesondere aber werdende Eltern teilnehmen sollten, um schon mit Beginn der Schwangerschaft in ihren elterlichen Kompetenzen und Fähigkeiten durch Unterricht, Seminare und zusätzliche Medienmöglichkeiten, wie Videofeedback, geschult und für die Bedürfnisse ihres Kindes emotional und auch kognitiv sensibilisiert zu werden. Voraussetzung ist, dass die Eltern bereit sind, sich auf die emotionale Entwicklung ihres Kindes einzustellen und ein Präventionsprogramm als unterstützende Maßnahme in Anspruch zu nehmen.

Zum einen beschäftigen sich werdende Eltern gerade in der Phase der Schwangerschaft vermehrt mit ihren eigenen Kindheitserfahrungen und ihrer Vergangenheit. Da die Gefühle, die mit diesen Erfahrungen einhergehen, dadurch sehr präsent werden, ist diese Phase ideal, um positive wie schmerzliche Erfahrungen und Gefühle im Hinblick auf die eigene Elternschaft zu thematisieren. Zum anderen benötigen die Eltern nach der Geburt zusätzliche Hilfestellungen bei Fragen, die sich erst stellen, wenn sie konkret durch das Baby damit konfrontiert sind (z. B. Schwierigkeiten mit dem Füttern, dem Schlafen, dem Beziehungsaufbau). Durch ein frühpräventives Programm können diese Schwierigkeiten bearbeitet werden, solange sie nicht schon ein gewisses Maß an Verfestigung zeigen. Beispielsweise suchen Eltern eine Schreiambulanz oder auch eine Institution, in der eine Entwicklungspsychologische Beratung angeboten wird, oftmals erst dann auf, wenn ihr Baby bereits über mehrere Wochen täglich für viele Stunden weint und sich nicht beruhigen lässt. Die Eltern befinden sich dann in der Regel schon in einem Stadium in dem – durch das eigene Schlafdefizit und die Machtlosigkeit das Kind zu beruhigen – die Nerven blank liegen; die Eltern sind am Rande der Erschöpfung. Um solche Zustände möglichst frühzeitig abzufangen und den Eltern unmittelbar bei den ersten Irritationen und Schwierigkeiten eine Hilfestellung anzubieten, sollte ein Präventionsprogramm möglichst auch Eltern mit einem Säugling während des 1. Lebensjahres in der Adaptationsphase nach der Geburt unterstützen (vgl. Brisch 2008).

## ▸ Ablauf

Das SAFE®-Programm besteht insgesamt aus vier Modulen: dem pränatalen Modul, dem postnatalen Modul, der individuellen Traumapsychotherapie und der Hotline. Die Inhalte der vier Module werden im Folgenden in Anlehnung an Brisch (2008) kurz beschrieben.

- **Pränatales Modul**
  Im pränatalen Modul finden *Gruppentreffen* statt, wobei die Gruppe sich jeweils aus Eltern zusammensetzt, die sich in einer ähnlichen Phase der Schwangerschaft befinden. Die Elterngruppe stellt einen wesentlichen Rahmen dar, da über den gesamten Zeitraum der Kursdauer, von der 20. Schwangerschaftswoche bis zum Ende des 1. Lebensjahres, über die geteilte Erfahrung von Schwangerschaft, Geburt und Säuglingszeit ein großer Gruppenzusammenhalt entsteht.
  **Häufigkeit der Treffen:** Die Elterngruppen treffen sich an vier Sonntagen, da dies in der Regel der Tag ist, an dem die Paare gemeinsam teilnehmen können und auch entspannter sind. Die Treffen beginnen ab ca. der 20. Schwangerschaftswoche (SSW) und werden im vierwöchentlichen Rhythmus bis zur 32. Schwangerschaftswoche fortgeführt.
  **Inhalte:** Inhaltlich umfasst dieses Modul ausführliche *Informationen* und einen *Gruppenaustausch* zu den Kompetenzen des Säuglings und denen der Eltern, den elterlichen Erwartungen an ihr ideales Baby und an sich selbst als ideale Mutter bzw. als idealen Vater, aber auch zu den Fantasien und Ängsten der Eltern, der pränatalen Bindungsentwicklung sowie der Eltern-Säuglings-Interaktionen. Letztere werden mit Videobeispielen veranschaulicht, so dass die Eltern bereits vorgeburtlich gezielt darin geschult werden, die Signale eines Babys wahrzunehmen und richtig zu interpretieren (*Feinfühligkeitstraining*).
  Ein weiterer inhaltlicher Baustein des pränatalen Moduls sind *Stabilisierungs- und Entspannungsübungen*. Dies ist zum einen damit zu begründen, dass sich Ängste und Stresserleben während der Schwangerschaft sowohl auf die emotionale Bereitschaft der werdenden Mutter eine pränatale Bindung zum Kind

aufzubauen, auswirken können, als auch auf den Fötus selbst, der durch pränatalen Stress im Mutterleib später reizbarer reagieren sowie eine geringere Stresstoleranz entwickeln kann (vgl. Brisch 2008). Zum anderen haben Eltern mehr Zeit und eine höhere innere Bereitschaft, solche Entspannungsverfahren bereits vor der Geburt zu erlernen. Ist das Baby erst einmal da, bleibt dafür oft keine Zeit mehr. Gerade in stressvollen Phasen, die früher oder später mit dem Säugling entstehen, sind die pränatal erlernten Stabilisierungs- und Entspannungstechniken sehr wirksam, wenn sie gezielt eingesetzt werden.

- **Postnatales Modul**
  Die Elterngruppen werden auch nach der Geburt in sechs ganztägigen Sonntagsseminaren fortgeführt.
  **Häufigkeit der Treffen:** Die Treffen finden zunächst monatlich statt (bis zum dritten Lebensmonat des Kindes), anschließend vierteljährlich im sechsten, neunten und zwölften Lebensmonat. „Die Eltern werden somit während der schwierigsten Zeit der Kindesentwicklung und Adaptation nach der Geburt des Säuglings sowie auch in der Phase der Umstellung in der Partnerschaft und der Neuentwicklung einer Beziehung zu dritt mit dem Säugling unterstützt" (Brisch 2008, 172).
  Der Zusammenhalt der Gruppe zeigt sich darin, dass sich manche Eltern auch außerhalb der Gruppensonntage mit ihren Säuglingen zum Austausch oder für gemeinsame Unternehmungen treffen. Damit entstehen parallel Freundschaften oder eine „Eltern-Peer-Gruppe".
  **Inhalte:** Inhaltlich beziehen sich die Gruppensitzungen auf die *Verarbeitung des Geburtserlebnisses*. Weitere Inhalte nach der Geburt sind die *elterlichen Kompetenzen, die Interaktion zwischen Mutter, Vater und Kind, Interaktionsschwierigkeiten beim Füttern, Stillen, Schlafen* sowie der *Aufbau der emotionalen Beziehung zum Kind*. Da die Eltern ihre Kinder zu den Terminen mitbringen, kann das Bindungsverhalten der Eltern und das des Kindes sowie das Explorationsverhalten des Kindes im Mittelpunkt der Gruppe direkt beobachtet und daraus gelernt werden. Während dieser Zeit werden auch individuelle Videoaufnahmen von Interaktionssequenzen beim Wickeln, Füttern, Stillen und Spielen angefertigt, die sowohl mit der Mutter als auch mit dem Vater in einem individuellen Feedbacktraining besprochen werden. Vor dem Hintergrund der aktuellen Erfahrungen mit ihrem Baby lernen sie, dessen individuelle Signale besser zu erkennen, richtig zu interpretieren und feinfühlig darauf zu reagieren. „Irritationen und emotionale Schwierigkeiten der Eltern sowie Fehlinterpretationen und Projektionen aus der eigenen Kindheitsgeschichte können bereits in diesem Stadium frühzeitig erkannt und besprochen sowie korrigiert werden." (Brisch 2008, 172). Bei Einverständnis der Eltern werden ihre individuellen Videoaufnahmen in der Gruppe für das Feinfühligkeitstraining aller Teilnehmer verwendet. Wenn die Vertrauensbeziehungen, die sich bis dahin innerhalb der Gruppe entwickelt haben, tragfähig genug sind, kann sehr offen über Ängste, Befürchtungen und auch interaktionelle Schwierigkeiten gesprochen werden.
- **Individuelle Traumapsychotherapie**
  Zusätzlich zu den Interaktionsbeobachtungen wird mit allen Eltern das Adult Attachment Interview (AAI) durchgeführt. Dadurch sollen die Bindungsressourcen und eventuelle traumatische Erfahrungen der Eltern festgestellt werden, die sie in die Beziehung zu ihren Kindern einbringen. Brisch (2008) berichtet,

dass bei ca. 30% der Eltern solche ungelösten Traumata, die einer individuellen Psychotherapie bedürfen, vorliegen. Die klinische Erfahrung zeigt, dass diese ungelösten Traumata einen Risikofaktor für die Wiederholung eigener traumatischer Erfahrungen mit ihrem Kind darstellen, wodurch sich der Teufelskreis von selbst erlebter Gewalt und der Weitergabe dieser Gewalt in der nächsten Generation wiederholen könnte. Der Auslöser kann kindliches Verhalten, wie z. B. kontaktaufrechterhaltendes Anklammern, Weinen oder Wutanfälle sein. Dies kann dazu führen, dass traumatische Erfahrungen und die dazugehörigen Affekte bei ihren Eltern wieder wachgerufen werden („Geister im Kinderzimmer", vgl. Fraiberg et al. 1975). Geschieht dies unkontrolliert und unbewusst, kann es zu einer traumatischen Re-Inszenierung kommen, in der das Kind zur Zielscheibe von und Projektionsfläche für gewalttätige Fantasien wird. Im schlimmsten Fall kommt es zu einer realen Wiederholung von Gewalterfahrungen, indem das Kind unbeabsichtigt von der Mutter oder dem Vater geschüttelt wird – mit fatalen Folgen, da dies eine Gehirn- oder Augenblutung auslösen und das Kind zeitlebens schädigen kann (Schütteltrauma).
Es ist das erklärte Ziel von SAFE®, diese Teufelskreise zu durchbrechen. Dazu wird den Eltern schon während der Schwangerschaft in Einzelsitzungen eine Traumatherapie angeboten. Nach der Geburt besteht die Möglichkeit, mit modernen Methoden der Traumatherapie den Eltern zu helfen.

- **Hotline**
  Die Hotline bietet den Eltern die Möglichkeit, sich unmittelbar Rat und Unterstützung zu holen, wenn sich z. B. das Baby nicht beruhigen kann und für das unstillbare Schreien kein Grund auszumachen ist. Von großem Vorteil ist, dass die- oder derjenige, der an der Hotline erreichbar ist, den Eltern bereits aus den Gruppensitzungen vor der Geburt bekannt ist und bereits ein Vertrauensverhältnis besteht (vgl. Brisch 2000). Der Gruppenleiter oder die Gruppenleiterin kann sehr gezielte Interventionen einsetzen, weil die individuelle Geschichte der Eltern und ihre Ressourcen sowie ihre besonderen Risiken und Schwierigkeiten durch die vorausgegangenen Seminartage und das Erwachsenen-Bindungsinterview (AAI) sehr gut bekannt sind.

## Programmkonzept

SAFE®-Sichere Ausbildung für Eltern basiert auf der Bindungstheorie und klinischen Erfahrungen mit Bindungsstörungen („attachment disorders"). SAFE® wurde entwickelt, um eine sichere Bindung zwischen Eltern und Kind zu fördern und die Entstehung von Bindungsstörungen über die Weitergabe von traumatischen Beziehungserfahrungen von einer Generation an die nächste (Transmission) zu verhindern. Als übergeordnetes Ziel versteht Brisch (2008) die Förderung der psychischen Gesundheit von Eltern und Kind. In diesem Zusammenhang kommt der Entwicklung einer sicheren Bindung eine entscheidende Bedeutung zu, da dies mit erheblichen Vorteilen für die kindliche Entwicklung verbunden ist (vgl. Kapitel 2). Das Krankheitsbild der Bindungsstörungen ist bisher noch wenig empirisch gesichert, wird aber laut Definition der ICD-10 (Internationale Klassifikation der Krankheiten, herausgegeben durch die Weltgesundheitsorganisation WHO) durch unzureichende oder traumatisierende Beziehungen in den ersten Lebensjahren verursacht. Die Symptomatik ist an das Kleinkind- oder Vorschulalter gebunden, wobei die Betroffenen ein hohes Risiko für die Entwicklung anderer psychiatrischer Störungen im Laufe ihres Lebens tragen (vgl. Pfeiffer / Lehmkuhl 2003). In der ICD-10 werden zwei Grundformen der Bindungsstörung unterschieden: die **gehemmte („inhibited")** oder **reaktive** Form und die **ungehemmte („disinhibited")** Form.

- Die gehemmte Form der Bindungsstörung ist charakterisiert durch Vermeidungs-, Rückzugsverhalten und eine erhöhte Wachsamkeit (Hypervigilanz oder „frozen watchfulness").
- Die ungehemmte Form ist durch überwiegend wahllos-freundliches, distanzlos-diffuses Kontaktverhalten, unabhängig von der Situation, gekennzeichnet.

In Analogie zur längsschnittlichen Forschung über Bindungstypen sind gehemmte Formen der Bindungsstörung eher mit der Entwicklung internalisierender Störungen, wie Angststörungen oder Depression assoziiert, während für ungehemmte Bindungsstörungen ein Zusammenhang mit späterem aggressiv-dissozialen oder hyperkinetischen Verhalten besteht (vgl. Rutter / Sroufe 2000; Greenberg 1999). Dieser Zusammenhang zeigte sich allerdings nur für psychosoziale Hochrisikogruppen und kann nicht verallgemeinert werden (z. B. Unterschichtfamilien, misshandelte Kinder).

## ▸ Methoden/Materialien

Die Ausbildung zum SAFE®-Mentor erfolgt am Dr. von Haunerschen Kinderspital in München (http://khbrisch.de/40-0-SAFE+-+Mentorentr.html). Grundsätzlich können Fachkräfte aller Berufsgruppen, die mit Schwangeren, Eltern und ihren Säuglingen arbeiten (z. B. Hebammen, Schwangerschafts- und Stillberaterinnen, Krankenschwestern, Psychologen und Psychotherapeuten, Kinderärzte, Sprachheilpädagogen und Sprachtherapeuten) zum SAFE®-Mentor ausgebildet werden. Die Ausbildung umfasst vier ganztägige Seminar- und zusätzliche Praxistage. Idealerweise organisiert jeweils ein Mentorenpaar vor Ort SAFE®-Gruppen. Das Leitungsmodell bestehend aus Leitung und Co-Leitung eröffnet die Möglichkeit, dass ein Mentor jeweils für die inhaltliche Vermittlung verantwortlich ist, während der andere Mentor die gruppendynamischen Prozesse im Auge behält und die Gruppe leitet.

Die Eltern werden über die Auslage von Flyern in Apotheken, Arztpraxen (Gynäkologen, Kinderärzte), Familienbildungsstätten, Schwangerschaftsberatungsstellen sowie durch Presseberichte über das Präventionsprogramm informiert und für neue SAFE®-Gruppen geworben. Die Teilnahme an der SAFE®-Gruppe ist kostenpflichtig, wobei es unterschiedliche Finanzierungsmodelle gibt. Werden SAFE®-Gruppen z. B. über Familienbildungsstätten oder Schwangerschaftsberatungsstellen organisiert, ist der Teilnehmerbeitrag der Eltern in der Regel geringer als wenn die Gruppen von niedergelassenen Hebammen und Psychotherapeuten organisiert werden, die eine modifizierte Honorarvergütung direkt von den Eltern erhalten.

## ▸ Evaluationsergebnisse

In Bayern wurden in den Jahren 2007 bis 2009 insgesamt 138 Mentorinnen und Mentoren aus der Schwangeren-, Erziehungs-, und Familienberatung für die Durchführung der SAFE-Elternkurse ausgebildet. Das Staatsinstitut für Frühpädagogik wurde mit der prozessbegleitenden Evaluation der Mentorenkurse und der von den Mentoren durchgeführten Elternkurse beauftragt. Deren Ergebnisse, die ausführlich in Spindler/Lux (2012) dargestellt sind, fallen überwiegend positiv in den Einschätzungen der Mentorinnen und Mentoren sowie der teilnehmenden Eltern aus, geben aber auch einige Hinweise auf Verbesserungsmöglichkeiten. Allerdings stellen sie keinen Wirksamkeitsnachweis über das Programm an sich dar. Eine Wirksamkeitsstudie, die die Effekte des Programms unter kontrollierten Bedingungen evaluiert, wird derzeit durchgeführt, die Ergebnisse sind jedoch noch nicht verfügbar.

Insgesamt ist die Wirksamkeit von Interventionen, die Eltern gezielt in ihren Erziehungs- und Beziehungskompetenzen ansprechen, gut belegt. Uneinigkeit besteht immer noch darin, ob eine intensive Prävention bereits vorgeburtlich beginnen und mindestens über einen Zeitraum von einem bis zwei Jahren andauern muss (z. B. STEEP™, Pro Kind und SAFE®) oder ob kürzere Präventionsangebote, die im ersten Lebensjahr des Kindes einsetzen, ausreichen (z. B. Entwicklungspsychologische Beratung), um die Bindungsqualität der Kinder positiv zu beeinflussen. Die Ergebnisse aktueller Metaanalysen[4] deuten darauf hin, dass in der frühen Kindheit **Kurzberatungen** mindestens so erfolgreich sind, wie längerfristige Begleitungsangebote. **Die Interventionen sind effektiver, wenn sie kurz vor der Phase der eigentlichen Bindung (um den 6. bis 7. Lebensmonat) beginnen** (vgl. Kapitel 2). Von besonderer Bedeutung für die Wirksamkeit ist aber inhaltlich die gezielte Ausrichtung auf die **Förderung der elterlichen Feinfühligkeit** und damit die Verbesserung des elterlichen Verhaltens (vgl. Bakermans-Kranenburg / van IJzendoorn / Juffer 2003; Dozier 2004; Gloger-Tippelt 2008).

---

4 Metaanalysen werden v. a. in der Medizin, in der Psychologie und in der empirischen Sozialforschung eingesetzt. Sie fassen die empirischen Einzelergebnisse inhaltlich vergleichbarer Untersuchungen zu einem wissenschaftlichen Forschungsgebiet zusammen, um Wirkprinzipien aufzuklären, die Wertigkeit bestimmter Befunde zu stützen oder zu widerlegen und um Effektstärken zu ermitteln. Durch die Auswahl der in die Meta-Analyse einzuschleusenden Studien kann das Ergebnis manipuliert werden. Es ist daher zu fordern, dass alle publizierten Studien zur bearbeiteten Fragestellung in eine Meta-Analyse eingeschlossen werden.

# 6. Beziehungsorientierte Intervention in Krippe, Kindertagesstätte und Kindergarten (0-6 Jahre)

Gegen Ende des ersten Lebensjahres hat ein Kind mit dem Bindungsaufbau an seine Bezugsperson eine wichtige Entwicklungsaufgabe gelöst, die für seine weitere Entwicklung grundlegend ist. Mit dem Spracherwerb, der im zweiten Lebensjahr beginnt, lernt das Kind zu abstrahieren, zu symbolisieren und über Ereignisse zu kommunizieren, die nicht nur die unmittelbare Gegenwart betreffen. Mit Hilfe der Sprache und beginnender Planungsfähigkeit ist das Kind nun auch in der Lage, die Verfügbarkeit der Bindungsperson kognitiv zu repräsentieren. Damit wird die empfundene Sicherheit des Kindes zunehmend von der Präsenz dieser Bindungsperson entkoppelt. Die Einzelspielphasen werden länger, gleichzeitig nimmt das Interesse an anderen Spielpartnern und das Bedürfnis möglichst viel selber machen zu wollen zu (**Trotzphase** oder **„Alter des Selber-Machen-Wollens"**, vgl. Bullock / Lütkenhaus 1988).

Für die Eltern geht damit eine Rollenveränderung einher: Sie bleiben zwar Bindungsperson, werden aber auch zu Spielpartnern, Lehrern, Vermittlern und Bewahrern von sozialen Normen und Regeln sowie zu Strafenden, wenn das Kind die sozial akzeptierten Regeln verletzt (vgl. Grossmann 2015). Im zweiten und dritten Lebensjahr treffen die Autonomiebestrebungen des Kindes, ohne dass es die Konsequenzen seines Handelns schon abschätzen könnte, auf die größeren sozialen Anforderungen seiner Familie an sein Verhalten. Damit sind Konflikte unausweichlich, die **Phase der zielkorrigierten Partnerschaft** beginnt (vgl. Kapitel 2). Im weiteren Verlauf des Vorschulalters wächst das Bedürfnis des Kindes, mit Gleichaltrigen zu spielen, Ältere nachzuahmen und zu einer Kindergruppe gehören zu wollen. In unserer Kultur wird diesen Bedürfnissen durch den Besuch eines Kindergartens entsprochen. Mit diesem Schritt aus dem engen familiären Umfeld heraus muss das Kind lernen, länger andauernde Trennungen von seinen Bindungspersonen zu bewältigen. Dabei helfen ihm in der Regel sein wachsendes Verständnis für Tagesabläufe, die geistige Vorstellungsfähigkeit kurzer Zukunftsphasen und der Wunsch nach der Gesellschaft anderer Kinder.

Vor diesem Hintergrund wird in Kapitel 6.1 zunächst allgemein auf Faktoren eingegangen, die den Ausbau bzw. die Entstehung der Erzieher-Kind-Beziehung beeinflussen. **Kernkomponenten „guter" bzw. förderlicher Erziehung** werden abschließend herausgearbeitet. Dabei kommt der Bindung eine sehr zentrale Rolle in der Erziehung und dem frühkindlichen Bildungsauftrag der Kindertageseinrichtungen und des Kindergartens zu.

Kapitel 6.2 fasst die aktuelle **Diskussion zum Ausbau der Krippenplätze** in Deutschland zusammen, in der sich verstärkt die Gemüter an der Frage erhitzt haben, welche Auswirkungen die verfrühte Trennung von den primären Bindungspersonen auf die Bindungsqualität und damit auch auf die weiteren Entwicklungschancen der Kinder haben mag. Eine weitere Frage, die in diesem Zusammenhang diskutiert wird, ist die nach dem optimalen Zeitpunkt für die Fremdbetreuung. Und schließlich bleibt zu beantworten, welche Ansprüche an die Qualität der Betreuungsbedingungen zu stellen sind, damit auch ein sehr junges Kind ohne negative Konsequenzen für seine sozial-emotionale Entwicklung eine Krippe besuchen kann. Hier kommt der **Gestaltung der Eingewöhnungsphase,** aber auch der **Gestaltung der Dreiecksbeziehung zwischen pädagogischer Fachkraft, primärer Bezugsperson und Kind** sowie den **Peerbeziehungen** eine große Bedeutung zu.

Kapitel 6.3 greift schließlich das Thema **Kindertageseinrichtung als Lernumfeld für sozial-emotionales Verhalten** auf. Kinder, die aufgrund ihrer Beziehungserfahrungen in ihrer Ursprungsfamilie unsicher oder desorganisiert gebunden sind, tragen ein höheres Risiko für Verhaltensauffälligkeiten, die sie in die Interaktion mit pädagogischen Fachkräften und Gleichaltrigen einbringen. Dabei kann es sich um verschiedenartige Verhaltensweisen handeln, so zum Beispiel einerseits um aggressives Verhalten, aber auch um soziales Rückzugsverhalten und erhöhte Ängstlichkeit. Hier stellt sich die Frage nach der Korrigierbarkeit dieser Beziehungserfahrungen bzw. den Möglichkeiten von Prävention sozial-emotionaler Auffälligkeiten, die pädagogische Fachkräfte im Kindergarten haben. Exemplarisch werden in diesem Unterkapitel die Methode des Babywatching zur Förderung von Sensitivität und Empathie bei Kindergartenkindern (**B.A.S.E.**) (Brisch 2008) sowie die Programme **Kindergarten plus** (Deutsche Liga für das Kind 2002) und die **FAUSTLOS-Curricula für den Kindergarten und das Grundschulalter** (Schick / Cierpka 2004) vorgestellt.

## 6.1 Die Bedeutung der Erzieher-Kind-Beziehung

Die grundlegenden Unterschiede zwischen der Eltern-Kind-Bindung und der Fachkraft-Kind-Beziehung wurden bereits in Kapitel 2 kurz dargestellt. Die beiden größten Differenzen sollen an dieser Stelle noch einmal aufgegriffen werden:

- Während die elterliche Aufmerksamkeit in der Regel dem individuellen Kind zuteil wird, muss die pädagogische Fachkraft eine Gruppe von Kindern regulieren, innerhalb derer sich dann auch individuelle Beziehungen entwickeln.
- Bindungseigenschaften wie Zuwendung, Sicherheit, Stressreduktion, Explorationsunterstützung und Assistenz bestimmen die individuellen Besonderheiten jeder Beziehung und damit auch die Ausprägung einer sicheren Fachkraft-Kind-Bindung. Während bei Kindern im Kleinkindalter noch sicherheitsgebende und stressreduzierende Aspekte im Vordergrund der Beziehungsgestaltung stehen, machen im Vorschulalter die erzieherische Explorationsunterstützung (Sicherheit in der Exploration) und die Assistenz beim selbstständigen Problemlösen eine sichere Bindungsbeziehung aus (vgl. Ahnert 2006; 2008).

Vor diesem Hintergrund wird der Frage nachgegangen, unter welchen Voraussetzungen und Bedingungen eine pädagogische Fachkraft überhaupt zu einer Bindungsperson werden kann. Hierbei sind verschiedene Einflussfaktoren zu berücksichtigen: die Person der pädagogischen Fachkraft, das pädagogische Konzept der Einrichtung, der Betreuungsschlüssel sowie die Größe und die Zusammensetzung der Gruppe in der Kindertageseinrichtung oder im Kindergarten.

## Die Person der pädagogischen Fachkraft

Kinder **lernen am Modell** der pädagogischen Fachkraft. Nach Bandura (1979) übernehmen Kinder nicht nur das Verhalten, sondern auch Gedanken und Gefühle ihrer Modelle. Die Begeisterung einer pädagogischen Fachkraft, z. B. für ein bestimmtes Thema, für Bücher oder Ausstellungen, ermöglicht Kindern einen

leichteren Zugang zu kulturellen Angeboten dieser Art. Im besten Falle geht diese Begeisterung auf die Kinder über. Ob dies geschieht oder nicht, dazu trägt die Beziehung zwischen pädagogischer Fachkraft und Kind maßgeblich bei. Lernen am Modell funktioniert aber auch bei aggressiven, abwertenden und ausschließenden Verhaltensweisen. Hier ist es wichtig, dass sich die pädagogische Fachkraft ihrer Wirkung bewusst ist und ihr Verhalten einzelnen Kindern der Gruppe gegenüber ebenso reflektierend prüft, wie ihr generelles Gruppenverhalten.

Wie detailliert bereits kleine Kinder die Erwachsenen wahrnehmen und wie perfekt sie deren Verhaltensweisen imitieren können, zeigt sich sehr anschaulich im Rollenspiel: Wenn Kinder in die Rolle von Mutter, Vater oder pädagogischer Fachkraft schlüpfen, halten sie ihnen einen Spiegel vor Augen, wie sie selbst das Erziehungsverhalten erleben. Werden Kinder z. B. dabei beobachtet, wie sie eine zur Ordnung mahnende Mutter oder pädagogische Fachkraft spielen, macht bezüglich der eigenen Vorbildwirkung unter Umständen das durch die Kinder imitierte Verhalten nachdenklich (vgl. Sturzbecher / Großmann 2008).

**Lernen am Modell** funktioniert aber auch in der anderen Richtung: Wenn die pädagogische Fachkraft die Perspektive des Kindes durch Feinfühligkeit und Empathie einzunehmen vermag, entsteht dadurch ein anderes Verständnis gemeinsamen Lernens. Dabei geht es nicht darum, das Kind systematisch zu einem bestimmten Standard heranzuziehen, sondern um gemeinsames Lernen als lebendigen Prozess (vgl. Wild 1998). Dazu muss seitens der pädagogischen Fachkraft allerdings die Bereitschaft bestehen, sich mit dem Kind auf Augenhöhe zu begeben. Zurückhaltung und ein größerer Zeitaufwand für die Analyse des kindlichen Verhaltens, die Beobachtung seiner Interessensschwerpunkte, seiner Vorlieben und seiner Lernschritte sind notwendig (vgl. die Ausführungen zur Beobachtungskompetenz). Letztlich orientieren sich Erziehungsziele immer am individuellen Kind, an seinem Entwicklungsstand und an einer harmonischen, partnerschaftlichen Fachkraft-Kind-Beziehung.

Das **Erziehungsverhalten** beeinflusst die kognitive und die soziale Entwicklung nachhaltig. Die Frage, wie viel Freiheit und wie viele Grenzen bzw. wie viel Wärme und Zuwendung Kinder brauchen, ist eine Grundfrage der Erziehung. Dabei sind grundsätzlich drei Erziehungsstile zu unterschieden, die sich auf den Dimensionen Lenkung/Beaufsichtigung und Wärme/Zuwendung anordnen lassen (vgl. Abbildung 5):

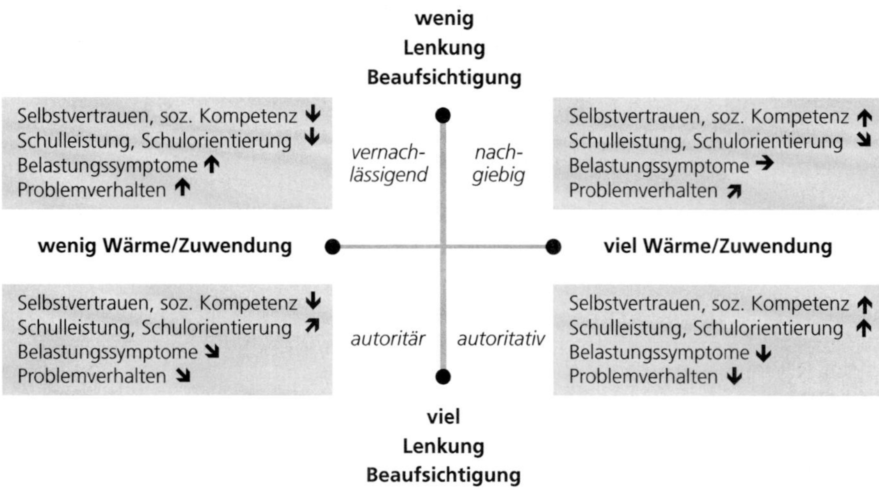


*Abb. 6: Erziehungsstile und damit zusammenhängende Merkmale bei den Kindern im direkten Vergleich nach vier Kriterien (Darstellung nach Lamborn et al. 1991).*

- Der **autoritäre Erziehungsstil** ist von Kontrolle und Macht geprägt. Eltern oder pädagogische Fachkräfte, die diesen Stil bevorzugen, betonen konventionelle Werte wie Respekt vor Autorität, Fleiß, Gesetz und Ordnung. In der Regel geht dieser Erziehungsstil mit geringen Ausprägungen auf der Dimension Wärme und Zuwendung einher. Kinder, die diesen Erziehungsstil erfahren, zeigen in der Regel gute Schulleistungen, sind angepasst in ihrem Sozialverhalten, haben aber auch ein gering ausgeprägtes Selbstvertrauen sowie eine geringe soziale Kompetenz.
- Der **laissez-faire** oder **permissive Erziehungsstil** weist geringe Ausprägungen auf der Dimension Lenkung/Beaufsichtigung auf. Die Eltern oder pädagogischen Fachkräfte, die diesen Stil bevorzugen, überlassen dem Kind zu viele Entscheidungen – unter Umständen lange bevor es diese tatsächlich zu treffen vermag – und fordern das Kind zu wenig. Geht die geringe Lenkung mit einer hohen Ausprägung in der Dimension Wärme/Zuwendung einher, werden Eltern und pädagogische Fachkräfte eher als **nachgiebig** bezeichnet, was neben tendenziell negativen Auswirkungen auf die späteren Schulleistungen und das Verhalten durchaus positive Auswirkungen auf das Selbstvertrauen und die soziale Kompetenz des Kindes haben kann. Ist geringe Lenkung allerdings mit wenig Wärme und Zuwendung gekoppelt, handelt es sich um eine **Vernachlässigung** mit allen negativen Konsequenzen auf das Selbstkonzept, die späteren Schulleistungen und das kindliche Verhalten.
- Kinder profitieren in ihrer kognitiven und sozialen Entwicklung am stärksten von einem **autoritativen Erziehungsstil**, der durch Liebe, Vertrauen, Konsequenz und Regeln gekennzeichnet ist. Dabei werden angemessene Kontrolle und Förderung der autonomen Bestrebungen des Kindes kombiniert. Autoritative Eltern und pädagogische Fachkräfte sind unterstützend und feinfühlig, aber auch gewissenhafter und stärker ihrer Rolle als Erziehungsperson verpflichtet. Sie kennen die Persönlichkeit, die Interessen und Fähigkeiten des Kindes und respektieren seine Meinung. In einer vertrauensvollen Beziehung, die auf gegenseitigem Respekt basiert – und Kinder lernen auch dies am Modell – lassen sich Erziehungsziele ohne Druck, Drohungen oder Machtausübung erreichen. Regeln und Konsequenzen bieten dabei Orientierung, die Kinder auch selbst immer wieder einfordern (vgl. Kapitel 6; der autoritative Erziehungsstil entspricht später dem partnerschaftlichen Führungsstil, dort bezogen auf das Verhältnis zwischen Lehrkraft und Klasse).

Dem Erziehungsverhalten kommt insbesondere in der Entwicklung von Aggression und Gewaltbereitschaft nachweislich eine wichtige Bedeutung zu. Kinder, deren Bedürfnis nach Selbstständigkeit von stark lenkenden und kontrollierenden Eltern stetig frustriert wird, neigen stärker zu oppositionellem und trotzigem Verhalten. Für Kinder, die keine Grenzen erfahren und aufgrund fehlender sozialer Kontrolle mit Normverletzungen Erfolg haben, besteht die Gefahr, dass sich aggressive Verhaltensweisen verfestigen. Andererseits können Eltern und pädagogische Fachkräfte durch Zuwendung, konsistentes und vorhersehbares Erziehungsverhalten, entwicklungsangemessene Herausforderungen und dosierte Hilfe bei ihrer Bewältigung, Einfühlsamkeit (soziale Responsivität) und Wärme sowie durch soziale Kontrolle einen wichtigen Beitrag im Kleinkindalter gegen die Entstehung von Gewaltbereitschaft leisten (vgl. Sturzbecher / Großmann 2008). Vor allem mit dem

FAUSTLOS-Curriculum für den Kindergarten wird in Kapitel 5.3 ein Programm exemplarisch dargestellt, das sich dies zum Ziel gesetzt hat.

In der Kindertagesstätte entsteht für das einzelne Kind für eine bestimmte Zeit eine Lebensgemeinschaft mit anderen Kindern ähnlichen (altershomogene Gruppen) oder verschiedenen Alters (altersheterogene Gruppen) sowie mit den pädagogischen Fachkräften. Alle Mitglieder dieser Lebensgemeinschaft müssen ihren Beitrag für das Gelingen des Zusammenlebens, das Spielen und Lernen leisten. Dafür ist eine hohe **soziale Kompetenz** seitens der Kinder wie auch seitens der pädagogischen Fachkraft erforderlich. Bei aller Individualität und Differenzierung, die die Förderung der Einzigartigkeit eines jeden Kindes zum Ziel hat, darf die soziale Integration nicht vernachlässigt werden. Die schwierige Aufgabe der pädagogischen Fachkraft besteht darin, die wichtigsten sozialen Bedürfnisse des individuellen Kindes unter Einbeziehung der Gruppenanforderungen zum passenden Zeitpunkt zu bedienen. Nur unter diesen Voraussetzungen können sichere Fachkraft-Kind-Beziehungen entstehen. Ein Mittel ist beispielsweise die **Kinderkonferenz**, in der die pädagogische Fachkraft die Möglichkeit hat, sich aus dem Gruppengeschehen auszuklinken, indem sie eine Handpuppe einführt und dieser die Moderation überträgt (vgl. zur Arbeit mit Handpuppen auch die Programme Kindergarten plus und das FAUSTLOS-Curriculum in Kapitel 6.3). Die Kinderkonferenz bietet jedem Kind einen sicheren Rahmen, in dem über Gefühle positiver und negativer Art gesprochen werden kann, in dem Wünsche geäußert und Projekte vorgeschlagen werden. Dies geschieht eingebettet in die Atmosphäre und in die Beziehungen innerhalb der Gruppe. Die pädagogosche Fachkraft kann den Dialog beeinflussen, indem sie sich auf die Seite eines Kindes schlägt und die Fragen stellt, die es vielleicht nicht anzubringen wagt oder nicht artikulieren kann, aber auch indem sie Lösungsvorschläge macht und jedes Kind für sich wählen kann, inwieweit es diese akzeptiert und für sich annehmen will.

Abschließend wird noch auf die **Beobachtungskompetenz** der pädagogischen Fachkraft eingegangen. Hier handelt es sich weniger um eine Beobachtungstechnik als um Beobachtung als Beziehungsform. Wenn pädagogische Fachkräfte Kindern mit ehrlichem Interesse begegnen, sich Zeit nehmen und mitverfolgen, was sie tun, wird Beobachtung von den Kindern als Anerkennung erlebt und nicht als Kontrolle. Diese Haltung bestimmt die Beziehung zwischen der pädagogischen Fachkraft und dem Kind, da sie die Grundlage für jede pädagogische Handlungsmöglichkeit ist. Deshalb muss die Gestaltung der Beziehung zunächst Vorrang vor diagnostischen Überlegungen haben. Die besondere Rolle, die die pädagogische Fachkraft als Bezugsperson einnimmt, macht es ihr dann auch möglich, teilnehmend zu beobachten, ohne die Situation zu verfälschen. Je genauer Erwachsene Kinder beobachten, umso deutlicher wird ihnen, wie komplex das ist, was Kinder tun, und dass in ihrem alltäglichen Handeln oft die wichtigsten Bildungsprozesse stecken.

Bei dem Verfahren der **Bildungs- und Lerngeschichten** (vgl. Leu / Flämig / Frankenstein / Koch / Pack / Schneider / Schweiger 2007), das hier exemplarisch erwähnt wird, stehen die individuellen Interessen und Aktivitäten eines jeden Kindes im Zentrum der Aufmerksamkeit der pädagogischen Fachkraft. Sie gilt es wahrzunehmen, gezielt zu beobachten und nach Lerndispositionen zu analysieren. Carr

(2001) definiert **Lerndispositionen** als Fundus oder Repertoire von Lernstrategien und Motivation, mit dessen Hilfe ein Mensch Lerngelegenheiten wahrnimmt, diese auswählt, auf sie reagiert und aufgrund seiner Lernbemühungen fortwährend erweitert. Zu den Lerndispositionen nach Carr gehören Interesse, Engagement, Standhalten bei Herausforderungen oder Schwierigkeiten, die Kommunikationsfunktion und die Teilnahme an der Lerngemeinschaft und die Übernahme von Verantwortung (Partizipation). Lerndispositionen sind nicht an spezifische Inhalte gebunden, so dass sie in beliebigen Situationen und Tätigkeiten von Kindern und Erwachsenen erkennbar sind. Wichtige Voraussetzungen seitens der pädagogischen Fachkraft für das Erkennen der Lerndispositionen sind Empathie und Neugier für alles, was das Kind bewegt, denkt und macht. Bei der Analyse kindlicher Lerndispositionen werden die Stärken des Kindes hervorgehoben, d. h. pädagogische Interventionen setzen dort an, wo bereits im Verhalten des Kindes Anzeichen für eine positive Weiterentwicklung erkennbar sind. Dadurch nimmt das Kind sich selbst als kompetent wahr und wird motiviert, seine Interessen weiter auszubauen und Neues zu lernen. Für die pädagogische Fachkraft kann es wichtig sein, sich an dieser Stelle reflexiv mit der eigenen Bildungsbiografie und der Aufarbeitung individueller Lernhemmnisse auseinander zu setzen, um eine erfolgreiche Förderung und Unterstützung des Kindes zu gewährleisten. Dazu gehört jedoch auch ein fundiertes entwicklungs- und lernpsychologisches Wissen über Lernen und Bildung in der frühen Kindheit.

Beobachtung und Dokumentation bieten darüber hinaus die Möglichkeit zu positiver Verstärkung. Wenn die pädagogische Fachkraft z. B. ein Portfolio für jedes Kind anlegt, in dem Arbeitsprodukte (Bilder, Fotos von Bastelarbeiten oder Bauwerken), aber auch Notizen, Bildungs- und Lerngeschichten des Kindes, Entwicklungsberichte oder Beobachtungsskalen aufbewahrt werden, kann dies zu einer Erhöhung des kindlichen Selbstwertgefühls und Selbstbewusstseins führen (vgl. auch Kapitel 5.3, Kindergarten plus-Geschichte).

### Das pädagogische Konzept der Einrichtung

Welche wichtige Rolle das pädagogische Konzept einer Einrichtung für die Entwicklung von Beziehungen und Bindungen zwischen Kindern und pädagogischer Fachkraft spielt, zeigen vergleichende Forschungsarbeiten, die während der Reform des ostdeutschen Kinderbetreuungssystems entstanden sind. Vor der so genannten „Wende" war der Betreuungsauftrag der pädagogischen Fachkräfte primär auf die Entwicklung von Peer-Beziehungen und die Vorbereitung auf eine kollektive Einordnung in das System von Bildung und Arbeit (ehemalige DDR) ausgerichtet. Eine betont individualisierte Betreuung wurde als eher ungeeignet gewertet (vgl. Ahnert 1998). Infolge dessen hat sich ein Großteil der pädagogischen Fachkräfte vor der Wende gemäß ihres Bildungsauftrags nicht oder kaum als Bindungspersonen für die Kinder verstanden. Nach der Wende rückten die Individualisierung der Betreuung und vor allem die Befriedigung der emotionalen Bedürfnisse der Kinder stärker in den Vordergrund pädagogischer Konzeptionen. Die Forschungsergebnisse von Ahnert (2003) sprechen dafür, dass sichere Fachkraft-Kind-Bindungen tatsächlich signifikant häufiger nach der Wende identifizierbar waren. Interessanterweise zeigten die pädagogischen Fachkräfte weder ein anderes Engagement im

Umgang mit den Kindern oder bei der Gestaltung einer positiven Gruppenatmosphäre als vor der Wende. Sie waren aber aufgrund der veränderten frühpädagogischen Programmatik besser auf das einzelne Kind und dessen Bedürfnisse unter Berücksichtigung der Gruppenanforderungen eingestellt.
Was sind nun aber die bindungs- oder beziehungsbezogenen Inhalte dieser Programmatik, die per definitionem auch gruppenbezogen sein muss?

- Zunächst einmal besteht eine der wichtigsten Aufgaben der pädagogischen Fachkräfte in der **Gestaltung einer entwicklungsförderlichen Lernumwelt,** die getrennte Bereiche mit ausgewählten Materialien für unterschiedliche Freispielaktivitäten (z. B. Bauen, Malen und Konstruieren, Bilderbücher betrachten, Puzzle und Brettspiele, Rollenspiele und Verkleidungsmaterial) bereitstellen sollte. Die pädagogischen Fachkräfte überprüfen, ob die Lernumwelt hinreichend stimulierend wirkt und achten darauf, dass die Rahmenbedingungen das selbstständige Spielen und Forschen der Kinder erleichtern (z. B. reduzierter Geräuschpegel, Vermeidung von Störungen der Einzelaktivitäten durch andere Kinder oder Erwachsene, ausreichende Beleuchtung und Belüftung, Rückzugs- und Bewegungsangebote).

- Die gruppenbezogene Raumgestaltung wird ergänzt durch die Gestaltung des sozialen Raumes, der Möglichkeiten für **Ko-Konstruktionsprozesse** bietet, die in der frühen Kindheit vor allem in der Beziehung zu anderen Kindern auftreten. Kleinkinder lernen sehr viel voneinander, wenn sie in verschiedenen Entwicklungsbereichen unterschiedlich weit fortgeschritten sind und sich gegenseitig stimulieren. Darüber hinaus gelingt es in symmetrischen Beziehungen zu gleichaltrigen anderen Kindern besser, sich hinsichtlich bestimmter Themen, Aktivitäten, subjektiver Bedeutungen und Vorgehensweisen zu verständigen.

So können ko-konstruktive Bildungsprozesse beispielsweise gut bei Rollenspielen beobachtet werden, bei denen die kompetenteren Kinder die anspruchsvolleren Rollen übernehmen und die Anderen sukzessive am Rollenvorbild lernen (vgl. Textor 2008).

- Voraussetzung für die **Förderung von Selbstbildungsprozessen** beim einzelnen Kind ist die Beobachtungskompetenz der pädagogischen Fachkraft (s. o.) und die Bereitschaft, sich auf die kindliche Weltsicht einzulassen. Erst wenn die pädagogische Fachkraft das Kind, seine Fragestellungen, Probleme und Handlungsziele wirklich verstanden hat, kann sie es bei seinem Selbstbildungsprozess effektiv unterstützen. Dies kann geschehen, indem sie die Aufmerksamkeit des Kindes gezielt auf besondere Details, Eigenschaften oder Reaktionsweisen eines Gegenstandes lenkt, eine Idee oder Vermutung äußert, eine Aktivität oder ein Experiment vorschlägt, neue Materialien oder Hilfsmittel bereitstellt oder eine relevante Geschichte erzählt. Dadurch schafft sie einen Anreiz, damit das Kind seinen Selbstbildungsprozess fortsetzen und neue Erfahrungen machen kann (vgl. Textor 2008).
- Zuweilen sind Kinder aber desinteressiert, gelangweilt oder unaufmerksam, laufen ziellos im Raum herum und stören andere Kinder. Die pädagogische Fachkraft muss in solchen Fällen einschätzen, was die Ursachen für dieses Verhalten sein könnten, und sie zu Aktivitäten anregen, die diese Kinder intrinsisch motivieren. Das Einführen neuen Materials, das Erzählen einer Geschichte, die die Fantasie der Kinder anregt, durch Fragen, Humor oder kurze Spiele sind Methoden zur **Förderung der Engagiertheit**. Engagiertheit tritt vor allem beim entdeckenden Lernen, beim selbsttätigen Forschen und in der Kleingruppenarbeit auf.
- Im **Dialog zwischen pädagogischer Fachkraft und Kind** können ebenfalls Ko-Konstruktionsprozesse auftreten und gezielt gesteuert werden. Hier greift das Konzept der „Zone der nächsten Entwicklung" (Wygotski 1987), denn Ko-Konstruktion kann nur stattfinden, wenn die bildenden Maßnahmen der pä-

dagogischen Fachkraft mittleren Anforderungscharakter für das Kind haben. Nur wenn die Fachkraft das Kind sehr genau kennt und sich durch Beobachtung ein umfassendes Bild von seinem Entwicklungsstand, seinen Interessen und seinen Fortschritten gemacht hat, kann sie es in einer individuellen Interaktion bewusst fördern. Im Dialog mit der pädagogischen Fachkraft lernen Kinder neue Begriffe und differenzieren diese immer weiter aus. Sprachliche Bezeichnungen werden zu symbolischen Repräsentationen für Dinge und Ereignisse, was den Übergang vom konkreten, anschaulichen Denken zum abstrakten, logischen Denken erleichtert. Besonders geeignete Frageformen im bildenden Dialog sind nach Klein/Vogt (2004) z. B. das **klärende Spiegeln** und **Handlungsfragen**.

Beim klärenden Spiegeln wiederholt die pädagogische Fachkraft fragend die Aussage des Kindes, um zu überprüfen, ob sie es richtig verstanden hat. Damit nähert sie sich der Wirklichkeit des Kindes und seinem subjektiven Erleben an. Handlungsfragen sind dagegen eher auf die weitergehende Untersuchung von Phänomenen oder Objekten gerichtet. Die pädagogische Fachkraft motiviert das Kind etwas auszuprobieren, zu experimentieren oder etwas zu verändern. Dadurch gelangt es zu weiteren Erkenntnissen und erwirbt dabei oft auch neue Kompetenzen (s. Abb. oben und S. 93).

- Einen besonderen Stellenwert für die Fachkraft-Kind-Beziehung hat neben der Explorationsunterstützung auch die **Unterstützung beim Problemlösen** (Assistenz). Wenn es der pädagogischen Fachkraft gelingt, mit dem Kind im Gespräch den Problemlösungsprozess zu durchlaufen und dessen Stufen (Problemdefinition, Ursachensuche und -klärung, Zielbestimmung, Suche nach denkbaren Lösungsmöglichkeiten, Auswahl der voraussichtlich besten Lösungsalternative, Umsetzung der Lösungsalternative und Erfolgskontrolle) zu verdeutlichen, steigert dies die Problemlösekompetenz und die Selbstverantwortung des Kindes. Dieses Vorgehen ist auch auf soziale Konflikte übertragbar, wie dies beispielsweise in Kapitel 6.3 und den dort vorgestellten Programmen ausgeführt wird.

- **Projekte**, die von den pädagogischen Fachkräften initiiert werden und sich an den Interessen der Kinder orientieren, bieten schließlich die Möglichkeit für vielfältige und intensive Bildungsprozesse auf der Grundlage und unter Einbezug der Beziehungsebene: zum einen das selbsttätige Erkunden und Forschen des einzelnen Kindes in der Klein- oder Gesamtgruppe (Ko-Konstruktion), zum anderen die Explorationsunterstützung und Assistenz in der Fachkraft-Kind-Beziehung unter Berücksichtigung der Gruppenanforderungen.

### Der Betreuungsschlüssel

Wenn die kindzentrierte Feinfühligkeit die Sicherheit der Fachkraft-Kind-Beziehung bestimmt, müsste der Betreuungsschlüssel, der sich aus der Gruppengröße im Verhältnis zur Anzahl der pädagogischen Fachkräfte ergibt, einen entscheidenden Einfluss auf die Herausbildung der Bindungsqualitäten haben. Ist jedoch die gruppenbezogene Empathie der pädagogischen Fachkraft entscheidender, dürften andere Faktoren an Einfluss gewinnen, die eher die Gruppenstruktur und die Gruppendynamik bestimmen. Zur Beantwortung dieser Frage haben Ahnert et al. (2006) eine Metaanalyse durchgeführt, die Zusammenhänge der kindlichen Bindungssicherheit entweder mit dem kindzentrierten oder dem gruppenorientierten, empathischen Verhalten in Abhängigkeit von der Gruppengröße bestätigten: Je optimaler der Betreuungsschlüssel, d. h. je kleiner die Kindergruppe, desto größer sind die Chancen für sichere Fachkraft-Kind-Bindungen bei hoher kindzentrierter Feinfühligkeit. Mit wachsender Gruppengröße hängt dagegen die Bindungssicherheit des Kindes zunehmend von der gruppenbezogenen Empathiefähigkeit der pädagogischen Fachkräfte ab. Gruppendynamische Faktoren, die vor allem durch die Geschlechterzusammensetzung geprägt sind, gewinnen an Bedeutung, die sich auch auf das Verhalten jedes einzelnen Kindes auswirken.

## Die Zusammensetzung der Gruppe in der Kindertageseinrichtung oder im Kindergarten

Beziehungsorientierte Interventionen im Kleinkindalter haben zu berücksichtigen, dass sich parallel zur Fachkraft-Kind-Beziehung auch **Beziehungen zwischen den Peers** entwickeln. Diese können als gleichaltrige oder gleichrangige Sozialpartner einen bedeutenden Einfluss auf die Identitätsentwicklung und die Bildung der Kinder ausüben (vgl. Ahnert 2003; Textor 2008). Peer-Erfahrungen in der Tagesbetreuung werden wesentlich von der Gruppenstruktur mitbestimmt.
Dabei scheint das **Geschlecht** das bedeutendste Strukturmerkmal zu sein: Kinder interagieren in der Tagesbetreuung überwiegend mit gleichgeschlechtlichen Partnern, ihre ersten Freunde sind zumeist gleichgeschlechtlich und gleichgeschlechtliche Verhaltensmuster werden bevorzugt nachgeahmt (vgl. Viernickel 2000; Hannover 2000 in Ahnert 2014). Dies hat den Vorteil, dass Kinder die Möglichkeit erhalten, an der Alltagswirklichkeit anderer Kinder teilzuhaben, Erfahrungen auszutauschen, sich gegenseitig anzuleiten und voneinander zu lernen (Ko-Konstruktionsprozesse durch Intersubjektivität). Die entstandenen Freundschaftsbeziehungen zeichnen sich durch Loyalität, Vertrauen und gegenseitige Unterstützung aus (vgl. Whaley / Rubenstein 1994 in Ahnert 2014).
Mit diesen **gleichgeschlechtlichen Subgruppen** entstehen aber auch spezifische **soziale Subkulturen**, die sich vor allem für die Bildungschancen von Jungen als nachteilig erwiesen haben. So werden Jungen mit ausgeprägtem Dominanzverhalten eher von ihren Peers akzeptiert; Jungen sind physisch aktiver, aggressiver und weniger emotional reguliert als Mädchen (vgl. Lamb 1997 in Ahnert 2014). In Mädchengruppen bilden sich dagegen Strukturen mit flachen Hierarchien aus, Beziehungen und Verbundenheit sind zentral. Dabei zeigen Mädchen ein überwiegend empathisches und prosoziales Verhalten, wobei emotional ausgeglichene und gut regulierte Kinder, die häufig fröhlich sind, besser von der Gruppe aufgenommen werden (vgl. Laible / Thompson 1998; Denham et al. 2001 in Ahnert 2014).

Pädagogische Fachkräfte in Kindertageseinrichtungen sind überwiegend weiblich. Dies führt einerseits dazu, dass Mädchen mehr Modelle haben, die sie beobachten und von denen sie lernen können. Andererseits wird kindliches Verhalten von weiblichen Fachkräften dann als optimal empfunden, wenn es prosozial ausgerichtet, emotional ausgeglichen und motorisch reguliert ist. In einer aktuellen Studie von Ahnert (2008) wurden 70 pädagogische Fachkräfte gebeten, drei Kinder aus ihrer Gruppe zu benennen, „zu denen sie sich besonders hingezogenen fühlen" (sog. nahe Kinder) und drei Kinder, die sie als pädagogische Fachkraft kaum in Anspruch nehmen (sog. ferne Kinder). Die Befragungsergebnisse ergaben keinerlei Geschlechtsunterschiede, allerdings zeigten die Beobachtungen der Fachkraft-Kind-Interaktionen deutlich bessere Beziehungsqualitäten zu den Mädchen. Die von den pädagogischen Fachkräften als „fern" eingeschätzten Mädchen waren dabei sogar noch sicherer gebunden als die von den gleichen pädagogischen Fachkräften als „nah" eingeschätzten Jungen. Diese Prozesse gilt es zu beachten, bewusst zu reflektieren und zu durchbrechen, um Chancenungleichheiten bereits zu Beginn der Bildungskarrieren durch unterschiedliche Beziehungsstrukturen zu verhindern.

Zusammenfassend kann festgehalten werden, dass Sicherheit in Bindungsbeziehungen beim spielerischen Explorieren und bei der kohärenten Entwicklung stimmiger innerer Repräsentationen und Arbeitsmodelle von sich und Anderen und der Welt einerseits zu psychischer Sicherheit im Umgang mit sich selbst führt, andererseits aber auch zu Sicherheit im Umgang mit der kulturellen Welt des Wissens und ihrer Bedeutungen. Insofern sind Bindungs- und Bildungsprozesse untrennbar miteinander verwoben: „Die Natur des Menschen und seine individuelle Entwicklung, verlangt eine Theorie von Erziehung, in der Bindung und Bildung eine anthropologische Einheit sind." (Grossmann / Grossmann 2004, 17).

## 6.2 Krippenbetreuung aus bindungstheoretischer Sicht

In der Debatte um die Krippenbetreuung von Kindern unter drei Jahren wird vor allem von Bindungstheoretikern die frühe Fremdbetreuung kritisch gesehen, da die in den ersten beiden Lebensjahren erfahrene Qualität der Interaktion zwischen Mutter und Kind zu sozial-emotionaler Sicherheit des Kindes führt und auf der repräsentationalen Ebene als Erfahrungsfolie oder „internales Arbeitsmodell" für neue soziale Begegnungen mitwirkt (vgl. Main / Kaplan / Cassidy 1985). Dieses Arbeitsmodell stellt im positiven Fall für die gesamte Entwicklung eine wichtige Ressource dar. Über die komplementäre Verbindung des Bindungssystems mit dem Explorationssystem (vgl. Grossmann 1987; Bischof-Köhler 1998) ermöglicht eine „sichere Basis" dem Kind, seine psychischen Ressourcen und seine Aufmerksamkeit voll dem Erkunden und Lernen zuzuwenden. Zu frühe Trennungen des Kindes von seinen primären Bindungspersonen, so die Befürchtung, führen zu sozial-emotionaler Unsicherheit.

Die Befunde des amerikanischen National Institute of Child Health and Development (vgl. NICHD 1997; 2003a; 2003b; 2003c; Belsky / Vandell / Burchinal et al. 2007) sprechen allerdings dafür, dass Krippenerfahrung für sich genommen in keinem Zusammenhang mit der Bindungsqualität eines Kindes steht. Unsichere Bindung lässt sich am ehesten aus einer geringen Feinfühligkeit der Mutter in Kombination mit einer „pädagogisch zweifelhaften Krippe" (z. B. ungünstiger Betreuungsschlüssel, häufig wechselnde Betreuungsarrangements, mangelnde Zusammenarbeit mit den Eltern, Defizite in Fortbildungs- und Supervisionsangeboten für die pädagogischen Fachkräfte) vorhersagen. Eine Häufung von externalisierenden Verhaltensauffälligkeiten, die im Zusammenhang mit einem frühen Krippenaufenthalt stehen, ist vermehrt bei Jungen festzustellen, die frühe, längere Trennungen weniger gut zu tolerieren scheinen als Mädchen.

Verschiedene Aspekte der Krippenbetreuung sollen im Folgenden näher beleuchtet werden: zum einen die konzeptionelle Gestaltung der **Eingewöhnungspha-**

**se**, die äußerst sensibel und stressbelastet für alle Beteiligten ist, zum zweiten die Bedeutung der **triadischen Fachkraft-Mutter-Kind-Beziehung** für die kindliche Entwicklung, sowie zum dritten die Bedeutung der **Peerbeziehungen** im Krippenalter. Abschließend werden die **Qualitätsanforderungen** an eine gute Krippenbetreuung aus entwicklungspsychologischer Sicht zusammengefasst.

## Die Eingewöhnung in die Krippe

Kleinstkinder zeigen zu Beginn der Tagesbetreuung erhebliche Anpassungsbelastungen in Form von Schlafstörungen, Appetitmangel, häufigeren Infektionserkrankungen sowie Veränderungen im Spiel- und Sprachverhalten. Das es sich hierbei um Stressreaktionen handelt, lässt sich durch Messungen des Stresshormons Cortisol im Speichel bestätigen. Ob Kinder gestresst sind oder nicht hängt allerdings von der Qualität der Eltern-Kind-Bindung ab: Sicher gebundene Kinder verkraften im Alter von zwölf Monaten die ersten Krippenwochen besser und zeigen einen geringeren Cortisolanstieg als unsicher oder desorganisiert gebundene Kinder.

Die Bedeutung der **Art der Eingewöhnung** lässt sich auch durch wissenschaftliche Studien belegen: Eine langsame Eingewöhnung des Kindes (stundenweise und in mütterlicher Begleitung) geht langfristig mit geringeren Anpassungsstörungen einher, während eine sehr abrupte, wenig an den kindlichen Bedürfnissen und Signalen orientierte Eingewöhnung in einigen Fällen sogar zu einem vorübergehenden Wechsel von sicherer zu unsicherer Bindung führte (vgl. Rauh / Ziegenhain 1996; Ziegenhain / Rauh / Müller 1998; Ziegenhain / Wolff 2000).
Die Befunde von Beller (2002) sprechen dafür, dass Kinder im Alter von 10 Monaten in einer allmählichen und moderierten Eingewöhnung allerdings in den ersten 18 Tagen in der Krippe zunächst mehr Stress und weniger positive Gefühle ausdrücken als Kinder, die abrupt eingewöhnt werden. Dieser erhöhte Ausdruck von Stress scheint aber eine Form der aktiven Auseinandersetzung (Coping) mit der Veränderung des gewohnten Alltags zu sein, die langfristig zu der in anderen Studien belegten positiveren Anpassung an die Krippensituation führt. Im Gegensatz zu den Kindern mit der abrupten Eingewöhnungserfahrung, die gehemmter im Ausdruck des empfundenen Stresses in den ersten 18 Tagen sind, ließen sich die Kinder, die allmählich eingewöhnt worden waren, nach drei Monaten in der Krippe leichter trösten, sie weinten seltener und drückten auch seltener Unbehagen aus. Darüber hinaus zeigten sie mehr positive soziale Interaktionen mit anderen Kindern und den pädagogischen Fachkräften, mehr positiven Affekt (Heiterkeit), Autonomie, sowie Kooperation und Beteiligung in Pflegesituationen (Wickeln, Füttern) als Kinder in der abrupten Eingewöhnungssituation. Diese Unterschiede wurden auch noch 15 Monate später signifikant.
Die Auswirkungen der unterschiedlichen Eingewöhnungsbedingungen konnten auch in der Mutter-Kind- und der Mutter-Fachkraft-Interaktion bestätigt werden: Mütter in der allmählichen Eingewöhnung äußerten mehr positive Gefühle ihrem Kind gegenüber, reagierten feinfühliger auf die kindlichen Signale und waren offener und vertrauensvoller den pädagogischen Fachkräften gegenüber als die Mütter in der abrupten Eingewöhnungsbedingung.

Das von Beller (2002) entwickelte **Modell zur Unterstützung der aktiven Auseinandersetzung aller Beteiligten mit Veränderungsstress** in der Eingewöhnungsphase in die Krippe soll im Folgenden kurz umrissen werden.

- Im Gegensatz zu anderen Eingewöhnungsprogrammen wird davon ausgegangen, dass die Eingewöhnung für alle Beteiligten eine Stresssituation darstellt. Insofern hilft es dem Kind wenig, wenn nur auf seine Bedürfnisse eingegangen wird, den beteiligten Eltern und pädagogischen Fachkräften aber lediglich programmatische Verhaltensanweisungen gegeben werden.
- Das **soziale Netz der Eltern** (Partner, Verwandte, Freunde, Eltern von anderen Krippenkindern) und das **soziale Netz der pädagogischen Fachkräfte** (Team, Leitung) sollte – wenn möglich – unterstützend mit einbezogen werden.
- Die Gestaltung der Eingewöhnung ist konzeptionell zu verankern. Dabei sind auch **Fortbildungsveranstaltungen** für die pädagogischen Fachkräfte wichtig. Fortbildungsinhalte könnten z. B. die generelle Bedeutung der zur Verfügung stehenden Zeit für Anpassungsprozesse und die gesellschaftlichen Vorurteile gegen außerfamiliäre Tagesbetreuung von Kindern in den ersten Lebensjahren vor dem Hintergrund wissenschaftlicher Untersuchungsergebnisse sein (vgl. NICHD-Studie).
- Der Vorteil der allmählichen, moderierten Eingewöhnung besteht darin, dass sich alle Beteiligten aktiv mit der neuen Situation und den darin auftretenden Gefühlen auseinandersetzen können. Das Kind wird in die Lage versetzt, zunächst seinem natürlichen Interesse an anderen Kindern und vorhandenem Spielzeug durch Kontaktaufnahme und Exploration nachzugehen. Die Eltern können sich durch ihre Anwesenheit bei einer allmählichen Eingewöhnung überzeugen, dass ihr Kind bei den pädagogischen Fachkräften und in der Gruppe gut aufgehoben ist. Die pädagogische Fachkraft kann durch Gespräche mit den Eltern und durch die Beobachtung der Eltern-Kind-Interaktion in Pflege- und Spielsituationen wichtige Informationen über den Tagesrhythmus und Erfahrungen des Kindes zu Hause, sowie über besondere Vorlieben und Abneigungen sammeln.
- **Empfehlungen für Spiel- und Alltagssituationen:** Zu Beginn der Eingewöhnungszeit sollte die primäre Bezugsperson regelmäßige, kurze Besuche in der Krippe machen. Die Besuche finden vorzugsweise in der Spielzeit und nicht in Pflegesituationen statt. Die primäre Bezugsperson nimmt mit dem Kind einen Platz am Rande der Gruppe ein, so dass das Kind die Gelegenheit hat, die Gruppenaktivitäten und die anderen Kindern zu beobachten, den Alltagsablauf und die Aktivitäten jedoch auch am wenigsten stört. Das Kind sollte jederzeit die Möglichkeit haben, sich von dem Elternteil zu lösen und auch zu ihm zurückzukehren. Dabei ist es wichtig, dass die primäre Bezugsperson feinfühlig auf die Signale des Kindes reagiert: Ein sich anklammerndes Kind sollte nicht unter Druck gesetzt werden, mit den anderen Kindern zu spielen. Wenn sich ein Kind dagegen schon kurz nach Eintritt in die neue Situation von der primären Bezugsperson abwendet und sich den anderen Kindern anschließt, dann benötigt möglicherweise diese selbst Trost und die Versicherung der pädagogischen Fachkraft, dass ihr Kind ihre Anwesenheit dennoch braucht und sich gerade weil sie da ist so vertrauensvoll anderen Kindern zuzuwenden vermag.

Der Ausdruck von Trennungsangst kann bei manchen Kindern – oftmals bei unsicher-vermeidend gebundenen – indirekt oder zeitlich verzögert erfolgen. Wird die Eingewöhnungszeit bei diesen Kindern verkürzt, nimmt man ihnen die Möglichkeit negative Gefühle anders zu verarbeiten als durch Verdrängung oder Vermeidung. Aus diesem Grund ist es wichtig, die Eingewöhnungszeit bei Kindern, die sich schnell von ihren Eltern trennen, zu verlängern.

- **Empfehlungen für Fütter- und Pflegesituationen:** Für Pflegesituationen ist es hilfreich, wenn für die primäre Bezugsperson und die pädagogische Fachkraft die Gelegenheit zu gegenseitiger Beobachtung besteht. Dies bietet sich z. B. an, wenn es einen Wickelbereich gibt, in dem zwei Kinder gleichzeitig gewickelt werden können. Die primäre Bezugsperson übernimmt dabei das Wickeln ihres Kindes, die pädagogische Fachkraft wickelt ein Kind der Gruppe, das erfahrungsgemäß diese Pflegesituation sehr gut toleriert. Dem Eingewöhnungskind wird damit die Gelegenheit gegeben, sich mit der Situation vertraut zu machen, dass neben ihm ein anderes Kind durch eine pädagogische Fachkraft gewickelt wird. Die Mutter und die Erzieherin können sich gegenseitig beobachten, Eindrücke austauschen und sich ergebende Fragen klären. Dies sollte allerdings im Anschluss an die Wickelsituation erfolgen. Allmählich kann dann die pädagogische Fachkraft das Füttern und Wickeln des Kindes in Anwesenheit der primären Bezugsperson übernehmen.
- **Empfehlungen für den zeitlichen Ablauf der Eingewöhnung:** Nachdem die ersten regelmäßigen, aber kurzen Besuche positiv von dem Kind und seiner primären Bezugsperson verarbeitet wurden, kann die Anwesenheit zeitlich ausgedehnt werden. Damit weiten sich die Aktivitäten auch über das Spielen bis hin zu Pflegesituationen aus. Von der Bereitschaft der pädagogischen Fachkraft, die volle Betreuung des Kindes zu übernehmen und der Bereitschaft der primären Bezugsperson, ihr diese Betreuung auch zu überlassen, hängt es maßgeblich ab, ob der Aufbau einer kontinuierlichen Betreuungsumwelt und damit einer Erziehungspartnerschaft zwischen Eltern und pädagogischer Fachkraft gelingt. Mit der vollen Betreuung des Kindes in der Gruppe kann die Mutter dann auch das Kind schon längere Zeit oder sogar ganz mit der Gruppe alleine lassen. Aber auch diese Entscheidung, die auch davon abhängt, wie das Kind auf Trennungssituationen reagiert, ob es sich von der pädagogischen Fachkraft trösten lässt und ob es Kontakt mit anderen Kindern hergestellt hat, sollten pädagogische Fachkräfte und Eltern im gemeinsamen Gespräch fällen.
- **Empfehlungen für den Abschied:** Der Abschied ist auch für Kleinstkinder am besten zu verkraften, wenn sich die primäre Bezugsperson nicht einfach heimlich entfernt, sondern dem Kind wahrheitsgetreu erzählt, warum und wohin sie jetzt geht und dass sie wiederkommt, um das Kind z. B. vor dem Essen, nach dem Essen, nach dem Schlafen etc. abzuholen.
  Es ist sinnvoll, wenn die pädagogische Fachkraft beim Abschied dabei ist und das Kind gegebenenfalls trösten kann, wenn es weint. Der Abschied sollte aber nicht verzögert werden, indem sich die primäre Bezugsperson mehrmals vom

Kind verabschiedet, aber trotzdem nicht geht. Dies macht die Trennung für alle Beteiligten nur schmerzhafter. Die pädagogische Fachkraft und die Eltern können z. B. vereinbaren, dass die Eltern jederzeit die Möglichkeit haben, anzurufen, um sich nach ihrem Kind zu erkundigen. Andererseits werden sich auch die pädagogischen Fachkräfte melden, wenn das Kind zu lange untröstlich weint.

**Die Bedeutung der triadischen Fachkraft-Mutter-Kind-Beziehung**

Wie die Ausführungen zur Eingewöhnung gezeigt haben, besitzt diese im Falle ihres Gelingens das Potenzial, die dyadische Beziehung zwischen primärer Bezugsperson und dem Kind für weitere Bezugspersonen in der außerfamiliären Betreuung zu öffnen.

Dreiecksbeziehungsmuster (hier: zwischen pädagogischer Fachkraft, Mutter und Kind, aber auch die klassische Mutter-Vater-Kind-Beziehung) werden als **triadisch** bezeichnet. Da von einer komplexen Integration des Kleinkindes in sein soziales Netzwerk auszugehen ist, wachsen Kinder in vollständigen Familien mindestens in einem triadischen Beziehungsmodell auf. Von **polyadischen** Beziehungsmodellen ist die Rede, wenn Kinder mehrere Bezugspersonen haben. In der Regel ist dies bei Kindern aus vollständigen Familien gegeben, wenn sie außerhalb der Familie betreut werden.

Die Studie von Pierrehumbert (1998) widmet sich insbesondere der Frage, welche Bedeutung die Qualität der triadischen Beziehung zwischen pädagogischer Fachkraft, Mutter und Kind für die kindliche Sozialentwicklung hat. Dazu wurden bei 35 Kindern, die seit ihrem fünften Lebensmonat in die Krippe gingen, in vierteljährlichen Abständen jeweils eine Trennungs- und eine Wiedervereinigungsepisode mit der Mutter aufgenommen, wenn diese ihr Kind in Krippe brachte bzw. wieder abholte. Wurde das Kind von mehreren pädagogischen Fachkräften betreut, wurden die Aufzeichnungen mit einer oder zwei dem Kind vertrautesten pädagogischen Fachkräften gemacht. Dabei konnten vier prototypische triadische Interaktionsmuster identifiziert werden:

- **Die alternierende Dyade**
  Dieses Interaktionsmuster, bei dem sich das Kind zunächst in einer dyadischen Interaktion mit der Mutter befindet und dann in die zweite dyadische Interaktion mit der pädagogischen Fachkraft wechselt, wird am häufigsten gezeigt. Die drei beteiligten Personen vermeiden es allerdings, in eine echte Dreiecksbeziehung zueinander zu treten. Für das Kind ist der Wechsel von der einen zur anderen Dyade von funktionalem Wert: Sein emotionales Gleichgewicht wird aufrechterhalten, weil die pädagogische Fachkraft bei der Trennung von der Mutter Schutz- und Trostersatz bieten kann (s. Abb. unten und auf S. 101).
- **Rückzug aus der beginnenden Triade**
  Einige Kinder kümmern sich in der Trennungssituation weder um die tröstenden Angebote der pädagogischen Fachkraft noch um die vermittelnden Interaktionen der Mutter, sondern ziehen sich – in einer gewissen passiven oder hilflosen Haltung – aus beiden Beziehungen zurück. Der intendierte Übergang von einer Dyade zur anderen ist zwar klar erkennbar, aber die Beziehungspassivität des Kindes, seine Resignation oder möglicherweise auch sein Kontrollverlust verhindern die Entwicklung einer Dreiecksbeziehung. Das kindliche Rückzugsverhalten erfordert feinfühlige Reaktionen von beiden erwachsenen Bezugspersonen, damit das Kind den funktionalen Wert des Wechsels von der einen zur anderen Dyade erfahren kann.

- **Inversion der Dyade**
  Das inversive dyadische Beziehungsmuster ist besonders häufig beim Abholen des Kindes aus der Kindertagesstätte beobachtbar. Dabei benehmen sich Kinder oft so, als würden sie ihre dyadische Beziehung zu ihrer Mutter in Frage stellen und die Beständigkeit ihrer Liebe und Zuwendung testen wollen. Diese Reaktionsmuster können durchaus in einem freundlichen oder sogar spielerischen Kontext stattfinden, verlangen aber auf jeden Fall eine feinfühlige Reaktion der Bezugsperson.
- **Aufbau einer Triade**
  Von den vier Mustern hat lediglich dieses den Aufbau und die Aufrechterhaltung einer Dreiecksbeziehung zum Ziel. Dabei unterstützt die primäre Bezugsperson aktiv den Transfer zur zweiten Dyade und bildet für das Kind eine Art Bezugsrahmen, der den sicheren Übergang garantiert (vgl. die Empfehlungen zur Eingewöhnung von Beller 2002).

Nach den längsschnittlichen Daten von Pierrehumbert (1998) korrespondiert das Gelingen eines triadischen Beziehungsaufbaus mit einer signifikant besseren kognitiven Entwicklung der Kinder im Alter von zwei Jahren. Der triadische Beziehungsaufbau ist allerdings auch abhängig vom Alter der Kinder und scheint frühestens im Alter von zwölf bis 18 Monaten möglich zu sein. Alternierende Dyaden bereiten die Öffnung der Mutter-Kind-Dyade vor und zwar in dem Maße, wie ein funktionaler Wert (z. B. emotionale Sicherheit) für das Kind tatsächlich erkennbar wird und auch angenommen werden kann. Daher gehen auch alternierende Dyaden mit einer vergleichsweise besseren kindlichen Entwicklung einher. Wenngleich die Daten bei Kindern unter einem Jahr gewisse negative Auswirkungen der außerfamiliären

Betreuung erkennen lassen, scheinen diese durch eine positive Beziehung zur pädagogischen Fachkraft im zweiten Lebensjahr kompensiert werden zu können.

> Zusammengenommen hat eine qualitativ gute Beziehung zur primären Bezugsperson sowohl eine hohe Vorhersagekraft für die kindliche Entwicklung am Ende des ersten Lebensjahres als auch für den Aufbau einer positiven Beziehung zur pädagogischen Fachkraft im Verlauf der Tagesbetreuung. Ein qualitativ gutes Fachkraft-Kind-Verhältnis während des zweiten Lebensjahres hat wiederum positive Konsequenzen für die weitere Entwicklung des Kindes (vgl. Pierrehumbert 1998). Offenheit für ein triadisches Beziehungsmodell seitens der Eltern und der pädagogischen Fachkräfte erleichtern die qualitativ gelungene Bewältigung der triadischen Situation beim Bringen des Kindes, die ein wichtiger Indikator guter Betreuungsqualität ist.

**Die Bedeutung der Peerbeziehungen im Krippenalter**
Kindliches Lernen ist von Anfang an dialogisch organisiert und auf Wechselwirkungen in der dyadischen Beziehung angewiesen. Zum Kreis der Bezugs- und Kontaktpersonen gehören auch Peers, also Kinder ähnlichen oder gleichen Alters. Während die Bedeutung anderer Kinder ab dem Alter von drei Jahren unstrittig ist, wurde lange Zeit negiert, dass Peerbeziehungen auch schon früher wichtig für die kindliche Entwicklung sind. So kommen z. B. Schmidt und Scheeweiß (1985) zu dem folgenden Schluss: „Was der Säugling noch nicht braucht, was ihn vielmehr vor schwer lösbare Probleme stellt, ist der Kontakt zu Gleichaltrigen, denn diese können sich ihm nicht wie ältere Partner anpassen" (S. 78). Eckerman und Didow (1988) plädieren dagegen für eine generelle Neubewertung der Befunde über frühe Formen der Peer-Beziehungen, denn aus der Sicht des Erwachsenen mögen Säuglinge nur rudimentäre Verhaltensweisen gegenüber Peers zeigen. Legt man aber andere als die üblichen Maßstäbe Erwachsener an, dann zeigt sich, „dass es keineswegs so ist, dass das Kleinkind nur selten auf Verhaltensweisen Gleichaltriger reagiert; vielmehr reagiert es auf andere Aspekte seines Verhaltens und in anderer Weise als das bei älteren Kindern und Erwachsenen zu erwarten ist" (zitiert nach Raschke / Weber 1998, 114).
So konnten Barisch, Korsch und Weinhauer (1979) in einer Untersuchung mit 15 Kindern im Alter von acht bis zehn Monaten nachweisen, dass mit zunehmender Beweglichkeit der Säuglinge – Drehen, Robben, Kriechen und Krabbeln – sich auch die Kontaktmöglichkeiten zu anderen Säuglingen erweiterten (zitiert in Raschke / Weber 1998). Beobachtet wurden dann in verstärktem Maße Blickkontakte, Kontakte durch Berührungen, Nachahmungsversuche und auch Zuwendungen zum anderen Kind durch Hinbewegen. Wenngleich diese Kontakte nicht in Interaktionen mündeten, so bildeten sich dennoch unterschiedliche Erwartungshaltungen über das Verhalten des anderen Kindes heraus, da die Säuglinge in der Lage waren, auf die antizipierten Handlungen Anderer gezielt zu reagieren (z. B. „eroberten" bewegungsgewandte, aktive Kinder sehr schnell ein begehrtes Spielzeug, mit dem ein anderes Kind gespielt hatte, für sich, was dann mit Erstaunen und Weinen registriert wurde). Solche Erfahrungen bilden, wenn sie regelmäßig gemacht werden, die Grundlage weiteren Handelns und Verhaltens. So gewöhnen sich z. B. manche

Kinder daran, einfach alles was ihre Aufmerksamkeit erregt, für sich in Anspruch zu nehmen, während andere diesen bereits das Spielzeug anreichen, um dem negativen Erlebnis zu entgehen. Solche sozialen Peer-Beziehungen sind durch pädagogisches Handeln kaum zu verändern, weil sie sich gruppenspezifisch entwickelt haben. Nach Raschke und Weber (1998) besteht die pädagogische Konsequenz

in der Berücksichtigung dieser Gruppenspezifik und der bewussten Orientierung der Kinder aufeinander (vgl. Ahnert 2008 und Kapitel 5.1). Das gruppenbezogene Erziehungsverhalten der pädagogischen Fachkräfte hat großen Einfluss auf das prosoziale Verhalten der Krippenkinder. Dies zeigen Befunde einer Untersuchung von Köhler, Kränig und Vollbrecht (1989) (vgl. Raschke / Weber 1998): In Gruppen, in denen das Erziehungsverhalten der pädagogischen Fachkräfte als feinfühlig eingeschätzt wurde, entwickelten sich häufiger Peer-Kontakte, in denen Spielsachen spontan geteilt oder sogar abgegeben wurden, und in denen gegenseitige Hilfsbereitschaft sowie Frustrationstoleranz höher ausgeprägt waren als in Gruppen von wenig feinfühligen pädagogischen Fachkräften.

In altersheterogenen Gruppen wird das natürliche Entwicklungs- und Bildungsgefälle zwischen den Kindern als generell entwicklungsförderlich betrachtet. Howes (1987) stellte in seiner Untersuchung altershomogener und altersheterogener Gruppen z. B. fest, dass Kinder im Alter von 16 bis 23 Monaten durch ältere Kinder deutlich in ihrem Sozial- und Sprachverhalten wie auch in ihrem Rollenspiel angeregt wurden. Die älteren Kinder scheinen für die jüngeren als „gutes Modell" zu fungieren, das sie nachahmen. Lernen am Modell ermöglicht einen schnelleren Lernfortschritt als Vermittlung durch Erwachsene, zumal ältere Kinder für die Jüngeren extrem attraktive Spielpartner sind. Aber auch die älteren Kinder profitieren: sie entwickeln bessere soziale Fähigkeiten, indem sie Jüngeren helfen, sie trösten, wenn es erforderlich ist, und auch ihre eigenen Kenntnisse und Fähigkeiten festigen, wenn sie den jüngeren Kindern zeigen, was sie selbst wissen. Gerade ältere Kinder mit Entwicklungsverzögerungen haben durch jüngere Spielpartner bessere Chancen, ihre Defizite ohne Beeinträchtigung durch Leistungsvergleiche aufzuholen (vgl. Merker 1998).

> Zusammengenommen sind Peer-Beziehungen des Kleinkindes ein erstes Übungsfeld für unterschiedliche zwischenmenschliche Kompetenzen wie Toleranz, Offenheit und Konfliktfähigkeit. Die Qualitäten der Peer-Beziehungen werden dabei durch Erfahrungen aus der Eltern-Kind-Beziehung geprägt und sind durch das gruppenbezogene Erziehungsverhalten der pädagogischen Fachkraft beeinflussbar. Wenn Familie und Krippe als Bestandteile eines Systems betrachtet werden, lassen sich die spezifischen Wechselwirkungsmöglichkeiten in der Erziehungspartnerschaft zum Wohle der Kinder voll ausschöpfen. In diesem Zusammenhang ist auch die Frage nach den kompensatorischen Bindungserfahrungen in frühen Peerbeziehungen interessant, die bisher noch nicht untersucht wurden.

**Qualitätsanforderungen aus entwicklungspsychologischer Sicht**

Je jünger ein Kind, desto abhängiger ist es von der Zuwendung seiner Bezugspersonen, die seine Bedürfnisse nach Anregung und Wärme, nach Körperkontakt und Nahrung individuell wahrnehmen und feinfühlig beantworten. Stress entsteht in der Krippenbetreuung z. B. dann, wenn eine vertraute Bezugsperson fehlt oder es zu häufigen Umgebungs- und Personalwechseln kommt. Das Kleinstkind drückt seine Unsicherheit durch Schreien, Blickzuwendung oder Anklammern aus. Anhaltender Stress kann aber auch zu Resignation, Rückzug und Apathie führen.

In jedem Fall hemmt anhaltende Über- oder Unterforderung das kindliche Spiel, mit dem es sich selbst und die umgebende materielle Welt entdeckt, und damit seine Gesamtentwicklung. Die Aufgabe der pädagogischen Fachkräfte in der Krippe besteht darin, die richtige Balance zwischen Anregung der Kleinstkinder durch Fremdes und wiederholter Vermittlung von Sicherheit, die durch die Erfahrung von vertrautem und adäquatem Verhalten ihm gegenüber entsteht, zu finden und flexibel an die weitere Entwicklung der Kleinstkinder anzupassen.

- **Explorationssicherheit und individuelle Entwicklung**
  Kleinstkinder sollten in integrativen Krippen die Möglichkeit haben, sich durch ihr spontanes und von Fachpersonen begleitetes Spiel altersadäquat und ressourcenorientiert zu entwickeln. Dabei sollten sie sich durch die Anwesenheit einer vertrauten Bezugsperson in einer Umgebung, die interessant und herausfordernd ist, sicher und geschützt fühlen.
  In diesem Zusammenhang ist es wichtig, dass sie durch Situationen des Wechsels und der Übergänge (z. B. Elternhaus – Krippe, Mutter/Vater – pädagogische Fachkraft, Wachsein – Schlafen, Personal- oder Schichtwechsel) nicht verunsichert oder verängstigt werden (vgl. Albers / Jungmann 2008).

- **Soziale Entwicklung**
  Kleinstkindern sollte die Möglichkeit gegeben werden, selbst gewählte Kontakte und Beziehungen zu anderen Kindern verschiedenen und gleichen Alters zu knüpfen und sich in einem sozial anregenden und konstanten Beziehungsraum zu entwickeln.
  Dabei sollte ein Gleichgewicht zwischen den anregenden Kontakten mit anderen Kindern und dem individuellen Bedürfnis nach vertrauten, sicheren und konstanten Bezugspersonen und Orten hergestellt werden (vgl. Albers / Jungmann 2008).

- **Bindungen aufbauen**
  Kleinstkinder benötigen eine konstante, verlässliche und liebevoll akzeptierende Beziehung zu einer pädagogischen Fachkraft in der Kindertageseinrichtung, um eine altersgemäße Form der Bindung aufzubauen und dadurch für spätere Beziehungen zu lernen. Während für ältere Kindergartenkinder die Aspekte Explorationsunterstützung und Assistenz im Vordergrund stehen, sind für Kleinstkinder sicherheitsgebende und stressreduzierende Aspekte bedeutsamer. Sicherheit und Stressreduktion kann neben kindzentrierter Feinfühligkeit auch durch einen rhythmisierten

Tagesablauf mit Routinen und Strukturen erreicht werden. Durch regelmäßige Wiederholungen von Tätigkeiten in der Krippe entsteht die Sicherheit, die Kleinstkinder für die Exploration ihrer Umwelt benötigen (vgl. Albers / Jungmann 2008).

## 6.3 Programme beziehungsorientierter Intervention in Krippe und Kindergarten

Im Folgenden werden exemplarisch eine Methode und drei Programme vorgestellt, die sich die Förderung der sozialen und emotionalen Entwicklung von Kindern im Vorschulalter zum Ziel gesetzt haben. Von ihrer theoretischen Fundierung sind diese beziehungsorientierten Interventionen recht unterschiedlich: während die Methode des Babywatching B.A.S.E. (Brisch 2008) psychoanalytisch und bindungstheoretisch begründet ist, orientiert sich Kindergarten plus an einer Theorie von Erziehung, in der Bindung und Bildung eine anthropologische Einheit sind (vgl. Grossmann / Grossmann 2004). Neuere Erkenntnisse aus der Neurobiologie und den Sozialwissenschaften, denen zufolge jedem kognitiven Lernfortschritt ein emotionaler Entwicklungsschritt voraus geht, bestimmen den Bildungsbegriff. Das FAUSTLOS-Curriculum basiert schließlich auf dem Ansatz Second Step (Beland 1988, 1991), bei dem Elemente der Informationsverarbeitungstheorie (Dogde / Crick 1990) und des kognitiven Problemlöseprozesses auf zwischenmenschliche Beziehungen übertragen wurden. Die Originalmaterialien wurden in einem mehrjährigen Entwicklungs- und Forschungsprozess übersetzt, adaptiert und evaluiert (vgl. Schick / Cierpka 2005). FAUSTLOS ist konsequent entwicklungspsychologisch fundiert und besteht aus den drei Einheiten Empathieförderung, Impulskontrolle sowie Umgang mit Ärger und Wut. Damit stellt es inhaltlich und auch vom Altersbereich her den umfassendsten präventiven Ansatz dar (Kindergarten-Curriculum, Grundschul-Curriculum, Curriculum für die Sekundarstufe in Vorbereitung).

### B.A.S.E. (vgl. Brisch 2008)

| Programmsteckbrief | |
|---|---|
| ***Zielgruppe:*** | Kindergartenkinder, die ängstliche oder aggressive Verhaltensauffälligkeiten zeigen |
| ***Altersbereich:*** | 3–6 Jahre |
| ***Teilnehmer:*** | Eine pädagogische Fachkraft, eine Kindergartengruppe und eine Mutter mit ihrem Säugling |
| ***Dauer:*** | 1 × wöchentliche, 20–30-minütige Beobachtung über den Zeitraum von einem Jahr |
| ***Methoden:*** | „Baby watching" mit einer Anleitung der Kinder durch die pädagogischen Fachkräfte, wie sie Mutter und Säugling |

| | |
|---|---|
| | beobachten sollen, Protokollierung der Beobachtungen auf (1) Handlungsebene, auf (2) motivationaler Ebene, auf (3) emotionaler Ebene sowie auf (4) der Ebene der Empathie |
| ***Besonderheiten:*** | Klinisch fundiertes, sekundär präventives Programm bei emotionalen und Verhaltensstörungen |

## Zielgruppe und Ablauf

B.A.S.E. steht für „**B**aby Watching against **A**ggression and Anxiety for **S**ensitivity and **E**mpathy", d. h. frei übersetzt ins Deutsche „Baby-Beobachtung im Kindergarten gegen Aggression und Angst zur Förderung von Sensitivität und Empathie". Dabei erhalten drei- bis sechsjährige Kinder die Möglichkeit, über einen Zeitraum von ca. einem Jahr eine Mutter mit ihrem Säugling in ihrer Kindergartengruppe zu beobachten. Bei dem ersten Besuch der Mutter ist der Säugling erst wenige Wochen alt. Die Besuche finden einmal wöchentlich statt, wobei die Interaktionsbeobachtung ca. 20-30 Minuten dauert. Eine pädagogische Fachkraft leitet die Kinder bei der Beobachtung an und führt Protokoll. Durch ihre Fragen versucht die pädagogische Fachkraft die Kinder dazu zu bringen, sorgfältig zu beobachten.

- Zunächst sollen die Kinder beschreiben, was die Mutter mit dem Säugling macht (z. B. Spielen, Füttern, Wickeln), wie der Säugling darauf reagiert und wie beide sich wechselseitig in ihrer Interaktion beeinflussen (Handlungsebene).
- Im Anschluss daran fordert die pädagogische Fachkraft die Kinder auf, sich Gedanken darüber zu machen, wie die Handlungen von Mutter und Kind motiviert waren (Motivationsebene). Wenn die Kindergartenkinder schon vertrauter mit der Interaktionsbeobachtung sind, können die Handlungsbeobachtung und das Generieren von Ideen, warum es zu den Handlungen kam, auch gleichzeitig erfolgen (z. B. Der Säugling schreit. Was könnte ihm fehlen? Hat er Hunger? Ist er müde?).
- Im dritten Schritt besteht die Aufgabe der Kindergartenkinder darin, sich in die emotionale Situation von Mutter bzw. von dem Säugling einzufühlen (Emotionsebene: Wie geht es der Mutter/dem Säugling wohl dabei?).
- Schließlich sollen die Kinder sich in die Lage der Mutter bzw. des Säuglings hineinversetzen und sagen, welche Emotionen sie selbst hätten, wenn sie dasselbe erleben würden, wie die Mutter oder der Säugling in der beobachteten Situation (Empathiestufe).

So lernen sie über das Verstehen der Signale des Säuglings, Einfühlungsvermögen und ein Gespür für die Motive und die Gefühle anderer Menschen zu entwickeln. Die Mutter verabschiedet sich wieder aus der Gruppe, wenn der Säugling frei läuft und die ersten Worte spricht.

## Programmkonzept

Konzeptuell basiert das Programm auf den Forschungsarbeiten des amerikanischen Kinderpsychiaters Henri Parens (vgl. Parens / Kramer 1993), der beobachtet hat,

dass Kinder weniger aggressiv sind, wenn sie Kontakt zu Säuglingen haben. Sie werden generell feinfühliger und können auch besser mit Gleichaltrigen umgehen. Während Kinder mit fehlender oder wenig ausgeprägter Empathiefähigkeit Konflikte mit Gleichaltrigen häufiger durch aggressives Verhalten zu lösen versuchen, hinterfragen Kinder mit ausgeprägter Empathiefähigkeit eher einen Streit, Alternativerklärungen werden gesucht statt böse Absichten zu unterstellen und der Konflikt wird mit höherer Wahrscheinlichkeit friedlich gelöst.
Fehlende Empathiefähigkeit ist gehäuft bei Kindern zu beobachten, die nach frühen Traumatisierungen eine Bindungsstörung entwickelt haben und denen es aufgrund dessen extrem schwerfällt, sich in die Gefühls- und Gedankenwelt anderer hineinzuversetzen (vgl. Fonagy 2003).

## ▸ Methoden/Materialien

Die Methode des Babywatching ist eine Form der teilnehmenden Interaktionsbeobachtung. Sie kann nach der Geburt beginnen und wird bis zum Ende des 1. Lebensjahres oder Anfang des 2. Lebensjahres fortgeführt. Die Kinder sitzen im Stuhlkreis, in dessen Mitte die Mutter mit dem Säugling interagiert. Die Beobachtung erfolgt unter Anleitung durch die pädagogische Fachkraft.

Das B.A.S.E. Babywatching im Kinderhaus „Miteinander", Wörgl (http://www.base-babywatching.de/)

Am Haunerschen Kinderspital der LMU München werden eintägige „Babywatching"-Seminare für pädagogische Fachkräfte angeboten, in denen die Teilnehmer anhand von Videodemonstrationen und einer Live-Demonstration lernen, wie man diese Form der Interaktionsbeobachtung in einer Kindergartengruppe durchführt (http://www.base-babywatching.de/files/flyer_11.05.08.pdf). Das

Babywatching ist nach den bisherigen Erfahrungen gut in den Kindergartenalltag integrierbar (z. B. als Bestandteil des Morgenkreises) und kostenlos, da eine Mutter mit ihrem Säugling freiwillig teilnimmt.

### ▸ Evaluationsergebnisse

In einer längsschnittlich angelegten Pilotstudie mit Kontrollgruppe (kein Babywatching) wurden in einem Kindergarten die Verhaltensauffälligkeiten von 50 Kindern vor dem Babywatching und ein Jahr danach eingeschätzt. Dazu füllten sowohl die pädagogischen Fachkräfte als auch die Eltern einen entsprechenden Fragebogen, die Child Behavior Checklist (CBCL 4-18 Jahre) (Achenbach 1998), aus. Das Babywatching wirkte sich im Vergleich zur Kontrollgruppe positiv auf externalisierende und internalisierende Störungen aus und zwar sowohl bei Jungen als auch bei Mädchen: noch nach einem Jahr wurden die Kinder, bei denen das Babywatching durchgeführt worden war, von den pädagogischen Fachkräften und ihren Eltern als weniger aggressiv eingeschätzt. Sie zeigten mehr soziale Aufmerksamkeit und weniger oppositionelles Verhalten. Aber nicht nur aggressives Verhalten ließ sich positiv beeinflussen, auch ängstlich-depressive Verhaltenstendenzen gingen zurück. Bei Mädchen in der Interventionsgruppe ließen darüber hinaus körperliche Beschwerden nach und ihr Schlafverhalten verbesserte sich nach Elterneinschätzung (vgl. Brisch 2008).

Die pädagogischen Fachkräfte berichten, dass die meisten Kinder in den Gruppen, in denen Babywatching durchgeführt wurde, schneller wahrnehmen, wenn sich jemand nicht gut fühlt oder sich anders verhält als gewöhnlich. Sie lernen nachzufragen und nicht sofort aggressiv auf nicht konformes Verhalten zu reagieren.

## Kindergarten plus

(vgl. Scheewind / Landowsky 2002; Maywald 2008; www.liga-kind.de; www.kindergartenplus.de)

**Programmsteckbrief**

| | |
|---|---|
| ***Zielgruppe:*** | Alle Kinder einer Tageseinrichtung |
| ***Altersbereich:*** | Entwicklungsalter 4–5 Jahre |
| ***Teilnehmer:*** | Kindergruppen mit max. 8 bis 12 Kindern |
| ***Dauer:*** | 1 Kindergartenjahr |
| ***Methoden:*** | 9 Module für die Kinder, 10 Elternbriefe, pädagogische Materialien (u. a. zwei Handpuppen, Kinderlieder-CD) |
| ***Besonderheiten:*** | Zwei Elternabende zur Vor- und Nachbereitung des Programms, speziell geschulte Trainer oder Trainerinnen arbeiten eng mit pädagogischen Fachkräften und Eltern zusammen, Kosten pro Kindergruppe ca. 750 Euro |

## Zielgruppe

*Kindergarten plus* richtet sich an alle Kinder einer Tageseinrichtung im (Entwicklungs-)Alter von vier bis fünf Jahren und ist auch für Kinder mit besonderen Bedürfnissen geeignet. Das zweite Kindergartenjahr wird als idealer Zeitpunkt für die Programmdurchführung erachtet, da zum einen das erste Kindergartenjahr durch Eingewöhnungs- und Gruppenfindungsprozesse stark ausgelastet ist und zum anderen Kinder im Alter von vier bis fünf Jahren ansatzweise die Fähigkeit zur Perspektivenübernahme (Theory of Mind) besitzen. Sie beginnen, über Gefühle zu sprechen und nachzudenken. Das Programm kann parallel in mehreren Gruppen, von maximal 8 bis 12 Kindern, einer Einrichtung durchgeführt werden. Die Gruppen sollten möglichst heterogen sein, also gleichermaßen Jungen und Mädchen, sowie eher schüchterne und eher impulsive Kinder berücksichtigen.

Vorrangiges Ziel von *Kindergarten plus* ist die Förderung der sozialen und emotionalen Bildung vierjähriger Kinder. Unter Berücksichtigung des Entwicklungsstandes und der individuellen Fähigkeiten der Kinder fördert das Programm die für den Lernerfolg im Kindergarten und später in der Schule unverzichtbaren Basisfähigkeiten Selbst- und Fremdwahrnehmung, Einfühlungsvermögen, Kommunikations- und Konfliktfähigkeit, Wahrnehmung von Selbstwirksamkeit und Eigenkompetenz, Motivations- und Leistungsfähigkeit sowie die Beziehungsfähigkeit.

## Ablauf

Zunächst werden die Leitungen und Träger der beteiligten Einrichtungen umfassend über Ziele, Methoden, praktische Umsetzung und Nachhaltigkeit des Programms informiert. Voraussetzung für eine erfolgreiche Durchführung von *Kindergarten plus* ist die Bereitschaft der Einrichtungen zur aktiven Mitarbeit und Unterstützung. Die Kompatibilität mit verschiedenen pädagogischen Ansätzen (Montessori, Reggio, Situationsansatz, Waldorf u. a.) ist grundsätzlich gegeben. Das Programm ersetzt allerdings nicht das bestehende Konzept eines Kindergartens, sondern ist eine ergänzende Initiative, die langfristige Wirkungen in Gang bringen soll.

Zu Beginn des zweiten Kindergartenjahres wird ein Elternabend durchgeführt, in dem die Inhalte und der Ablauf von Kindergarten plus vorgestellt werden. Eltern wird durch das Programm vor allem vermittelt, welche herausragende Rolle sie für die Entwicklung ihres Kindes spielen. Parallel zur Durchführung des Programms mit den Kindern erhalten sie speziell gestaltete **Elternbriefe**, in denen sie über die Inhalte der Module informiert werden. Vor Beginn und am Ende des Programms finden Elternabende statt, auf denen über frühkindliche Bildungsprozesse informiert und das Programm und seine Ergebnisse präsentiert werden.

Die **kindzentrierten Module**, die jeweils zwei bis drei Stunden dauern, werden circa alle drei Wochen von einer speziell geschulten Trainerin oder einem Trainer angeboten. Diese müssen nachweislich pädagogische oder psychologische Erfahrungen im Umgang mit Kleinkindern haben und durch ihre Ausbildung und/oder ihre Persönlichkeit in besonderem Maße befähigt sein, Kindern die Anliegen von *Kindergarten plus* zu vermitteln. Jeder Kindergartengruppe ist ein Trainer oder eine Trainerin zugeordnet, der an neun Vormittagen extra für *Kindergarten plus* in die Gruppe kommt. Die den Kindern aus dem Alltag vertraute pädagogische Fachkraft ist während der Durchführung von *Kindergarten plus* dabei und dient den Kindern als „sichere Basis".

Die Module finden an den Vormittagen statt. Durch den dreiwöchentlichen Rhythmus bleibt der pädagogischen Fachkraft genügend Zeit, um die Themen in der Gruppe ausführlich vor- und nachzubereiten, sowie die anfallenden Geburtstage, Feste wie Weihnachten, Ostern sowie die Jahreszeitenwechsel ausreichend zu berücksichtigen.

Inhaltlich sind für die Gestaltung der neun Module die Themen Körper, Sinne, Emotionen, Beziehungen, Grenze und Struktur sowie das Selbst vorgesehen. Diese werden im Folgenden näher beschrieben.

- **Themenkomplex Körper:** Ich und mein Körper; Motorik, Bewegung und Gesundheit; Mein Atem; Gefühle und Körperreaktionen; Körperliche Berührung, Zuwendung.
  **Ziele:** Aktives Körperbewusstsein; Entwicklung eines Konzepts des eigenen Körpers und seiner Fähigkeiten, Möglichkeiten und Grenzen.
- **Themenkomplex Sinne:** Schulung der Sinne, Behinderung – wenn ein Sinn beeinträchtigt ist.
  **Ziele:** Aktive Auseinandersetzung mit den verschiedenen Sinnen und den Gefühlen, die durch unsere Wahrnehmung ausgelöst werden.
- **Themenkomplex Emotionen:** Verschiedene Formen der Kommunikation (Gestik, Mimik, Sprache, Musik, Berührung), Erleben und aktives Auseinandersetzen mit verschiedenen Gefühlen (Freude, Liebe, Ärger, Furcht, Trauer, Stolz, Scham, Mut).
  **Ziele:** Gefühle bei sich und bei anderen wahrnehmen, unterscheiden und benennen können; die Fähigkeit eigene Gefühle in Zusammenhang mit Körperreaktionen und Gedanken bewusst wahrzunehmen; Entwicklung von Selbst-Bewusst-Sein und Selbst-Wert-Gefühl.
- **Themenkomplex Beziehungen:** Ich, Du und Wir; Freundschaft; Verhindern oder lösen von Konflikten, Bildung des sozialen Körpers: soziale Kommunikation und Beziehung.
  **Ziele:** Vertrauen und seelische Sicherheit erfahren; Fähigkeit zur persönlichen Bindung üben (Herstellung, Ausbau, Gestaltung und Pflege von Beziehungen); Selbst- und Fremdwahrnehmung; Ausbildung der Perspektivenübernahme; Gefühle, Motive und Anliegen Anderer verstehen.
- **Themenkomplex Grenze und Struktur:** Die Mitte finden zwischen eigenen Interessen und Interessen der Umwelt; Nein sagen – wozu sage ich Ja, wozu Nein; wie kann ich es sagen? Meine Grenze, deine Grenze; Freiraum, Beständigkeit.
  **Ziele:** Emotionale Selbstkontrolle: angemessenes emotionales Agieren und Reagieren; Fähigkeit, sich selbst beruhigen zu können; Ausbildung der Selbsterkenntnis, Achtsamkeit; Regeln und Grenzen.
- **Themenkomplex Selbst:** Was ich alles kann, wie ich fühle, wer ich bin, Ich-Gefühle; Zusammenfassung.
  **Ziele:** Selbst-Bewusstsein, Selbstwirksamkeit, Eigenkompetenz, Selbsterkenntnis, Achtsamkeit, Selbstwertgefühl.

Die geschulten Trainer arbeiten eng mit Eltern und pädagogischen Fachkräften im Sinne einer Erziehungspartnerschaft zusammen. Sie stellen die Materialien und

Methoden zur Verfügung, mit denen die Kinder ein Jahr lang begleitet werden. Es gehört zur Philosophie von *Kindergarten plus*, dass das Fachwissen der pädagogischen Fachkräfte, das Erfahrungswissen der Eltern und das Spezialwissen der Trainer gleichwertig sind. Die Kompetenzen des jeweils anderen werden akzeptiert und respektiert.

### Programmkonzept

Der dem Programm *Kindergarten plus* zugrunde liegende Bildungsbegriff orientiert sich an neueren wissenschaftlichen Erkenntnissen aus Neurobiologie und Sozialwissenschaften, denen zufolge jedem kognitiven Lernschritt ein affektiver Entwicklungsschritt voraus geht (vgl. Maywald 2008).

Darüber hinaus dienen die sechs Grundbedürfnisse von Kindern (Brazelton / Greenspan 2002), anhand derer der Begriff des Kindeswohls ausgearbeitet wurde, als wissenschaftliche Orientierung. Konkret handelt es sich um das Bedürfnis
(1) nach beständigen liebevollen Beziehungen,
(2) nach körperlicher Unversehrtheit, Sicherheit und Regulation,
(3) nach Erfahrungen, die auf individuelle Unterschiede zugeschnitten sind,
(4) nach entwicklungsgerechten Erfahrungen,
(5) nach Grenzen und Strukturen sowie
(6) dem Bedürfnis nach stabilen, unterstützenden Gemeinschaften und nach kultureller Kontinuität.
„Die emotionale Atmosphäre und die subtilen Interaktionen in Beziehungen prägen, wer wir sind und was wir lernen. Beziehungen ermöglichen es dem Kind, Denken zu lernen." (Brazelton / Greenspan 2002 zitiert nach Schneewind 2005, 7).

Nach den Ausführungen von Schneewind und Landowsky (2002) durchlaufen Kinder verschiedene Entwicklungsstufen in unterschiedlichen Dimensionen. In den ersten Lebensjahren werden Meilensteine der Intelligenzentwicklung, der Moralentwicklung, der Sprache und der Motorik erreicht. Soziale und emotionale Fähigkeiten werden als übergeordnete Kompetenzen betrachtet, die in verschiedenen Lebenssituationen über das konkrete Verhalten entscheiden. Das Konzept der Emotionalen Intelligenz geht auf Goleman (1997) zurück und setzt sich aus verschiedenen Aspekten zusammen:

- Selbstwahrnehmung wird als die Grundlage für emotionale Fähigkeiten betrachtet. Die Fähigkeit, Gefühle bei sich wahrzunehmen, zu unterscheiden und zu benennen ist die Voraussetzung dafür, Gefühle auch bei anderen erkennen, unterscheiden und benennen zu können (Einfühlungsvermögen, Empathie).
- Mit emotionaler Verarbeitung und der zielorientierten Kanalisierung von Emotionen wird das angemessene Handhaben eigener Emotionen und das emotionale Agieren und Reagieren bezeichnet.
- Der Umgang mit Beziehungen, der Einfühlungsvermögen oder Empathiefähigkeit voraussetzt, umfasst im Kern die Fähigkeit, mit den Emotionen anderer umgehen zu können.

Der Bereich sozialer Kompetenzen bezieht sich somit konkret auf die Beziehungsgestaltung. Wenn die oben genannten emotionalen Fähigkeiten entwickelt sind, ist der Mensch in der Lage, an kommunikativen Prozessen und Beziehungen Teil zu haben. Die folgenden Kompetenzen sind notwendig, um in sozialen Prozessen konstruktiv und auf das Gegenüber bezogen sein zu können: Herstellung, Ausbau und Aufrechterhaltung von Beziehungen, Verstehen der Gefühle, Motive und Anliegen der Kommunikationspartner, soziale Problemlösekompetenzen, die Konflikte verhindern sowie Strukturierungs- und Motivationsfähigkeiten im zwischenmenschlichen Bereich.

Kinder lernen durch aktives Erfahren und Erleben, im Dialog und in der Interaktion. Bildung heißt daher, Kinder gleichermaßen emotional, sozial und kognitiv zu fördern. Eine umfassende Bildung befähigt Kinder, die Komplexität der Umwelt zu bewältigen und für sich nutzbar zu machen und einen konstruktiven Beitrag zum Zusammenleben mit Anderen zu leisten. Studien mit Grundschulkindern machen deutlich, dass die Leistungen von Kindern und der Erfolg oder Misserfolg im schulischen Bildungssystem in hohem Maße davon abhängen, inwieweit zuvor emotionale und soziale Fähigkeiten ausgebildet werden konnten (vgl. Schneewind / Landowsky 2002).

### ▸ Methoden/Materialien

Das Bildungsprogramm *Kindergarten plus* umfasst die folgenden aufeinander abgestimmten Teile:

- Neun Module zu den bereits dargestellten Inhalten Körper, Sinne, Emotionen, Beziehungen, Grenze und Struktur, Selbst.
- Zehn Elternbriefe mit Informationen und Anregungen parallel zu den Themen der Kinder.
- Pädagogische Materialien für die Fachkräfte und Trainerinnen zur Durchführung und Vertiefung der mit den Kindern behandelten Themen. Um alle Sinne des Kindes anzusprechen, werden vielfältige Materialien in der Modulgestaltung verwendet: verschiedene Bastelmaterialien, Farben, Stoffe und Materialien unterschiedlicher Konsistenz, Musikinstrumente, kleine Sportutensilien, Bilder sowie Musik, die für das Programm speziell ausgewählt oder konzipiert wurden. Die Kinder werden von zwei Identifikationsfiguren durch das Programm begleitet, einem Mädchen namens Tula und einem Jungen namens Tim. Diese Figuren werden auch Spielfreunde genannt.

Tula und Tim als programmbegleitende Identifikationsfiguren

(Projektpräsentation auf der Didacta 2007, *www.berlin.de/imperia/md/content/bamarzahnhellersdorf/publikationen/gesbericht2002/.../fv3_kindergarten_plus_didacta_2007.pdf)*

Zusätzlich werden 20 Bilder eingesetzt, die Situationen zeigen, die die Kinder im Kindergarten selbst erlebt haben. Die Bilder dienen der pädagogischen Fachkraft zur Nachbereitung der Module. Durch Gespräche über die Bilder wird den Kindern die Möglichkeit gegeben, das Erlebte zu wiederholen und darüber zu reflektieren.

Nach Ablauf des Programms erhalten die Kinder als Bestätigung ihrer Teilnahme eine von ihnen selbst zusammengestellte Perlenkette. Diese Kette dokumentiert das erfolgreiche Durchlaufen des Programms, denn die Kinder suchen sich nach jedem Modul eine Perle aus. Die Kette erinnert sie dann auch nach Abschluss des Programms noch an ihre gefestigten, neu erworbenen Kompetenzen. Darüber hinaus erhält jedes Kind seine individuelle *Kindergarten plus-Geschichte*, in der seine Entwicklung sorgfältig dokumentiert ist (vgl. Bildungs- und Lerngeschichten, Leu et al. 2007).

Die Module und Materialien von *Kindergarten plus* werden für einzelne Gruppen in Kindergärten als Paket angeboten. Die Durchführung, Begleitung und Evaluation des Programms wird zentral koordiniert bzw. geleitet. Die Kosten für das gesamte Programm in Höhe von etwa 750 Euro werden von Paten z. B. Lions Clubs, Firmen, Elternvereinen oder privaten Spendern übernommen.

### ▸ Evaluationsergebnisse

Unter der wissenschaftlichen Leitung von Maria von Salisch wurde Kindergarten *plus* systematisch an einer Stichprobe von 196 drei- bis sechsjährigen Kindern aus 24 Interventionskindergärten und 32 Kindern aus 13 Kontrollkindergärten in Niedersachsen evaluiert (Klinkhammer 2013). Zu drei Messzeitpunkten (Prätest, Posttest, Follow-up) wurde während eines Jahres die Entwicklung der Kinder mit dem Strengths and Difficulties Questionnaire (SDQ-Deu, Koglin et al. 2007) in der Erzieherversion, Fragen zum positiven Konfliktverhalten sowie der Skala zur Erfassung des Emotionswissens (SEW-Kinderinterview) erhoben.
Direkt nach der Durchführung von Kindergarten *plus* nahmen bei den Kindern der Interventionsgruppe durchgängig die psychischen Auffälligkeiten ab und das prosoziale Verhalten zu. Diese Veränderungen waren bei den Kindern der Kontrollgruppe – mit Ausnahme des Emotionswissen, das in beiden Gruppen zunimmt – nicht zu beobachten. Acht Monate nach der Durchführung von Kindergarten *plus* ließen sich die positiven Programmeffekte allerdings nicht verstetigen.
Im Rahmen der formativen Evaluation wurden 28 Kindergarten *plus*-Trainerinnen zu ihren Erfahrungen mit dem Programm befragt. Ungefähr zwei Drittel beurteilen alle neun Module des Programmes als geeignet für die Förderung der sozialen und emotionalen Kompetenzen der Kinder. Sie gaben an, bei ungefähr einem Drittel der Kinder kurz- und langfristige Verbesserungen der Kompetenzen wahrgenommen zu haben. Drei Viertel der Trainerinnen würden Kindergarten *plus* uneingeschränkt weiterempfehlen.

## FAUSTLOS-Curriculum für den Kindergarten

(vgl. Schick/Cierpka 2002, 2003, 2004; Schick 2004, 2006; www.FAUSTLOS.de)

**Programmsteckbrief**

| | |
|---|---|
| ***Zielgruppe:*** | Alle Kinder einer Kindergartengruppe oder einer Grundschulklasse |
| ***Altersbereich:*** | 3–10-jährige Kinder |
| ***Teilnehmer:*** | Kindergartengruppe oder Grundschulklasse, pädagogische Fachkraft nach entsprechender Ausbildung am Heidelberger Präventionszentrum |
| ***Dauer:*** | 28 Lektionen à 20 Minuten (Kindergartenversion), alle zwei Wochen eine Lektion über den Zeitraum von einem Jahr; 51 Lerneinheiten à 30-45 Minuten (Grundschulversion), alle zwei Wochen eine Lektion über einen Zeitraum von drei Jahren; die Reihenfolge der Lektionen sollte eingehalten werden, da diese aufeinander aufbauen |
| ***Methoden:*** | Vorbereitungsteil für die pädagogischen Fachkräfte, Fotokartons im Kindergarten bzw. Fotofolien in der Grundschule, Geschichten mit Diskussionsfragen, Rollenspiele; in der Kindergartenversion zusätzlich Verwendung von Handpuppen („Wilder Willi" und „Ruhiger Schneck") |
| ***Besonderheiten:*** | Entwicklungspsychologische Fundierung, altersspezifische Lektionen für potenzielle „Täter" und „Opfer"; Evidenzbasierung und Qualitätssicherung der Programmumsetzung |

### ▸ Zielgruppe und Ziele

Das Programm FAUSTLOS zur Vorbeugung von Gewalt richtet sich an alle Kinder einer Kindergartengruppe oder einer Grundschulklasse (1.-3. Klassen) und damit nicht nur an die Kinder, die durch aggressives oder impulsives Verhalten auffallen. Damit werden zwei Ziele gleichzeitig erreicht: Zum einen führt es dazu, dass aggressive und impulsive Kinder, die von Gleichaltrigen meist abgelehnt und/oder gefürchtet werden, besser in die Gesamtgruppe integrierbar sind. FAUSTLOS setzt an den Kompetenzen an, die empirischen Befunden zufolge aggressiven Kindern fehlen: Empathiefähigkeit, Impulskontrolle und Umgang mit Ärger und Wut (vgl. Schick 2004; Schick / Cierpka 2005).
Zum Anderen wird die Notlage der Opfer – also der Kinder, die von ihren Altersgenossen unterdrückt und attackiert werden – gesehen. Diese Kinder haben zumeist ein niedriges Selbstwertgefühl, keinen Erfolg in der Schule und neigen zum sozialen Rückzug. Durch das gemeinsame Durchlaufen des FAUSTLOS-Curriculums

haben sowohl mögliche Täter als auch mögliche Opfer einen Nutzen, Stigmatisierungs- und Etikettierungsprozesse werden verhindert.

## Ablauf

Die FAUSTLOS-Curricula vermitteln alters- und entwicklungsadäquate prosoziale Kenntnisse und Fähigkeiten in den drei Kompetenzbereichen *Empathie, Impulskontrolle* und *Umgang mit Ärger und Wut*. Das Kindergarten-Curriculum (Cierpka 2002) besteht aus 28 Lektionen, deren Ablauf in Tabelle 4a veranschaulicht wird.

| Einheiten | Anzahl der Lektionen |
|---|---|
| I Empathie und Empathieförderung | 12 |
| II Impulskontrolle | 10 |
| III Umgang mit Ärger und Wut | 6 |
| **Insgesamt** | **28** |

*Tabelle 4a: Ablauf von Einheiten und Lektionen für das Kindergarten-Curriculum (nach Schick / Cierpka 2004)*

Das Grundschul-Curriculum (Cierpka 2001) umfasst 51 Lektionen, deren Ablauf und Verteilung auf die drei Grundschulklassen Tabelle 4b schematisch zeigt.

| Einheiten | Lektionen | | |
|---|---|---|---|
| | 1. Klasse | 2. Klasse | 3. Klasse |
| I Empathie und Empathieförderung | 1–7 | 8–12 | 13–17 |
| II Impulskontrolle | 1–8 | 9–14 | 15–19 |
| III Umgang mit Ärger und Wut | 1–7 | 8–11 | 12–15 |
| **Insgesamt** | **22** | **15** | **14** |

*Tabelle 4b: Ablauf von Einheiten und Lektionen für das Grundschulcurriculum (nach Schick / Cierpka 2005)*

Der Zeitaufwand beträgt für jede Einheit im Kindergarten etwa 20 Minuten, in der Grundschule zwischen 30 und 45 Minuten. Es wird empfohlen, die Reihenfolge der Einheiten aufgrund des aufbauenden Charakters des Programms einzuhalten und alle zwei Wochen eine Lektion durchzuführen. Mit dem Grundschulcurriculum sollte in der ersten Klasse begonnen werden. Pädagogische Fachkräfte, die noch zu einem späteren Zeitpunkt mit FAUSTLOS beginnen wollen, starten mit den ersten Lektionen, müssen aber prüfen, ob diese noch dem sozial-emotionalem Entwicklungsstand der Kinder entsprechen.

Im Folgenden wird kurz auf die drei Kompetenzbereiche und die Möglichkeiten ihrer Förderung im Rahmen des FAUSTLOS-Curriculums eingegangen.

- **Empathie:** FAUSTLOS versteht Empathie als eine maßgebliche Grundlage für den Erwerb prosozialer Fähigkeiten. Sie ist ein wesentlicher „Gegenspieler"

(Antagonist) aggressiven Verhaltens. Dabei ist sie weder eine Tugend, noch eine rein geschlechtstypische Charaktereigenschaft. Vielmehr kann Empathie zu einem Großteil vermittelt werden, sie ist ein „Set von Fähigkeiten und Fertigkeiten", das die Fähigkeit, die Gefühle Anderer wahrzunehmen, zu verstehen und zu beantworten, einschließt.
FAUSTLOS fördert die Empathiefähigkeit der Kinder, indem sie lernen, den emotionalen Zustand anderer Menschen zutreffend einzuschätzen, die Perspektive anderer Menschen zu übernehmen und emotional angemessen auf diese zu reagieren.

- **Impulskontrolle:** Impulsive Handlungen von Kindern, die oft gar nicht böse gemeint sind, beschwören häufig Konflikte herauf oder münden in aggressivem Verhalten. Dieser Prozess kann auf Defizite in der sozialen Informationsverarbeitung und fehlende Verhaltenskompetenzen zurückgeführt werden.
In der zweiten Einheit der FAUSTLOS-Curricula „Impulskontrolle" werden deshalb zwei erfolgreiche Strategien zur Reduktion impulsiven und aggressiven Verhaltens miteinander verbunden: Interpersonelles kognitives Problemlösen und das Training sozialer Verhaltensfertigkeiten.

Das im FAUSTLOS-Curriculum verwendete *Interpersonelle kognitive Problemlöseverfahren* baut auf dem Ansatz von Spivack und Shure (1974) auf, der ursprünglich zur Lösung intellektueller Aufgaben entwickelt wurde und nun auf zwischenmenschliche Beziehungen übertragen wird. Neben dem Brainstorming ist die Methode des lauten Denkens ein weiteres Schlüsselelement dieser Einheit. Durch den Dialog mit sich selbst und verbale Selbstinstruktionen werden die zur Problemlösung wichtigen kognitiven Strukturen gefestigt und mehr und mehr in die individuelle Denk- und Handlungsweise des Kindes integriert.

Das *Training sozialer Verhaltensfertigkeiten* vermittelt Verhaltensweisen wie „sich entschuldigen" oder „mitmachen", die in verschiedenen sozialen Situationen angewendet werden können. Wesentliches Ziel des spielerischen Einübens neuer Verhaltensweisen ist es, die Kinder darin zu unterstützen, sich in sozialen Situationen angemessen und erfolgreich zu verhalten. Zu diesem Zweck werden im Kindergarten die beiden Handpuppen „Wilder Willi" und „Ruhiger Schneck" verwendet, mit denen verschiedene soziale Situationen aus dem Alltagsleben vorgespielt werden. Im Grundschulalter werden zu diesem Zweck Rollenspiele, die wesentlicher Bestandteil aller Lektionen sind, eingesetzt. Das Spiel mit den Handpuppen bzw. Rollenspiele sind in dieser Einheit von besonderer Bedeutung, da sie Kindergartenkindern ein Modell für Handlungsstrategien, Grundschulkindern einen geschützten Raum zum Experimentieren und Umsetzen der erlernten Strategien bieten. Die Kinder üben in dieser Einheit beispielsweise, wie sie Ablenkungen und Störungen ignorieren können, wie sie jemanden höflich unterbrechen können, wie sie damit umgehen können, etwas haben zu wollen, was ihnen nicht gehört, oder wie sie dem Impuls, zu lügen oder zu stehlen, widerstehen können.

- **Umgang mit Ärger und Wut:** FAUSTLOS sieht Wut und Ärger nicht als Problem, sondern als elementare und situationsgemessene Impulse. Problematisch sind die destruktiven, aggressiven Verhaltensweisen zu denen diese Emotionen führen können. In den FAUSTLOS-Curricula geht es darum, unsoziales und schädigendes Verhalten zu korrigieren und in eine sozial verträgliche Richtung zu lenken. Um das zu erreichen, werden in den entsprechenden Lektionen affektive Komponenten physischer Entspannung mit kognitiven Strategien der Selbstinstruktion und des Problemlösens verbunden. Somit lernen die Kinder, Auslöser von Ärger und Wut zu erkennen und mit dem Gebrauch positiver Selbst-Verstärkungen und mit Beruhigungstechniken zu verbinden. So werden z. B. mit den Handpuppen „Wilder Willi" und „Ruhiger Schneck" im Kindergarten oder durch Rollenspiele in der Schule frustrierende Erlebnisse nachempfunden, „friedliche" Lösungen gesucht und sensibleres Verhalten eingeübt. So können Wutanfälle verhindert werden und die Kinder haben die Möglichkeit, über den Vorfall nachzudenken, der den Ärger ausgelöst hat.

Das übergeordnete Ziel der FAUSTLOS-Curricula ist die Erweiterung des Verhaltensrepertoires von Grundschul- und Kindergartenkindern. Die zu Beginn erarbeiteten emotionalen und kommunikativen Basiskompetenzen werden dabei sukzessive um Handlungskompetenzen ergänzt und erweitert. Kinder sollen durch FAUSTLOS lernen, kompetent mit Gefühlen umzugehen, Probleme konstruktiv und effektiv zu lösen, sowie konstruktiv mit Ärger und Wut umzugehen, d. h. deutlich und bestimmt aufzutreten und Rechte und Wünsche unmissverständlich zum Ausdruck zu bringen, ohne dabei gewalttätige Mittel zur Konfliktlösung anzuwenden (vgl. Schick 2004).

## ▸ Programmkonzept

Die FAUSTLOS-Curricula basieren auf dem in den USA – vor allem aufgrund seiner theoretischen und empirischen Fundierung – sehr verbreiteten Gewaltpräventions-Curriculum Second Step (Beland 1988). Die Inhalte des Curriculums sind aus Forschungsbefunden und entwicklungspsychologischen Theorien zu den Defiziten aggressiver Kinder und dem Modell des sozialen Informationsaustausches (vgl. Crick / Dodge 1990; Lemerise / Arsenio 2000) abgeleitet. Demnach haben aggressive Kinder spezifische Informationsverarbeitungs- und Emotionsmanagementdefizite in den Bereichen Empathiefähigkeit, Impulskontrolle und Umgang mit Ärger und Wut (vgl. Schick 2006).

## ▸ Methoden/Materialien

Eine Anleitung zu den FAUSTLOS-Curricula ist in Form von zwei FAUSTLOS-Koffern erhältlich. Diese Koffer können allerdings ausschließlich in Verbindung mit der Teilnahme an einer entsprechenden Fortbildung durch das Heidelberger Präventionszentrum bezogen werden.

Beide FAUSTLOS-Koffer enthalten ein Handbuch mit den entwicklungspsychologischen Hintergründen und Informationen zur Durchführung des Programms. Die Inhalte der Lektionen und die Geschichten zu den vorgegebenen Bildern sind in einem separaten Anweisungsheft detailliert beschrieben. Die Lektionen bestehen

jeweils aus einer spielerischen Aufwärmphase, einer Bildbesprechung, einem Modellrollenspiel der pädagogischen Fachkraft bzw. der Lehrkraft und im Anschluss daran Rollenspiele der Kinder zur Vertiefung und Übung des Gelernten.
Für die Einführung in die Themen werden im Kindergartenalter Fotokartons, im Grundschulalter Fotofolien verwendet, die während der eröffnenden Phase der Bildbesprechung an die Wand projiziert werden. Die Szenen zeigen Kinder in verschiedenen sozialen Alltags-Situationen. Um die Vermittlung der Lerninhalte für Kindergartenkinder noch attraktiver und entwicklungsgerechter zu gestalten, umfassen die Materialien für Kindergärten zudem zwei Handpuppen: den Hund „Wilder Willi" und die Schnecke „Ruhiger Schneck". Diese beiden Tiere sind in einigen Lektionen die Haupttransporteure der Lerninhalte.

Durch einen Fortbildungstag des Heidelberger Präventionszentrums wird die hohe Qualität und Effektivität von FAUSTLOS gewährleistet. Die Fortbildung dient der intensiven Auseinandersetzung mit dem Curriculum und stellt einen ersten Schritt zur Entwicklung des individuellen „FAUSTLOS-Stils" dar. Nach einer kurzen Einführung in den Aufbau und die Hintergründe des Curriculums stellt das praktische Üben einzelner Lektionen den Hauptschwerpunkt der Fortbildungsveranstaltung dar. Alle teilnehmenden Personen führen in kleinen Gruppen jeweils eine Lektion durch und werden dabei von entsprechend qualifizierten Trainerinnen und Trainern des Heidelberger Präventionszentrums individuell begleitet und beraten. Im Regelfall werden die Fortbildungen vor Ort in den jeweiligen Institutionen durchgeführt (www.faustlos.de).

## ▸ Evaluationsergebnisse

Wissenschaftliche Begleitforschung und Qualitätssicherung sind integrale Bestandteile der FAUSTLOS-Curricula. Inzwischen liegen viele kontrollierte Evaluationsstudien mit Vorher-Nachher-Vergleichen (Prä-Post-Design mit Kontrollgruppe) vor, die vor allem die Effektivität des Grundschul-Curriculums belegen.
Nach den Befunden der Pilotstudie zur deutschsprachigen Version des Curriculums von Hahlweg / Hoyer / Naumann / Ruschke (1998) verbessert FAUSTLOS die sozialen Kompetenzen der Kinder. Die Kinder lehnten anschließend nachweislich aggressive Verhaltensweisen als Mittel zur Konfliktlösung verstärkt ab.
In einer dreijährigen Studie konnten Schick und Cierpka (2003) mit insgesamt 44 Schulklassen im Heidelberg/Mannheimer Raum zeigen, dass durch die FAUSTLOS-Lektionen die Ängstlichkeit und die Internalisierungstendenz der unterrichteten Grundschulkinder deutlich reduziert werden konnte. Dies ergaben sowohl die Befragungen der Kinder als auch die der Eltern. Die Einschätzungen der kindlichen Verhaltensweisen durch die Eltern (Child Behavior Checklist 4-18 Jahre) belegen darüber hinaus einen Transfereffekt auf das außerschulische Verhalten ihrer Kinder.
Bowi / Ott / Tress (2008) wiesen nach, dass sich insbesondere bei Kindern mit hohen Aggressionskennwerten ein deutlicher Rückgang der Gewaltbereitschaft bei gleichzeitigem Anstieg der Empathiefähigkeit zeigte.

Erste Befunde für die Kindergartenversion von FAUSTLOS sprechen für signifikante Verbesserungen der sozial-kognitiven Kompetenzen der Kinder. Die Kinder, die das

FAUSTLOS-Curriculum durchlaufen hatten, waren in der Lage, die Gefühle anderer Menschen differenzierter zu beschreiben und besser zu identifizieren als Kontrollgruppenkinder aus Kindertagesstätten, in denen kein FAUSTLOS-Curriculum durchgeführt worden war. Darüber hinaus entwickelten sie für zwischenmenschliche Probleme mehr Lösungsmöglichkeiten, gaben an, in verschiedenen Konfliktsituationen häufiger sozial kompetent zu reagieren, antizipierten mehr negative Konsequenzen aggressiver Verhaltensweisen und verfügten über ein größeres Repertoire an Beruhigungstechniken.

Diese neu erlernten sozial-kognitiven Kompetenzen setzten die Kinder aus der Sicht ihrer Eltern nach einem Jahr FAUSTLOS allerdings noch nicht in sichtbare Verhaltensänderungen um. Lediglich die pädagogischen Fachkräfte und die objektiven Beobachterinnen und Beobachter konnten einige Verhaltensänderungen in der Kindergartengruppe feststellen (z. B. vermehrter Einsatz von Verhandlungsstrategien und mehr konstruktive Vorschläge zur Lösung von Konflikten). Objektive Verhaltensbeobachtungen belegten darüber hinaus einen Rückgang verbaler Aggressionen (vgl. Schick / Cierpka 2004).

Die FAUSTLOS-Curricula werden in der pädagogischen Praxis äußerst positiv aufgenommen. Pädagogische Fachkräfte berichten, dass die beteiligten Kinder viel Spaß an den FAUSTLOS-Lektionen haben, vor allem an den beiden Handpuppen (im Kindergartenalter) sowie an den Rollenspielen (im Schulalter) und deutliche Einstellungs- und Verhaltensänderungen zeigen. Darüber hinaus würden die verbalen Kompetenzen der Kinder gefördert. Für sich selbst erkennen pädagogische Fachkräfte, dass sich ihre Haltungen im Sinne eines ressourcenorientierteren Blickwinkels ändern und sie auch selbst von den Inhalten profitieren, da sie zur Reflexion über eigene Problemlösekompetenzen und eigenes Ärger-Management anregen.

Um die Förderung sozial-emotionaler Kompetenzen und damit den pädagogischen Auftrag von Kindergärten und Schulen über einen langen und entwicklungspsychologisch äußerst zentralen Zeitraum strukturierter, zielgerichteter und dadurch effektiver zu gestalten, ist geplant, auch ein FAUSTLOS-Programm für die Sekundarstufe zu entwickeln (vgl. Schick 2006).

Zusammenfassend kann festgehalten werden, dass unter einer ressourcenorientierten Perspektive Kindertageseinrichtungen, aber auch Schulen (vgl. Kapitel 6) ein besonders günstiges Übungs- und Lernumfeld für Empathie, Umgang mit Konflikten und Gefühlen und damit auch für Gewaltprävention sind. Die Beziehungen zwischen pädagogischen Fachkräften und Kindern der Gruppe sowie die Beziehungen zwischen den Gleichaltrigen (Peers) bieten eine ideale Basis für das Lernen am Modell, das Übertragen gelernter Verhaltensweisen auf den Alltag und damit auch die positive Verstärkung erwünschter Verhaltensweisen.

# 7. Beziehungsorientierte Intervention in der Schule (> 6 Jahre)

„Bei Kindern gibt es keine engagierte Bildung ohne persönliche Bindung oder zumindest engagierte Anteilnahme. Wenn man Bildung will, muss man sich auf Bindungen einlassen. Wenn nicht zu Hause, dann in der Schule" (Grossmann / Grossmann 2004, 13).

Bereits Ende der 1970er Jahre hat die Forschergruppe um Rutter den enormen Einfluss von Schulen auf Bildung und Verhalten von Schülern aus sozial schwierigen Lebenslagen, deren schulische und berufliche Aussichten äußerst schlecht waren, nachgewiesen. Den drei „besten" Schulen gelang es, mehr Schüler zu einem erfolgreichen Abschluss zu bringen und sogar die Häufigkeit der Delinquenz zwei Jahre nach Verlassen der Schule um die Hälfte zu senken (vgl. Rutter / Maughan / Mortimore / Ouston / Smith 1979).
Doch was war in diesen „besten" Schulen anders als in den Schulen, deren Schüler eher negative Bildungskarrieren mit Verhaltensauffälligkeiten hatten? Rutter et al. (1979) fassen die Vielzahl von Einflussfaktoren – Führungsstil, Fokus, Organisation, Lehrerqualitäten – in denen sich die Schulen voneinander unterschieden, unter dem Begriff „Schulethos" zusammen. Dazu gehörten z. B. das Ausmaß der Leistungsorientierung, das Lehrerverhalten im Unterricht, die räumliche Gestaltung des Schulgebäudes, die Belohnungs- bzw. Strafkultur, die Lernbedingungen und die Bereitschaft, Verantwortung an die Schüler zu übertragen. „In all diesen Bereichen verfügten die Lehrer über einen Handlungsspielraum, der nicht von vornherein durch äußere Zwänge beschnitten war" (Rutter et al. 1979, 210). Zwar sind die Qualitäten des Miteinanders auch von den Bindungserfahrungen abhängig, die die pädagogische Fachkraft und der Schüler bis dahin gemacht haben, aber über das Know-how der pädagogischen Fachkraft und die Art und Weise, wie diese ihre Handlungsspielräume im Sinne von Rutters „Schulethos" zu nutzen vermag, können diese nachhaltig verändert werden.
Zu ähnlichen Befunden kam Cairns (1994): Das Verhalten vieler Schüler besserte sich in seiner großen Schuluntersuchung bei individueller Unterstützung merklich und führte unter anderem zu besseren Chancen auf dem Arbeitsmarkt sowie geringerer Delinquenz bei den Jungen und weniger Schwangerschaften bei sehr jungen Mädchen.

Trotz ihres Umfangs und ihrer aufwändigen Methoden wurden beide Studien in weiten Teilen der Entwicklungswissenschaften kaum zur Kenntnis genommen. Zu weit waren die erfassten Einflussfaktoren von der gängigen Lehrerausbildung und den dominierenden Theorien über Schul- und Lernstörungen entfernt. Die getrennte Betrachtung von Bindung und Bildung in der Tradition der Psychologie und der Pädagogik (vgl. Pianta 2006) hat oftmals fatale Folgen, denn der Bildungsauftrag, den Lehrer zu erfüllen haben, geht an vielen Schülern gänzlich vorbei, bei anderen lässt er sich nur unzureichend umsetzen. Die Gründe hierfür sind sicher vielschichtig, aus der Sicht der Bindungsforschung aber sind die Qualitäten des Miteinanders der Schlüssel zum Verständnis der Bereitschaft zur Teilhabe an Lernprozessen.

Ähnlich der Beziehung zwischen pädagogischer Fachkraft und Kind in der Kindertagesstätte ist auch die Lehrer-Kind-Beziehung alters- und gruppenabhängig. Besonders für Schulanfänger sind zunächst vor allem die sicherheitsgebenden Komponenten wichtig: Für den Lehrer wird gelernt oder um es mit Goethes Worten zu sagen: „Nur von dem, den man liebt, lernt man." Aber auch das Klassenklima und die Beziehungen zwischen den Peers beeinflussen maßgeblich die Beziehung, die eine jede pädagogische Fachkraft zu jedem einzelnen Kind in der Klasse aufbauen kann.

In Kapitel 7.1 werden die wichtigsten **Einflussfaktoren auf die Lehrer-Schüler-Beziehung** kurz umrissen: das Klassenklima, die Lehrerpersönlichkeit und das Lehrerverhalten, sowie die Persönlichkeit und das Verhalten des einzelnen Schülers.
In Kapitel 7.2 wird die **Bindungstheorie auf den schulischen Kontext** übertragen. Bei ihrer Einschulung haben Kinder bereits prägende Bindungserfahrungen mit ihren primären Bezugspersonen in der Ursprungsfamilie sowie mit pädagogischen Fachkräften in der Kindertageseinrichtung gesammelt. Nach Geddes (2007) führen diese Bindungserfahrungen zu verschiedenen Lernprofilen, die anhand von Fallbeispielen illustriert werden.
In Kapitel 7.3 werden die konkreten **Interventionsansätze** nach Geddes (2007) dargestellt, die sich aus dem dynamischen Lerndreieck zwischen Schüler, Lehrer und Lernaufgabe für die unsicher-vermeidend gebundenen (A-Typ), die unsicher-ambivalent gebundenen Schüler (C-Typ) und die desorganisiert gebundenen Schüler (D-Typ) ergeben. Während ihre Empfehlungen stärker psychoanalytisch orientiert sind, setzt Julius (2002) auf pädagogische Strategien, die Diskontinuitätserfahrungen bei unsicher gebundenen Kindern im Rahmen von Lehrer-Kind-Beziehungen zum Ziel haben. Dem Kind werden dadurch in der Lehrer-Schüler-Beziehung neue Bindungserlebnisse ermöglicht, die es dem Kind erlauben sollen, sich von früheren Bindungsmustern zu lösen und ein internales Arbeitsmodell von Anderen als feinfühlig und fürsorglich und von sich selbst als wertvoll und liebenswert aufzubauen.
Mit zunehmendem Alter werden die Peer-Beziehungen dann wichtiger als die Bindung an eine erwachsene Bezugsperson. In der späten Kindheit und im Jugendalter bietet beispielsweise der Ansatz der Positive Peer Groups (vgl. Quigley 2004) oder der Positive Peer Culture (vgl. Opp / Unger 2006) gerade unsicher gebundenen, hochrisikobelasteten Jugendlichen die Möglichkeit, sich durch eine helfende Beziehung zu Anderen mit diesen verbunden zu fühlen und die Erfahrung des Aufeinander-angewiesen-seins zu machen. Auf diese Ansätze sei an dieser Stelle lediglich kurz verwiesen, da ihre dezidierte Darstellung den Rahmen des vorliegenden Buches sprengen würde.

## 7.1 Einflussfaktoren auf die Lehrer-Schüler-Beziehung

Schulische Bildung gleicht einer Eintrittskarte in die Welt des Wissens, der beruflichen Möglichkeiten und Chancen, die in einem sozialen Setting der Integration und Inklusion erworben wird. Unter günstigen Umständen und Eingangsbedingungen, die glücklicherweise bei der überwiegenden Mehrheit der Kinder vorliegen, setzt die schulische Lernumwelt zugleich die Erfahrungen, zu einer (Lern-)Gemeinschaft zu gehören, einen wesentlichen eigenen Beitrag dazu zu leisten und dafür anerkannt und respektiert zu werden, fort. Aber es gibt auch viele Kinder, die den Schulbesuch verweigern, die durch so genanntes aggressiv-dissoziales Verhalten auffallen, die enorme Schulangst bis hin zur Schulphobie entwickeln und aus diesem Grund unterhalb ihrer Leistungsmöglichkeiten bleiben. Es ist deshalb sehr wichtig, die Faktoren zu kennen, die Kinder vulnerabel bzw. resilient machen. Darauf wird in Kapitel 7.2 aus bindungstheoretischer Sicht ausführlich eingegangen (vgl. auch Kapitel 1). Zunächst aber werden die verschiedenen Einflussfaktoren im Allgemeinen beleuchtet.

### Das Klassenklima

Im Unterschied zum Klima im meteorologischen Sinne ist das Klassen- oder Schulklima nicht objektiv beobachtbar und kann nicht mit technischen Apparaturen gemessen werden. Es ist immer Ausdruck der individuellen Wahrnehmung der Klassenangehörigen. In der Pädagogischen Psychologie wird der Begriff des Klassenklimas verwendet, um drei verschiedene Aspekte zu bezeichnen (vgl. Eder 2001):

- die **emotionale Grundtönung** der pädagogischen Gesamtatmosphäre, wobei vor allem die Bedeutung der Qualität sozialer Beziehungen und die emotionale Befindlichkeit in der Klasse betont werden,
- die **Grundorientierung** und **Wertehaltungen** in erzieherischen Umwelten,
- die **subjektiv wahrgenommenen (Lern-)Umwelten**

Nach Dreesmann (1982) gelten folgende Merkmale als klimapositiv:

- Kooperation von Schüler und Lehrer
- Individualisierung (persönliches Eingehen des Lehrers auf den Schüler)
- wenig Lehrerkontrolle
- Aussicht auf Erfolg
- wenig Konkurrenz
- geringer (oder langsam ansteigender) Schwierigkeitsgrad
- Disziplin und Organisiertheit
- gute Verständlichkeit des Unterrichts
- Förderung von Selbstvertrauen, Eigenverantwortlichkeit und Eigeninitiative
- Förderung einer realistischen Einschätzung der eigenen Fähigkeiten

Ein positives Klassenklima ist demnach z. B. durch mehr Schülermitbestimmung, höhere Eigenaktivität der SchülerInnen, eine viel bessere Lehrer-Schüler-Beziehung und weniger Leistungsdruck als in den Parallelklassen gekennzeichnet. Dies trägt laut Eggert / Reichenbach / Bode (2014) zu einer positiven Entwicklung des Selbstkonzeptes bei.

Dennoch muss die Frage nach den Voraussetzungen für ein günstiges Klassenklima bislang als unzureichend beantwortet betrachtet werden. Den individuellen Merkmalen der Schüler scheint allerdings eine untergeordnete Bedeutung zuzukommen, wohingegen die Determinanten des Klassenklimas eher in der konkreten Interaktionssituation des Lehrens und Lernens zu verorten sind.

So zeigten Studien von Eder (1986, 1996) nur einen geringen Zusammenhang zwischen soziodemographischen Merkmalen der Schüler wie z. B. Alter und soziale Herkunft sowie ihrer Intelligenz und der Wahrnehmung des Klassenklimas. Allerdings neigen nach diesen Befunden Schülerinnen dazu, ein höheres Ausmaß an Isoliertheit und mehr Leistungsdruck innerhalb der Klasse wahrzunehmen. Darüber hinaus hat die Schulmotivation Einfluss auf die Klimawahrnehmung: Je höher diese ausgeprägt ist, desto hilfsbereiter erscheinen dem jeweiligen Klassenmitglied die Mitschülerinnen und Mitschüler. Zudem empfinden hoch motivierte Schüler den Unterricht seltener als Überforderung oder gar als Unterdrückung durch die Lehrpersonen.
Dagegen fallen Zusammenhänge zwischen der Klimaeinschätzung der Klassenmitglieder und Merkmalen der unterrichtenden Lehrperson deutlicher aus. In der Untersuchung von Eder (1996) zeichneten sich Schulklassen mit einer weiblichen Lehrperson durch eine deutlich höhere Schülerzentriertheit, geringeren Sozialdruck, stärkeren Zusammenhalt und höhere Disziplin aus. Die genauere Analyse des Lehrerverhaltens zeigt, dass dieser Zusammenhang auf die Disziplinierungsstrategien der Lehrperson zurückgeht. Schüler von Lehrpersonen, die stark auf die individuelle Situation der Klassenmitglieder eingehen („sozialpädagogische Orientierung"), nehmen das Klima insgesamt positiver wahr.

Ein positives Lernklima beeinflusst sowohl das Leistungsverhalten, den Lernerfolg (Noten), die Einstellung zur Schule als auch das Sozialverhalten der Schüler positiv. Dies belegen zahlreiche Untersuchungen an insgesamt 17.805 Schülern, die in die Metaanalyse[5] von Haertel / Walberg / Haertel (1981) eingingen. Klassen, die sich durch ein hohes Maß an Kohäsion, Zufriedenheit und Zielgerichtetheit auszeichnen, schneiden hinsichtlich unterschiedlicher Leistungsmaße durchgängig besser ab als Vergleichsklassen. Schüler mit positiven Klimaerfahrungen beteiligen sich mehr am Unterricht, stören weniger, erleben ein geringeres Ausmaß an Belastungen und haben tendenziell ein positiveres Leistungsselbstkonzept (vgl. Eder 2001).

> Zusammengenommen schaffen positive Klimawahrnehmungen damit insgesamt bessere Lern- und Leistungsvoraussetzungen für Schüler und vermutlich auch eine höhere Arbeitszufriedenheit der Lehrer. Es ist allerdings anzumerken, dass es weder die optimale Klimakonstellation für alle Lern- und Leistungsmerkmale der Klassenmitglieder gibt, noch dass für das Sozialverhalten das gleiche Klima förderlich ist wie für das Leistungsverhalten.

---

[5] Metaanalysen werden v. a. in der Medizin, in der Psychologie und in der empirischen Sozialforschung eingesetzt. Sie fassen die empirischen Einzelergebnisse inhaltlich vergleichbarer Untersuchungen zu einem wissenschaftlichen Forschungsgebiet zusammen, um Wirkprinzipien aufzuklären, die Wertigkeit bestimmter Befunde zu stützen oder zu widerlegen und um Effektstärken zu ermitteln. Durch die Auswahl der in die Meta-Analyse einzuschleusenden Studien kann das Ergebnis manipuliert werden. Es ist daher zu fordern, dass alle publizierten Studien zur bearbeiteten Fragestellung in eine Meta-Analyse eingeschlossen werden.

Nach Schwarzer (1983) kann eine Klimakonstellation als günstig bezeichnet werden, die sich durch einen geringen Leistungs- und Konkurrenzdruck zwischen den Schülern, ein hohes Ausmaß an sozialer Unterstützung und Geborgenheit, das Erleben von Autonomie sowie durch Regelhaftigkeit des Unterrichtsverlaufs auszeichnet. In seiner Studie verfügten Schüler, die in einer solchen Konstellation unterrichtet wurden, über ein stärkeres Selbstwertgefühl und mehr Erfolgszuversicht, während sie weniger Hilflosigkeit und Prüfungsangst erlebten. Auch Pekrun (1991) konnte nachweisen, dass ein restriktives Verhalten der Lehrperson, Leistungsdruck und ein ausgeprägtes Konkurrenzdenken zwischen den Schülerinnen und Schülern ein höheres Maß an Prüfungsangst nach sich ziehen.

## Der Einfluss des Lehrers

Im Klassensetting trägt der Lehrer zunächst die Hauptverantwortung für die Initiierung und Aufrechterhaltung positiver zwischenmenschlicher Beziehungen (vgl. Krause / Bochner / Duchesne 2006; McInerney / McInerney 2010). Eine Lehrkraft, die ein gutes Modell für Akzeptanz, Verständnis, Respekt und emotionale Wärme gibt, erhöht nicht nur die Wahrscheinlichkeit für die Entwicklung starker, zeitlich stabiler eigener Beziehungen zu den Schülern, sondern auch zwischen den Peers (vg. Barry / King 1998). Zusammengenommen beeinflussen positive Lehrer-Schüler-Beziehungen

- die Eingewöhnung der Schüler in der Schule,
- die Schulleistungen und den sozial-emotionalen Lernfortschritt,
- die Entwicklung eines positiven Selbstkonzepts,
- die Resilienz der Schüler,
- die Entwicklung von Freundschaftsbeziehungen in der Klasse (vgl. Klem / Connell 2004; Pianta 1999),
- das Klassenklima (s. o.),
- die eigene Arbeits- und Lebenszufriedenheit (vgl. Goldstein / Lake 2000).

Die Feinfühligkeit des Lehrers und seine Professionalität spiegeln sich in der Auswahl der Lernaufgaben wieder, die lösbar, aber trotzdem hinreichend herausfordernd sein müssen, um einerseits die Spannungs- und Angstgefühle nicht überwältigend werden zu lassen, andererseits aber auch Interesse und Ehrgeiz zu wecken. Sind diese Voraussetzungen erfüllt, geht mit der Aufgabenbewältigung beim Schüler auf emotionaler Ebene ein befriedigendes Gefühl der Bewältigung von Herausforderungen (Selbstwirksamkeit) und auf kognitiver Ebene ein Zugewinn an Wissen einher (vgl. dazu auch Kapitel 6.3).
Konsequentes und konsistentes Lehrerverhalten, Sympathie und Respekt vor den individuellen Eigenschaften der Schüler führt dazu, dass diese sich gewertschätzt, respektiert und unterstützt fühlen. Das Vertrauen auf die Unterstützung durch den Lehrer ermöglicht den Schülern wiederum vielfältige Lernerfahrungen. Sie gewinnen zunehmend an Selbstvertrauen in die eigenen Fähigkeiten, werden selbstständiger und unabhängiger von eben dieser Unterstützung. Ein „guter" Lehrer macht sich zunehmend überflüssig, begleitet und ermutigt die Schüler in diesem schrittweisen Ablösungsprozess. Schüler beginnen in den späteren Schuljahren „für sich selbst" zu lernen. Dies markiert den Übergang zum Erwachsenenleben. Die Fähigkeit, seine Chancen in der Arbeitswelt und zur sozialen Teilhabe zu nutzen, hat

seine Wurzeln in denselben Erfahrungen, die Lernen im negativen Falle hemmen oder im positiven Falle zu fördern vermögen – Bindungsbeziehungen (vgl. Geddes 2007).

Dies trifft auch auf die Professionalität des Lehrers und seine Fähigkeiten zu, eine dynamische Balance zwischen seinen Beziehungen zu Anderen (im schulischen Kontext: den Schülern), seinem Arbeitsauftrag (im schulischen Kontext: dem Erreichen der im Curriculum verankerten Lernziele für möglichst viele Schüler) und seiner Persönlichkeit (Ansprüche und Erwartungen an sich selbst und an Andere, die in seinen internalen Arbeitsmodellen repräsentiert sind) herstellen zu können (vgl. dazu Teil III).

> Zentrale Merkmale positiver Lehrer-Schüler-Beziehungen sind gegenseitige Akzeptanz, Verständnis, emotionale Wärme, Verbundenheit, Vertrauen, Respekt, Fürsorglichkeit und Kooperation (vgl. Good / Brophy 2000; Krause et al. 2006; Larrivee 2005; Noddings 2005).

## Der Einfluss der Schüler

Bei ihrem Schuleintritt haben Kinder bereits vielfältige Beziehungserfahrungen gemacht, die aus bindungstheoretischer Sicht ihren Niederschlag in internalen Arbeitsmodellen gefunden haben. Internale Arbeitsmodelle enthalten sowohl emotional-affektive als auch kognitive Komponenten. Ihre wichtigste Funktion besteht nach Bowlby (1980) darin, Ereignisse vorwegzunehmen bzw. zu simulieren, um das Individuum zu vorausschauendem Verhalten und zu einer besseren Anpassung an die Erfordernisse einer sozialen Situation zu befähigen. Über das internale Arbeitsmodell werden Erwartungen und Bewertungen gesteuert, die das Verhalten Anderer sowie die Rolle der eigenen Person (**das Selbst**) in einer Beziehung betreffen. Je nach der Qualität dieser Beziehungserfahrungen entwickeln Kinder ein sicheres (B), ein unsicher-vermeidendes (A), ein unsicher-ambivalentes (C) oder ein desorganisiertes Bindungsmuster (D) (vgl. Kapitel 2).

Nach Bowlby (1979) wird jede neue Person, zu der eine Beziehung aufgebaut wird, den bestehenden Modellen angepasst. Im pädagogischen Kontext gehören dazu auch die Lehrer. Beispielsweise werden bei einer sicheren Bindung die primären Bindungsfiguren als feinfühlig, vertrauenswürdig, zuverlässig, verfügbar und fürsorglich repräsentiert. Das Kind empfindet sich selbst als jemanden, der diese Feinfühligkeit und Fürsorge seiner primären Bindungspersonen auch verdient. Diese Erwartungen an das Verhalten Anderer und die Bewertungen seiner eigenen Rolle in der Beziehung werden sicher gebundene Kinder auch auf die Schule und den Lehrer übertragen. Dagegen ist nach der Bindungstheorie zu erwarten, dass Kinder, deren Bedürfnisse und Gefühle über einen längeren Zeitraum frustriert wurden (unsicher-vermeidend und unsicher-ambivalent gebundene Kinder), oder die sogar ihre ersten Lebensjahre unter sehr widrigen Umständen verbracht haben, vernachlässigt oder misshandelt wurden (desorganisiert gebundene Kinder), die gleichen Formen von Missachtung, Vernachlässigung oder Misshandlung auch in neuen Beziehungen erwarten und aus diesem Grunde die gleichen Bindungsstrategien einsetzen werden, die sich aufgrund ihrer bisherigen Beziehungserfahrungen als funktional erwiesen haben. Diese Hypothesen konnten empirisch durch Sroufe und Fleeson (1986) bestätigt werden, die Lehrer-Schüler-Interaktionen beobachteten: Schüler, die in der Regel vom Lehrer ärgerliche Zurückweisung erlebten, erwiesen sich als unsicher-vermeidend gebunden, während unsicher-ambivalent gebundene Schüler von ihren Lehrern für hilflos und abhängig gehalten und entsprechend behandelt wurden. Erste Ergebnisse einer Untersuchung von Julius (2002) weisen darauf hin, dass auch misshandelnde Beziehungsmuster von familiären auf schulische Settings übertragen werden. Viele Kinder, die von ihren primären Bezugspersonen körperlich misshandelt wurden, erwarten die gleichen Verhaltensformen von ihrem Lehrer. Bleibt diese Erwartung unerfüllt, provoziert der Großteil dieser Kinder z. B. durch Beleidigungen, Beschimpfungen, tätliche Angriffe oder konstante Missachtung aller Forderungen des Lehrers das komplementäre Bindungsverhalten. Dieses wird schließlich in vielen Fällen vom Lehrer gezeigt, indem er den Schüler anschreit, maßregelt oder zurückweist, wodurch das problematische Bindungsmuster des Schülers weiter stabilisiert wird.

> Lehrern fallen die Kinder auf, die ihnen den meisten Stress verursachen, indem sie den Unterricht massiv stören, andere Schüler vom Unterricht ablenken oder sogar tätlich angreifen. Es handelt sich dabei zumeist um Jungen mit Verhaltensauffälligkeiten, die aus schwierigen sozialen Verhältnissen, häufig aus zerrütteten Familien kommen und deren Eltern selbst stark belastet sind. Dagegen werden die stillen, zurückgezogenen und ängstlichen Kinder seltener als problematisch wahrgenommen, da sie den ordnungsgemäßen Ablauf des Unterrichts nicht gefährden, die Lehrerautorität nicht in Frage stellen und ihre Mitschüler nicht attackieren. Sie sind aber ebenso vulnerabel für negative Schulkarrieren, psychische Probleme, wie Depressionen, Angststörungen und soziale Isolation.

Die Zusammenhänge zwischen Bindung und Lernen werden im Folgenden systematisch und differenziert für die einzelnen Bindungstypen dargestellt.

## 7.2 Bindung und Lernen

Die bisherigen Ausführungen zeigen, dass die Bindungstheorie frühe Beziehungserfahrungen berücksichtigt und diese in Zusammenhang mit späterer sozial-emotionaler Gesundheit, aber auch mit späterem Schulerfolg bringt: Demnach sind sicher gebundene Schüler sozial kompetenter, neugieriger, explorieren ihre Umwelt ausgiebiger, können Unsicherheit und Spannung besser aushalten, werden von ihren Mitschülern als sympathischer und von Lehrern als verständiger und diskussionsbereiter wahrgenommen (vgl. Geddes 2007; Pianta / Nimetz 1999).

Ihr entscheidender Vorteil gegenüber unsicher gebundenen Schülern liegt darin, dass sie Beziehungserfahrungen gemacht haben, die gut genug waren, um ihre basalen sozial-emotionalen Entwicklungsbedürfnisse zu erfüllen. Das Wahrnehmen, Benennen, Aushalten, Verstehen und Reflektieren eigener Ängste und Unsi-

cherheiten durch Andere, wird von Emanuel (2000) als grundlegend für die eigene konstruktive Exploration und Bewältigung von schwierigen Lebenssituationen, Unsicherheit und Stress erachtet.
Diese Erfahrungen haben für Schüler enorme Bedeutung, wenn sie z. B. vor einer unbekannten, schwierigen Aufgabe stehen, deren Lösung sie nicht kennen. Das Ausprobieren verschiedener Lösungswege (Exploration) und das aktive Einholen von Hilfe und Unterstützung beim Lehrer, um durch Explorationsunterstützung und Assistenz von diesem zu lernen, sind charakteristisch für sicher gebundene Schüler in der Grundschule.

Geddes (2007) postuliert das sogenannte Lerndreieck, um diese dynamische, triadische Beziehung zwischen Lehrer, Schüler und Lernaufgabe aus der Sicht der Bindungstheorie abzubilden. Dieses sind die drei tragenden Bestandteile des Lernprozesses, die auch das Potenzial für eine Erhöhung von emotionaler und kognitiver Resilienz im schulischen Kontext bergen.

**Das dynamische Lerndreieck sicher gebundener Schüler (B-Typ)**
Sicher gebundene Schüler zeichnen sich aufgrund ihrer bisherigen Bindungs- und Beziehungserfahrungen durch ein positives Selbstbild, Interesse an ihrer Umwelt sowie durch positive Erwartungen an den Lehrer als unterstützend und an die schulischen Aufgaben und das Lernen als interessant und herausfordernd aus. Der Lehrer und der Klassenraum repräsentieren für sie die sichere Basis von der aus Lernaufgaben, die der Lehrer stellt, exploriert und bearbeitet werden. Geddes (2007) beschreibt das dynamische Lerndreieck, das in Abbildung 7 veranschaulicht ist, als balanciert: eigene Bedürfnisse, Interaktion mit sowie Unterstützung durch den Lehrer und Orientierung an den Erfordernissen der Lernaufgabe befinden sich in einem dynamischen Gleichgewicht.

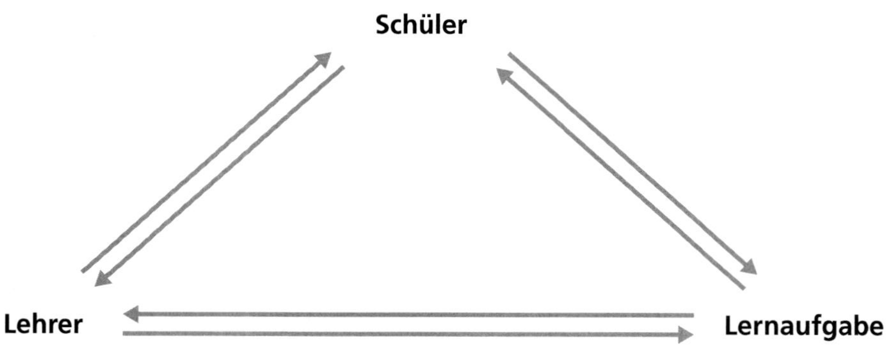


*Abb. 7: Das Lerndreieck sicher-balanciert gebundener Kinder*

Die Lerndreiecke unsicher gebundener Schüler, auf die im Folgenden eingegangen wird, sind nach Geddes (2007) auf bestimmte Art und Weise regelhaft verzerrt. Aufgrund früherer Bindungs- und Beziehungserfahrungen führen die Erwartungen dieser Kinder an sich selbst in der schulischen Lernsituation, an die pädagogische Fachkraft und an die Möglichkeit der Bewältigung von Aufgaben zu Verhaltensweisen, die ihr Selbstwertgefühl und ihre Fähigkeiten, Unsicherheit und Frustration zu ertragen, weiter schwächen. Die Bedeutung dieser Verhaltensweisen ist aus der Sicht der Bindungstheorie leichter vor dem Hintergrund der Kenntnis früher Beziehungserfahrungen zu verstehen und ermöglichen die Ableitung von reflektierten Reaktionen und Interventionen im Einzelfall (vgl. Kapitel 6.3).

**Das dynamische Lerndreieck unsicher-vermeidend gebundener Schüler (A-Typ)**

Ein Fallbeispiel nach Geddes (2007) illustriert zunächst das Verhalten eines unsicher-vermeidend gebundenen Schülers.

> Bernhard besucht die achte Klasse einer Schule für erziehungsschwierige Kinder. Wenngleich er klein und dünn ist, fürchten ihn seine Mitschüler. Er zeigt ein sehr selbstständiges Arbeitsverhalten. So betritt er den Klassenraum, ohne Notiz vom Lehrer zu nehmen und setzt sich auf seinen Platz. Dort packt er alle notwendigen Arbeitsmaterialien aus und beginnt mit den Aufgaben in seinem Mathematikbuch, bei denen er in der letzten Stunde stehen geblieben ist. Sobald er mit der Lösung nicht weiterkommt, schließt er das Buch und öffnet ein anderes und geht ebenso vor. Er bittet zu keinem Zeitpunkt um Hilfe.
> Im Englischunterricht liest er seinen Text ohne Betonung oder Interesse am Inhalt vor, wenn er an der Reihe ist. Fragen beantwortet er mechanisch, ohne eigene Ideen oder erkennbare Reflexion über die auswendig gelernten Antworten.
> Im Kunstunterricht fällt er durch exaktes Nachzeichnen, aber wenig Kreativität auf. Er zeigt besonderes Interesse an wilden Tieren. Sein Denken erscheint mechanisch und an die konkrete Anschauung gebunden, der Ausdruck von Gefühlen wird vermieden. Sein sprachlicher Ausdruck ist sehr reduziert.
> Als der Lehrer mit der Klasse ein Rätsel zum Einstieg in eine Stunde bearbeiten will, reagiert Bernhard verwirrt auf die Rätselfragen, die als unterhaltsam und anregend gedacht waren. Er zerreißt das Rätsel, bezeichnet es als „Müll" und verlässt den Raum.

Vor dem Hintergrund der Bindungstheorie kann das Verhalten wie folgt interpretiert werden:

Unsicher-vermeidend gebundene Schüler, wie Bernhard, haben in ihrer primären Bindungsbeziehung die Erfahrung gemacht, dass ihre Bedürfnisse nicht feinfühlig wahrgenommen und beantwortet werden. Körperliche Nähe wurde abgelehnt, auf kindliche Versuche, Nähe herzustellen, wurde teilweise mit Ärger reagiert. Infolge dessen haben diese Kinder gelernt, ihre Gefühle und das Bedürfnis nach Nähe und Kontakt in unsicheren, angstauslösenden Situationen entweder zu unterdrücken oder abzuspalten. Dies führt nach Hopkins (1987) zu einem Annäherungs-Vermeidungs-Konflikt, denn durch den Versuch, Gefühle zu unterdrücken, werden diese nur stärker und damit wächst auch der Wunsch nach Nähe und Trost.

Das Fallbeispiel zeigt, dass die Erfahrungen aus der primären Bindungsbeziehung ihren Niederschlag in der Lernsituation durch distanziertes Verhalten der Lehrkraft gegenüber und einer starken Fixierung auf die Lernaufgabe bei geringer Nutzung von kreativen Lösungsmöglichkeiten finden (vgl. dazu auch Tabelle 5). Bernhards

Verhalten dem Lehrer gegenüber lässt starke Gefühle der Unsicherheit über dessen Verfügbarkeit erkennen. Die Nähe, die er zum Lehrer zulässt, ist so dosiert, dass weder der Wunsch nach emotionaler Verbundenheit noch Ängste vor Abweisung, ausgelöst werden. Die reduzierte Nutzung von Sprache als Ausdrucksfunktion kann möglicherweise als Furcht davor, zu viel preiszugeben, interpretiert werden (vgl. Geddes 2007).

In Längsschnittstudien werden unsicher-vermeidend gebundene Kinder häufig als feindselig und sozial isoliert beschrieben (vgl. Erickson / Sroufe / Egeland 1985). Ihr Konflikt zwischen dem gleichzeitigen Wunsch nach liebevoller Nähe und der Angst vor Ablehnung wird gelöst, indem sie sich selbst in ihrem internalen Arbeitsmodell als dieser Nähe nicht wert und infolgedessen als unnahbar, furchtlos und unabhängig repräsentieren. Gleichzeitig bleibt aber der Ärger über die unerfüllten Bedürfnisse unterschwellig bestehen. Dieser richtet sich gegen Objekte, Aufgaben und andere Personen. Zum Teil äußert er sich in Form von Aggression, zum Teil aber auch durch Ungehorsam.

Im Fallbeispiel weicht der Lehrer durch die Einführung des Rätsels von der Routine des Schulalltags ab. Dies löst Irritationen bei Bernhard aus, da er Sicherheit in der Routine der Aufgabenbearbeitung gefunden hat, die ihm nun zu entgleiten droht. Der Verlust dieser sicheren Basis löst Angst aus. Diese muss in Ermangelung der Erfahrung in der Vergangenheit und damit der Erwartung von Unterstützung und feinfühligem Verständnis in der Situation durch Ärger und Frustration vermieden werden. Ärger und Frustration finden ihr Ventil in der Zerstörung des Rätsels, dessen Bezeichnung als „Müll" nach Geddes (2007, 72 f.) oftmals symbolisch die Repräsentation des Selbst als „ungewollt" und „der emotionalen Nähe und Unterstützung unwert" im internalen Arbeitsmodell ausdrückt.

Das unsicher-vermeidende Verhalten ist als eine enorme Anpassungsleistung des Kindes interpretierbar, da es in der primären Bindungsbeziehung ein für beide Interaktionspartner erträgliches Maß an Nähe ermöglicht (Main / Weston 1982). Im schulischen Kontext ruft es jedoch spontan beim Lehrer und bei den Mitschülern entweder ebenfalls Ablehnung hervor oder führt gerade zu besonderen Bemühungen um diese Schüler. Während Ablehnung in einer Verstärkung der Repräsentation von sich selbst als nicht durch Andere annehmbar und liebenswert resultiert, überfordert die Herstellung von emotionaler Nähe den Schüler und verstärkt die Angst vor Ablehnung. Dies kann zu einer heftigen Vermeidungsreaktion und auf beiden Seiten zu Enttäuschungen führen. Der Schüler ist enttäuscht, weil sein Streben nach Unabhängigkeit und seine Ängste vor emotionaler Nähe nicht feinfühlig wahrgenommen werden, der Lehrer ist enttäuscht, weil seine Beziehungsangebote zurückgewiesen werden. Schleiffer (2005) beschreibt die Lehrer-Schüler-Beziehung daher eher als frustrierend und konfliktgeladen.

Das Aufgabenverhalten unsicher-vermeidend gebundener Schüler – das auch Bernhard demonstriert – kann andererseits vom Lehrer fälschlicherweise als Unabhängigkeit und Selbstständigkeit interpretiert werden und gerade in einer allgemein sehr fordernden Klasse sehr willkommen sein. Die Lernblockade, die in extremen Fällen durch den Annäherungs-Vermeidungs-Konflikt entsteht, wird jedoch übersehen. Dem Schüler bleiben wichtige Lernerfahrungen und damit Chancen im späteren Berufsleben verwehrt.

Der Lernaufgabe kommt bei unsicher-vermeidend gebundenen Kindern eine wichtige Funktion als emotionale Sicherheitszone zu. Dies vermag die Fortsetzung des Fallbeispiels nach Geddes (2007) illustrieren.

> Bernhard zeigt ein hohes Engagement bei Aufgaben, die er selbstständig lösen kann. Nach dem Vorfall mit dem Rätsel führt der Lehrer ein Schreibprojekt über Außerirdische ein. Dies passt insgesamt zum Klassenklima, da sich die Schüler oft gegenseitig als „seltsam", „unnormal" oder „anders" bezeichnen. Das Schreibprojekt weist eine starke Binnendifferenzierung auf, so dass Wahlmöglichkeiten für die einzelnen Schüler bestehen, wie sie sich dem Thema annähern wollen. Dies erweist sich vor allem für Bernhard als sehr wichtig. Zunächst schreibt er zum ersten Mal eine liebevoll ausgeschmückte Geschichte über einen Außerirdischen, der auf der Erde landet, dort auf einen menschlichen Jungen trifft und mit ihm Freundschaft schließt. Im Anschluss daran wählt er ein Kinderbuch aus, zu dem er eine sehr gute Rezension verfasst. Das Kinderbuch „Where the Wild Things Are" (Sendak 1967) erzählt die Geschichte eines Jungen, der wütend auf seine Mutter ist und zur Strafe in sein Zimmer verbannt wird. In der Nacht träumt er von Monstern, die er in seinem Traum zu zähmen vermag, wie auch seine Wut auf die Mutter. Es kommt zu einer rührenden Versöhnung zwischen Mutter und Sohn als der Junge sieht, dass ihm die Mutter sein Abendessen aufgehoben und dieses warmgestellt hat.
> Durch die emotionale Sicherheitszone, die die Aufgabe darstellt, kann gleichermaßen auf Bernhards Angst vor Nähe sowie seinem Bedürfnis nach Unterstützung eingegangen werden. Nachdem der Lehrer dies erkannt hat, wird Bernhard weniger feindselig und gleichzeitig kreativer im Ausdruck. Er beginnt sukzessive mit Stolz auf seine Leistungen zu reagieren und Sprache einzusetzen, um Unterstützung von anderen zu erbitten, anstatt sie mit Worten zu verletzen. Sein Konflikt zwischen Liebe und Wut beginnt sich langsam zu lösen, bleibt aber bestehen. Dies zeigt die Situation in einem Schachturnier, in dem er gegen den Lehrer spielt und diesen Matt setzt. Seine Mitschüler feuern ihn an, den Lehrer „auszuradieren", „ihn kalt zu machen", aber Bernhard verlässt seinen Platz und ist nicht in der Lage das Spiel zu beenden. Wenige Wochen später bastelt er eine Weihnachtskarte für seine Mutter auf die er schreibt „Ich hab Dich lieb". Dann ergänzt er den Satz durch ein „nicht". Als der Lehrer diese Nachricht an seine Mutter kommentiert, übermalt Bernhard hastig das „nicht" mit einem Weihnachtsgeschenk, das er mit einer Schleife schmückt – subtiler Ausdruck seines Konfliktes – Ablehnung getarnt als Geschenk.

Die Fortsetzung des Fallbeispiels macht deutlich, dass sich über die Auswahl und die Gestaltung der Lernaufgaben eine Möglichkeit für die pädagogische Fachkraft eröffnet, auf reflektierte Art und Weise auf die Bedürfnisse unsicher-vermeidend gebundener Schüler und ihre verdeckte Feindseligkeit einzugehen, statt dieser lediglich reaktiv – oftmals ebenfalls ablehnend oder sogar feindselig – zu begegnen.

In der Bindungstheorie wird dies als **sachorientierte Beziehung** bezeichnet. Dabei handelt es sich um ein eigenständiges Beziehungsgefüge, das nach Stephan (2015) alle Interaktionen zwischen zwei Personen umfasst, in deren Fokus die gemeinsame interessen- oder sachorientierte Beschäftigung steht (vgl. gemeinsamer Aufmerksamkeitsfokus oder „joint attention").

Die Qualität der sachorientierten Beziehung, die sich wie die Bindungsbeziehung in unterschiedliche Typen einteilen lässt, hat großen Einfluss auf die Entwicklung der **Sachkompetenz**. Dies ist die Fähigkeit, sich aktiv und auf vielfältige Weise mit seiner Umwelt zu beschäftigen und sich in ihr als effektiv und wirksam zu erleben (vgl. Stephan 2015). Kinder mit der höchsten Sachkompetenz haben Bezugspersonen, die über ein hohes Einfühlungsvermögen in die Förderbedürfnisse kindlicher Fähigkeiten verfügen. Sie sind in der Lage, die Möglichkeiten und den Entwicklungsstand der Kinder zu berücksichtigten, verhalten sich eher reagierend als initiativ, verfolgen die Bedürfnisse des Kindes, um dann dem Kind begleitend zur Seite zu stehen.

Die besonderen Möglichkeiten zum Aufbau einer positiven und feinfühligen sachorientierten Beziehung zwischen Lehrer und unsicher-vermeidend gebundenen Schülern illustriert das dynamische Lerndreieck, das Abbildung 8 zeigt:

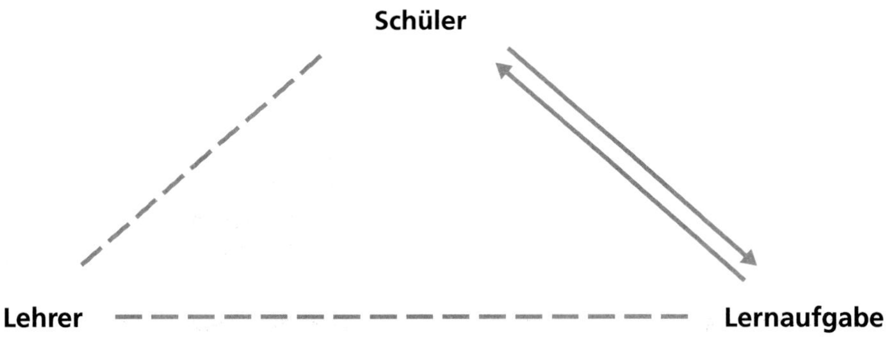


*Abb. 8: Das Lerndreieck unsicher-vermeidend gebundener Kinder: Schule als unsichere Basis*

Die Aufgabe erfüllt eine wichtige Brückenfunktion zwischen Lehrer und Schüler, da der Schüler darüber verlässlich Interesse und Zuwendung durch den Lehrer erfahren kann. Oftmals nehmen auch die sprachlichen Fähigkeiten der Schüler in dem Ausmaß zu, indem sie ein Interesse daran haben, ihre Gedanken und Ideen über eine Aufgabe mit anderen auszutauschen. Trotzdem bleiben unsicher-vermeidend gebundene Kinder zumeist distanziert, aber ihre Bereitschaft, an das Interesse des Lehrers an ihren Ideen und ihrer Arbeit zu glauben, nimmt mit der Zeit zu.

Während Bernhard auf dem Verhaltenskontinuum unsicher-vermeidend gebundener Schüler eher am extremen Ende einzuordnen ist, werden die meisten Schüler, die beschriebenen Verhaltensmuster in moderaterer Ausprägung zeigen, möglicherweise distanziert und unnahbar erscheinen. Unsicher-vermeidend gebundene Schüler sprechen in der Regel wenig, verrichten ihre Aufgaben eher mechanisch und scheinen durch starke Gefühle blockiert zu sein, die sie nicht ausdrücken können. Erst wenn eine sichere Ausdrucksmöglichkeit für die verdeckte, verdrängte oder abgespaltene Feinseligkeit gefunden ist – und dies können Geschichten, Metaphern, Bilder, Gedichte oder reale Objekte, wie Kissen oder ein Punching-Ball sein – sind eine stärkere positive Beteiligung am sozialen Klassengeschehen und damit auch Lernfortschritte zu erwarten.

Die Verhaltensmuster unsicher-vermeidend gebundener Kinder in der Schulsituation lassen sich in einem charakteristischen Lernprofil zusammenfassen (vgl. Tabelle 5).

| |
|---|
| **Ebene 1:** Reaktionen auf die Schule/das Klassenzimmer<br>• Keine äußeren Anzeichen von Angst oder Verunsicherung angesichts der neuen Situation |
| **Ebene 2:** Reaktionen auf die pädagogische Fachkraft<br>• Verleugnung von Unterstützungs- und Hilfebedarf durch den Lehrer<br>• Emotionale Nähe des Lehrers wird nur schwer ertragen |
| **Ebene 3:** Reaktionen auf Lernaufgaben<br>• Autonome und intensive Beschäftigung mit Aufgaben, starke Unabhängigkeit<br>• Feindseligkeit und Aggression, die durch den Lehrer gestellte Aufgaben ausgelöst werden, wird auf eben diese oder andere Personen gerichtet<br>• Die Lernaufgabe fungiert als emotionale Sicherheitszone zwischen Schüler und Lehrer |
| **Ebene 4:** Fähigkeiten und Schwierigkeiten<br>• Schulleistungen unterhalb des Fähigkeitsniveaus<br>• Eingeschränkte Verwendung von Sprache zur Kommunikation<br>• Eingeschränkte Nutzung kreativen Denkens |

*Tabelle 5: Lernprofil unsicher-vermeidend gebundener Schüler (Geddes 2007)*

### Das dynamische Lerndreieck unsicher-ambivalent gebundener Kinder (C-Typ)

Unsicher-ambivalent gebundene Kinder haben ihre primäre Bezugsperson als wenig feinfühlig erlebt. Nicht die kindlichen Bedürfnisse nach emotionaler Wärme und Körperkontakt wurden in der Interaktion erfüllt, sondern die der primären Bezugsperson. Viele Mütter unsicher-ambivalent gebundener Kinder haben selbst überwältigende, nicht erfüllte Bindungsbedürfnisse, deren Erfüllung sie in der Beziehung zu ihrem Kind finden und die vor den kindlichen Bedürfnissen priorisiert werden. Dies macht das mütterliche Verhalten für das Kind unvorhersehbar und unzuverlässig. Da sich das Kind der Feinfühligkeit seiner primären Bezugsperson nicht sicher sein kann, entsteht ein Konflikt zwischen dem Wunsch nach engem Körperkontakt und gleichzeitigem Ärger darüber, dass dieser zum einen nicht hergestellt wird, wenn das kindliche Bedürfnis danach besteht und zum anderen nicht solange andauert, wie das Kind das Bedürfnis danach hat. Wenn das Bindungssystem in hochunsicheren Situationen aktiviert wird, sind diese Kinder doppelt emotional erregt, da sie gelernt haben, dass ihre Bedürfnisse eher frustriert anstatt befriedigt werden.

Das Bindungsverhalten dieser Kinder ist somit um eine primäre Bezugsperson organisiert, die selber Probleme mit dem Loslassen hat und deren eigene Bedürfnisse wenig Raum für Feinfühligkeit gegenüber den eigenständigen und anderen Bedürfnissen des Kindes lassen.
Aus der Perspektive des Kindes wird Autonomie und Trennung in der Bindungsbeziehung zugunsten von ängstlicher Verstrickung mit der primären Bezugsperson verleugnet. Das Bindungsverhalten ist durch Unsicherheit geprägt, ob die Bedürfnisse dieses Mal erfüllt werden. Darauf reagiert das Kind mit einem Wechsel aus anklammerndem und kontrollierendem Verhalten. Der elterliche Gemütszustand scheint sorgfältig überwacht zu werden, um die Chancen auf die richtige Reaktion zu erhöhen (vgl. Gerhardt 2015). Unsicher-ambivalent gebundene Kinder können auch offen feindselig sein. Ihre Mütter beklagen sich öfter darüber, dass sie von ihren Kindern getreten oder angegriffen worden seien.

Erickson, Sroufe und Egeland (1985) beschreiben unsicher-ambivalent gebundene Kinder in der Kindertagesbetreuung entweder als impulsiv und voller Spannung oder aber als hilflos und ängstlich. Durch ihr hohes Niveau an Trennungsangst fallen sie bereits im Kindergartenalter durch häufiges Fehlen auf, das sich mit dem Schuleintritt, insbesondere mit dem Übergang in die Sekundarstufe noch verstärkt. Der Übergang zur Sekundarstufe stellt eine Phase besonders erhöhter Vulnerabilität für diese Kinder dar, weil es nicht mehr eine konstante Bezugsperson – den Klassenlehrer gibt – sondern jedes Fach durch eine andere Lehrkraft unterrichtet wird. Unsicher-ambivalent gebundene Kinder laufen Gefahr, eine Schulphobie zu entwickeln. Durch häufige Fehlzeiten oder ein gänzliches Fernbleiben von der Schule ergeben sich große Wissenslücken und die Kinder bleiben weit hinter ihren Leistungsmöglichkeiten zurück.

Zwei Fallbeispiele nach Geddes (2007) von unsicher-ambivalent gebundenen Kindern unterschiedlichen Alters illustrieren, wie diese sich ihre Autonomie im Lernprozess erkämpfen und welche Veränderungen durch beziehungsorientierte schulische Interventionen möglich sind.

Naomi ist zwölf Jahre alt und hat eine Schulphobie im Übergang zur Sekundarstufe entwickelt. Sie ist zu Hause bei ihrer Mutter und geht nicht alleine vor die Haustür. Nach einigen Privatunterrichtsstunden zu Hause, wird sie in einem örtlichen Familienzentrum beschult, zu dem sie jeden Morgen mit dem Taxi gebracht wird. Es braucht lange, bis sich Naomi und ihre Mutter an diese Lösung gewöhnen. Die Mutter berichtet von ihrer ständigen Sorge, dass auf dem Weg „etwas passieren" könnte.
Im geschützten Rahmen des Familienzentrums und in einer Eins-zu-eins-Situation mit einer Lehrkraft interessiert sich Naomi schnell für den Lehrstoff und entwickelt sich zu einer „Musterschülerin". Nach kurzer Zeit entdeckt sie das Schreiben als Ausdrucksmöglichkeit für sich und verfasst Kurzgeschichten, in denen sie ihren Ablösungs- und Individuationsprozess aufarbeitet.

Die Protagonistin in einer ihrer Geschichten findet ein Schatzkästchen, das das Geheimnis ihrer Identität birgt, über die ihre Eltern ihr nie die Wahrheit erzählt haben. Sie macht sich auf die Suche nach ihren Wurzeln und ein magischer Prozess beginnt, der sie zu einem anderen Planeten bringt. Die Bewohner dieses Planeten kommunizieren nicht über Sprache, sondern über das Gedankenlesen miteinander. Sie findet nach langer Suche ihre leibliche Familie, aber dies verwirrt sie zunächst so sehr, dass sie zur Erde und zu ihrer alten Familie zurückkehrt. Mit der Zeit gewöhnt sie sich aber an ihre wahre Identität und beschließt auf dem Planeten zu bleiben und nur hin und wieder ihre Erdeneltern zu besuchen. Sie ist sich nun im Klaren darüber, wer sie ist und das sie unabhängig ist.

In einer weiteren Geschichte schreibt Naomi über ein Flüchtlingsmädchen, die ihren Weg allein zu ihrer Heimatstadt zurückfinden muss. Ihr Boot sinkt und sie strandet auf einer Insel. Sie wird von einem dort lebenden Stamm aufgenommen und schließt Freundschaft mit einem Stammesangehörigen. Dieser hilft ihr, die Angst vor dem Meer zu überwinden und bringt ihr das Schwimmen bei. Das Mädchen findet heraus, dass sie die Fähigkeit besitzt, außergewöhnliche Haartrachten und Schmuck herzustellen. Sehr bald wird sie als vollwertiges Stammesmitglied mit Fähigkeiten, die geachtet und gewertschätzt werden, anerkannt. Das Mädchen schreibt zum Schluss ihrer Geschichte einen Brief an ihre Eltern, dass es ihr gut geht, sie sicher und sehr glücklich ist und dass sie nicht mehr zurückkehren wird.

Solche Reisegeschichten haben sich in der Arbeit mit Schülern bewährt, denen der Ablösungsprozess von den primären Bezugspersonen schwer fällt und für die Autonomie und der Aufbau neuer Beziehungen problematisch sind (vgl. Morton 2000; Waters 2003).

In anderen Fällen kann es aber auch wichtig sein, die primäre Bezugsperson stärker einzubeziehen, da deren unerkannten und unerfüllten Bedürfnisse das Wohl des Kindes gefährden können, wie das Beispiel von Colin zeigt (vgl. Geddes 2007).

Colin lebt bei seinen Eltern. Er verweigert den Schulbesuch. Seine Mutter ist entsetzt über seine Aggressivität und Grobheit ihr gegenüber. Sie berichtet, dass ihre Beziehung schon immer „besonders eng" gewesen sei. Tagsüber hilft Colin seiner Mutter im Haushalt, abends schaut er mit ihr Seifenopern im Fernsehen an, während der Vater in einem separaten Zimmer „seine Programme" schaut – Sport und Nachrichten.
Die Familie scheint in getrennten Welten zu leben: Mutter und Sohn in einer verstrickten Beziehung, der Vater in Orientierung auf die Außenwelt. Durch behutsame Elternarbeit gelingt es, die Eltern davon zu überzeugen, dass sie gemeinsam mehr Druck auf Colin ausüben müssen, damit dieser wieder zur Schule geht. Durch die gestärkte Verbindung zwischen den Eltern scheint Colin wie erlöst. Binnen einer Woche geht er wieder zur Schule.

In der Lernsituation wirken unsicher-ambivalent gebundene Kinder überängstlich und tendieren zu anklammerndem und kontrollierendem Verhalten, auch dem Lehrer gegenüber. Sie versuchen, dessen Rolle zu übernehmen, wobei die Lernaufgabe als Störfaktor für die Beziehung ignoriert wird. Obwohl unsicher-ambivalent gebundene Kinder häufig über sehr gute sprachliche Fähigkeiten verfügen, besteht die Gefahr, dass sie unter ihren Leistungsmöglichkeiten bleiben. Diese Fähigkeiten werden zumeist nicht zur Aufgabenbewältigung eingesetzt, sondern um die Aufmerksamkeit des Lehrers auf sich zu ziehen. Wenn ihre Wünsche und Bedürfnisse nicht erfüllt werden, kann es auch zu feindseligem Verhalten dem Lehrer gegenüber kommen. Lehrer empfinden unsicher-ambivalent gebundene Kinder häufig als abhängig, eigentlich ist ihr Verhalten aber eher als ängstlich-kontrollierend und als Ausdruck ihrer Sorge um den Verlust der Aufmerksamkeit und der emotionalen Nähe des Lehrers interpretierbar.
Die Verhaltensmuster unsicher-ambivalent gebundener Kinder in der Schulsituation lassen sich in einem charakteristischen Lernprofil zusammenfassen, dass in Tabelle 6 dargestellt wird.

| **Ebene 1:** Reaktionen auf die Schule/das Klassenzimmer<br>• Hohes Angst- und Unsicherheitsniveau (im Extremfall Schulphobie) |
|---|
| **Ebene 2:** Reaktionen auf die pädagogische Fachkraft<br>• Starkes Bedürfnis nach der Aufmerksamkeit des Lehrers<br>• Offensichtliche Abhängigkeit vom Lehrer<br>• Ausdruck von Feindseligkeit und Aggression gegenüber dem Lehrer |
| **Ebene 3:** Reaktionen auf Lernaufgaben<br>• Schwierigkeiten mit der selbstständigen Aufgabenbewältigung<br>• Keine Persistenz in der Beschäftigung mit der Lernaufgabe aus Angst die Aufmerksamkeit des Lehrers zu verlieren |
| **Ebene 4:** Fähigkeiten und Schwierigkeiten<br>• Schulleistungen unterhalb des Fähigkeitsniveaus<br>• Gut entwickelte Sprachfähigkeiten<br>• Schwache Mathematikleistungen |

*Tabelle 6: Lernprofil unsicher-ambivalent gebundener Schüler (Geddes 2007)*

Vor dem Hintergrund der frühen Beziehungserfahrungen interpretiert, zeigt es den ungelösten Konflikt, der nicht erlaubt, dass die Lernumwelt, die auch andere Personen umfasst, an der Mutter-Kind-Dyade partizipiert.

Das dynamische Lerndreieck unsicher-ambivalent gebundener Kinder spiegelt das Spannungsverhältnis zwischen dem Schüler, der Lehrkraft und den Erfordernissen der Aufgabe wieder.

Solange der Schüler seine Beziehung zur primären Bezugsperon nicht aus der Distanz betrachten und explorieren kann, bleiben seine Identität, seine Wünsche und Bedürfnisse mit denen der Mutter verstrickt. Ein erster Schritt aus der Verstrickung besteht darin, das Interesse für eine Aufgabe zu wecken. Lehrer, die die Trennungsangst der Schüler erkennen, sind in der Lage ihr Verhalten zu interpretieren und entsprechend darauf zu reagieren. Geddes (2007) beschreibt es als sehr wichtig

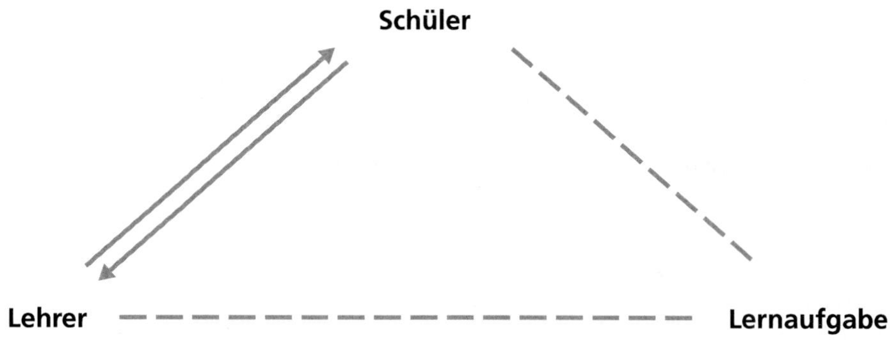


*Abb. 9: Das Lerndreieck unsicher-ambivalent gebundener Kinder: Schule als unsichere Basis*

für unsicher-ambivalent gebundene Kinder, dass sie den Lehrer als eine starke, zuverlässige Persönlichkeit wahrnehmen, die ihre Bedürfnisse erkennt und ihnen die Unterstützung gibt, die sie brauchen. Weder die Erfahrung von Bedürftigkeit eines Erwachsenen sollte in der Lehrer-Schüler-Beziehung wiederholt werden, noch der Schüler in seiner offensichtlichen Pseudo-Helferrolle belassen werden.

**Das dynamische Lerndreieck desorganisiert gebundener Kinder (D-Typ)**
Eine kleine Gruppe von Schülern, die schwerste Verhaltensauffälligkeiten zeigen, hat primäre Beziehungserfahrungen gemacht, die zu einer desorganisierten oder desorientierten Bindung führen. Das Verhaltensmuster ist schwer eindeutig identifizierbar, da es Merkmale aller anderen Bindungstypen zeigt. Während unsicher-vermeidend oder -ambivalent gebundene Kinder aber konsistente Verhaltensmuster entwickelt haben, scheinen desorganisiert gebundene Kinder keinerlei Strategien für den Umgang mit Stress zu kennen. Das über die Zeit stabile, desorganisierte Bindungsmuster wird mit frühen Vernachlässigungs- oder Misshandlungserfahrungen in Verbindung gebracht[6]. Einige Kinder sind wiederholt Zeuge elterlicher Auseinandersetzung mit Gewaltausübung geworden, andere haben unter dem Substanzkonsum (Alkohol und Drogen) oder der psychischen Erkrankung und dadurch der Unerreichbarkeit ihrer Eltern und der Unvorhersehbarkeit ihrer Reaktionen gelitten. Manche desorganisiert gebundenen Kinder sind im Heim aufgewachsen oder hatten häufig wechselnde Bezugspersonen. Sie alle haben nicht die Erfahrung einer sicheren Basis gemacht, wenn sie mit emotionaler oder physischer Bedrohung konfrontiert waren. Diese Bedrohung ging sogar in vielen Fällen von ihrer primären Bezugsperson und damit ihrer eigentlichen Sicherheitsbasis aus. Fairbairn (2006) vergleicht die Pattsituation in der sich desorganisiert gebundene Kinder befinden, mit der Wahl zwischen dem Verhungern oder dem Verzehren eines „vergifteten

[6] Vorübergehende desorganisierte Verhaltensmuster können aber auch Entwicklungsübergänge markieren, z. B. wenn die Kinder neue Strategien zum Beziehungsaufbau erworben haben, ihnen aber die entsprechende Sicherheit in dessen Anwendung noch fehlt und sie zwischen alten und neuen Strategien hin- und herwechseln (vgl. Kapitel 2).

Kuchens". Mit zunehmendem Alter versuchen desorganisiert gebundene Kinder ihre Hilflosigkeit, Unsicherheit und Angst zu bewältigen, indem sie ein stark kontrollierendes Verhalten, zum Teil mit strafenden Anteilen, ihren Eltern gegenüber zeigen (vgl. Moore 1998). Sie befinden sich permanent in Alarmbereitschaft und neigen zu überschießenden und unkontrollierten Reaktionen.

Geddes (2007) erklärt dies unter Rückbezug auf die Gehirnentwicklung: In den ersten Lebensjahren besitzt die rechte Hemisphäre, die eher mit der ganzheitlichen Verarbeitung und Verarbeitung von Emotionen in Verbindung gebracht wird, einen Reifungsvorsprung. Sie ist besonders empfänglich für Stimulation durch die soziale Umwelt, Lernen erfolgt vor allem über Gefühle. Werden die Zustände und Bedürfnisse des Säuglings nicht feinfühlig wahrgenommen und befriedigt, fehlt die sichere emotionale Basis. Der Säugling befindet sich in einem ständigen Stresszustand. Da die eigenen Regulationsmöglichkeiten noch begrenzt sind (vgl. Schore 1994), „lernt" das Gehirn auf die geringsten Reize Gefahrenreaktionen, wie Flucht und Kampf, auszulösen. Das Verhalten desorganisiert gebundener Kinder, die überwältigende und unregulierte Angst erfahren haben, ist auf Überleben und Verteidigung ausgerichtet. Sie mussten lernen mit ständigem Terror, ohne jegliche Hoffnung auf Bewältigung, zu leben (vgl. Emanuel 2000). Zu den Anpassungsreaktionen an länger andauernde, unerträgliche Angst gehören:

- fehlendes Vertrauen in Erwachsene und Ablehnung ihrer Autorität,
- übermäßige und ständige Wachsamkeit, um auf unvorhersehbare Gefahren sofort reagieren zu können,
- unvorhergesehene Ausbrüche aggressiven Verhaltens,
- Vermeidung von Situationen, in denen das Gefühl der Hilflosigkeit ausgelöst werden könnte,
- Vermeidung von Situationen, in denen Beleidigungen oder Erniedrigung durch Andere erwartet werden, die an die eigene extreme Verletzbarkeit erinnern,
- überwältigende Gefühle, die nicht verarbeitet werden können, weil sie der Reflexion nicht zugänglich sind,
- Kampf- und Fluchttendenzen,
- Hyperaktivität,
- fehlendes Selbstwertgefühl und fehlende Einfühlungsvermögen gegenüber Anderen.

Desorganisiertes Verhalten ist Ausdruck der Unfähigkeit, Gefühle und Gedanken zu integrieren. Dies hat tiefgreifende Folgen für das schulische Lernen, da linkshemisphärisch-analytische Funktionen durch das erhöhte Erregungsniveau der rechtshemisphärischen Funktionen dominiert werden (vgl. Schore 1994). Dies wird im Folgenden an einem Fallbeispiel nach Geddes (2007) illustriert.

Der Viertklässler Tim sitzt mit einem starren und wilden Blick an seinem Platz. Sobald der Lehrer mit seinem Unterricht beginnt, steht Tim schimpfend auf und läuft rastlos im Klassenzimmer auf und ab. Der Lehrer fordert Tim auf, sofort zu seinem Platz zurückzukehren. Tim zieht demonstrativ und geräuschvoll seinen Stuhl unter dem Tisch hervor, setzt sich wiederstrebend und unter großem Getöse wieder hin. Nun versucht er in seiner Nachbarschaft sitzende

Kinder vom Unterricht abzulenken. Es gelingt dem Lehrer jedoch, die Aufmerksamkeit der Klasse aufrecht zu erhalten und auf die Lernaufgabe zu fokussieren, die er zur Einzelbearbeitung stellt. Als Tim nicht mit der Bearbeitung der Aufgabe beginnt, fordert der Lehrer ihn direkt dazu auf. Daraufhin wirft Tim den Aufgabenzettel auf den Fußboden, schimpft laut und vernehmlich auf den Lehrer, die Schule und seine Mitschüler, verlässt lautstark das Klassenzimmer und schlägt die Tür hinter sich zu. Ungeachtet aller Aufforderung des Lehrers, ins Klassenzimmer zurückzukehren, verlässt er das Schulgebäude. Solche Szenen spielen sich fast täglich ab und bringen den Lehrer an den Rand seiner Geduld und Toleranz. Tim's Mutter wird regelmäßig zu Elterngesprächen eingeladen, um die Situation zu besprechen, erscheint aber entweder nicht zu diesen Terminen oder scheint der Problematik hilflos gegenüber zu stehen.

Tim erhält schließlich therapeutischen Einzelunterricht. In einer seiner ersten Sitzungen ignoriert er – wie gewohnt – die ihm gestellten Aufgaben und wirft stattdessen rhythmisch seinen Basketball gegen die Wand und fängt ihn geschickt wieder auf. Der Therapeut lässt ihn gewähren und versucht im Gespräch mit ihm herauszufinden, was er tut, wenn ihn etwas beunruhigt, er traurig oder ängstlich ist. Tim erzählt – unter konstanter Fortsetzung seiner Tätigkeit – dass er sich seit seinem dritten Lebensjahr immer in seine „eigene Welt" zurückzieht, wenn seine Mutter wieder eine ihrer furchterregenden „Phasen" hat. Der Rückzug in diese „eigene Welt" ist Tims Überlebensstrategie, in dieser Welt kann er kontrollieren, was geschieht. Sein Bedürfnis, um jeden Preis die Kontrolle zu behalten, verursacht letztendlich seine sozialen Probleme im Klassenraum.

Das Fallbeispiel zeigt, dass desorganisiert gebundene Kinder dem Lehrer sehr oft Misstrauen entgegen bringen. Wurden sie z. B. physisch misshandelt, erwarten sie die gleichen Formen der Misshandlung auch durch den Lehrer. Wie Tim provozieren sie durch Missachtung aller schulischen Regeln und jeglicher Autorität des Lehrers, zum Teil auch durch Beleidigungen, Beschimpfungen und tätliche Angriffe. Nach Littner (1960) lässt sich dieses Verhalten als ein Test des Lehrers interpretieren, durch den das Kind herausfinden möchte, ob der Lehrer sie wirklich nicht misshandelt. In vielen Fällen führt ihr Verhalten aber früher oder später beim Lehrer zu Disziplinierungsmaßnahmen, im schlimmsten Falle zur Zurückweisung des Schülers oder dazu, dass der Lehrer ihn anschreit (vgl. Julius 2002).

Das dynamische Lerndreieck desorganisierter Schüler verdeutlicht die desolate Situation in der sie sich befinden:

Einerseits kann schulische Unterweisung durch den Lehrer nicht akzeptiert werden, da sie ständig Kontrollverlust, physische oder psychische Bedrohung von diesem erwarten und diese durch ihr Verhalten zu provozieren versuchen. Andererseits werden aber auch die Lernaufgaben nicht akzeptiert, da sie potenziell die Gefahr des Versagens bergen und somit bestehende Gefühle von Inkompetenz und Unzulänglichkeit noch zu verstärken drohen.

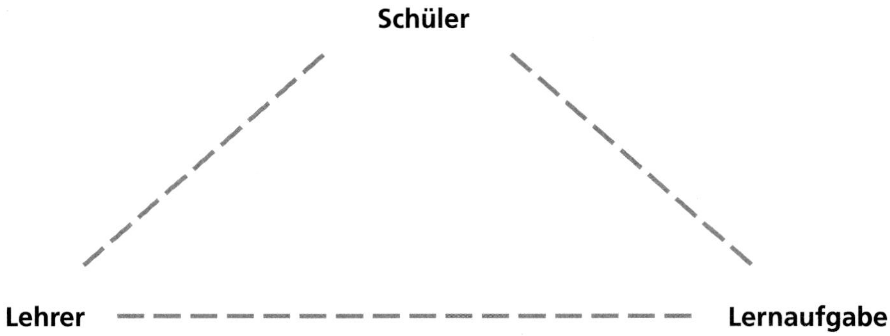


*Abb. 10: Das Lerndreieck desorganisiert gebundener Kinder*

Der Zusammenhang zwischen desorganisierter Bindung und einer schlechten Anpassung an schulische Erfordernisse ist offensichtlich. Eine schlechte Selbstregulationsfähigkeit führt zu schlechter Schulleistung, diese wiederum zu einer weiteren Verschlechterung des Selbstwertes und somit zu einer weiteren Erhöhung der Unsicherheit, deren Regulation durch eine Bezugsperson nicht zugelassen werden kann.
Die Verhaltensmuster desorganisiert gebundener Kinder in der Schulsituation lassen sich in einem charakteristischen Lernprofil zusammenfassen, dass in Tabelle 7 dargestellt wird.

| **Ebene 1:** Reaktionen auf die Schule/das Klassenzimmer<br>• Extreme Angst, die ihren Ausdruck in kontrollierendem oder übermächtigem Verhalten findet |
|---|
| **Ebene 2:** Reaktionen auf die pädagogische Fachkraft<br>• Größte Schwierigkeiten die Autorität des Lehrers anzuerkennen, aber eventuell Respekt vor dem Schuldirektor<br>• Unfähigkeit, den Anweisungen des Lehrers zu folgen |
| **Ebene 3:** Reaktionen auf Lernaufgaben<br>• Die Lernaufgabe löst starke Ängste vor dem Versagen aus, daher wird diese abgelehnt oder sogar zerstört<br>• Schwierigkeiten zuzugeben, „etwas nicht zu wissen"<br>• Der Schüler wirkt leicht altklug und behauptet bereits alles zu können und zu wissen |
| **Ebene 4:** Fähigkeiten und Schwierigkeiten<br>• Mangelnde Kreativität und Phantasie, konzeptuelles Denken fällt schwer<br>• Hohe Wahrscheinlichkeit für Schulversagen, Stagnation auf einem sehr niedrigen Bildungsniveau |

*Tabelle 7: Lernprofil desorganisiert gebundener Schüler (Geddes 2007)*

Die Verhaltensweisen desorganisiert gebundener Kinder sind leicht mit denen von Kinder mit einer Aufmerksamkeitsdefizit-Hyperaktivitätsstörung (ADHS) zu

verwechseln (vgl. Grossmann / Grossmann 2004). Dies hat zu der Diskussion geführt, ob problematische primäre Beziehungserfahrungen Hauptverursacher der ADHS sind oder diese zumindest mit verursachen (vgl. Bovensiepen / Hopf / Molitor 2004). Dies erscheint fraglich und wurde bisher noch nicht den Standards entsprechend empirisch untersucht. Dagegen konnte eine genetische Komponente des ADHS immer wieder sehr gut bestätigt werden, die zu einem Ungleichgewicht im Neurotransmitterhaushalt des Dopamins führt. Dieses kann erfolgreich durch eine Kombination aus Medikamenten mit dem Wirkstoff Methylphenidat und Verhaltenstherapie behandelt werden (vgl. Steinhausen 2000). Unbestritten ist es von großer Wichtigkeit, die Verhaltensmuster aufmerksamkeitsgestörter und hyperaktiver Kinder auch vor dem Hintergrund ihrer primären und gegenwärtigen Beziehungserfahrungen zu betrachten.
Die Verhaltensweisen von Schülern mit einer desorganisierten Bindung sind dagegen primär durch die beschriebenen desolaten Interaktionserfahrungen verursacht. Medikamente nutzen in diesen Fällen ebenso wenig wie reine Verhaltenstherapie. Aber auch mit liebevollem Verständnis sind die Verhaltensmuster dieser Kinder nicht mehr veränderbar. Einige stärker psychoanalytisch orientierte Interventionsansätze werden in Kapitel 7.3 vorgestellt.
Darüber hinaus wird es sicherlich auch eine Reihe von Einzelfällen geben, bei denen gleichzeitig sowohl ein ADHS als auch ein desorganisiertes Bindungsmuster vorliegt (Komorbidität), wobei unter Umständen die geeignete Intervention Elemente aus der Verhaltenstherapie, der Psychoanalyse und den Einsatz von Medikation erfordert.

Die Ähnlichkeiten in den Verhaltensmustern und die Überlappung der Störungsbilder ADHS und desorganisierte Bindung machen deutlich, welche besondere Rolle eine sorgfältige **Differentialdiagnostik** spielt, bevor jegliche Art von Intervention eingeleitet wird. Zu groß ist die Gefahr, das psychische Leiden ohnehin schon traumatisierter, in ihren Chancen stark eingeschränkter Kinder durch gut gemeinte, aber unter Umständen falsche Interventionen noch zu verstärken.

Dies unterstreicht auch die Forderung nach interdisziplinärer Zusammenarbeit in pädagogischen Kontexten, auf die ebenfalls in dem nun folgenden Kapitel 7.3 eingegangen wird.

## 7.3 Ansätze beziehungsorientierter Intervention in der Schule

Geddes (2003, 2005, 2007) hat aus den dynamischen Lerndreiecken der unsicher-vermeidend, unsicher-ambivalent und desorganisiert gebundenen Schüler jeweils einen Katalog an Interventionsmöglichkeiten auf unterschiedlichen Ebenen – des Lehrers, der Mitschüler, sowie der Aufgabe und des Lehrplans – abgeleitet. Dieser Katalog wird ergänzt um die Vorschläge von Julius (2002) zu Diskontinuitätserfahrungen, die Lehrern unsicher gebundenen Schülern ermöglichen sollten, um deren internalen Arbeitsmodelle von sich selbst und ihren Bezugspersonen sukzessive zu verändern und nicht zu zementieren.

## Beziehungsorientierte Intervention bei unsicher-vermeidend gebundenen Schülern

**Die Lehrerebene:** Da der Lehrer von vorneherein aufgrund der bisherigen Beziehungserfahrungen mit negativen Erwartungen belegt ist, der Schüler sein Bedürfnis nach Hilfe verleugnet und Hilfeangeboten seitens des Lehrers in der Regel ablehnt, im Extremfall sogar aggressiv darauf reagiert, sehen Geddes (2007) und Julius (2002) den Hauptansatzpunkt der beziehungsorientierten Intervention bei unsicher-vermeidend gebundenen Schülern auf der Ebene der Lernaufgabe im Aufbau einer guten sachorientierten Beziehung (vgl. Kapitel 7.2).

**Die Ebene der Peers:** Paararbeit oder Arbeit in Kleingruppen kann unsicher-vermeidend gebundenen Kindern helfen, die emotionale Nähe zum Lehrer auf ein individuell erträgliches Maß zu regulieren.
Darüber hinaus beschreibt Geddes (2007), dass sich der Einsatz von Mentoren bewährt hat, die eine Mittlerposition zwischen unsicher-vermeidend gebundenen Schülern und dem Lehrer einnehmen. Dies können ältere Mitschüler sein, denen es aufgrund ihrer besonderen Rolle oftmals eher gelingt, Zugang auf der Beziehungsebene zum Schüler zu finden, mit ihm seine Probleme zu diskutieren und ihn zugänglicher in der Lehrer-Schüler-Beziehung zu machen.

**Die Ebene der Aufgabe im Rahmen des Lehrplans:** Im schulischen Setting lässt sich eine sachorientierten Beziehung zwischen Lehrer und Schülern, wie diese in Kapitel 7.2 beschrieben wurde, z. B. durch

- eine Unterrichtsplanung realisieren, die sich durch Klarheit in Ablauf und Struktur auszeichnet. Die vorgegebenen Aufgaben sollten ebenfalls gut strukturiert sein und alle notwendigen Materialien bereitstellen. Dadurch werden sie mit wenig Hilfe durch den Lehrer bewältigbar. Dies kann die Bedrohung reduzieren, die damit verbunden ist „etwas nicht zu wissen", sich nicht unterstützt oder allein gelassen zu fühlen.
- Unsicher-vermeidend gebundene Schüler bevorzugen darüber hinaus konkrete Aufgaben, die allerdings wenig Phantasie und Kreativität in der Auseinandersetzung erfordern. Beides kann durch differenzierte Aufgaben gefördert werden, dessen Inhalt und Art der Ausführung durch den Schüler selbst gewählt werden kann. Dadurch macht der Schüler die Erfahrung, dass eine erwachsene Bezugsperson – der Lehrer – sich in ihn einfühlt, versucht seine Bedürfnisse zu berücksichtigen und zu erfüllen.
- Geeignete Aufgaben sind auch strukturierte Regelspiele, eindeutig lösbare Mathematikaufgaben mit definierten algebraischen Rechenprozeduren sowie präzise, faktische Fragen, Sortier- und Konstruktionsaufgaben. Diese bieten mit hoher Wahrscheinlichkeit Möglichkeiten sicherer Auseinandersetzung und Lernerfahrung, da sie konkret sind, linkshemisphärisch-analytisch verarbeitet werden, wodurch die Gefühle eher auf niedrigem Niveau bleiben und den unsicher-vermeidend gebundenen Schüler nicht überwältigen. Das Wissen des Lehrers um die Bedeutung dieser Funktionsteilung im Gehirn erleichtert gene-

rell die Auswahl von Aufgaben, die die Integration von Kognition und Emotion und damit das Lernen erleichtern.

- Der Lehrplan bietet viele Möglichkeiten, um versteckte oder bedrohliche Gefühle ohne Selbstbezug zu explorieren. Türme, Brücken, Häuser, Schlösser, Burgen und Reisen kommen in vielen Geschichten vor und sind Symbole für Nähe und Distanz, Trennung und Verlust, Ängste vor dem Ungewissen, aber auch für Sicherheit und das Gefühl des Aufgehobenseins. Höchst emotionale Aufsätze können mit einer reinen Beschreibung dessen beginnen, was die Protagonisten einer Geschichte erleben. Dasselbe gilt auch für andere Medien, wie Filme, Videos oder sogar Seifenopern im Fernsehen. Auch Metaphern sind gut für die Arbeit mit Schülern geeignet, die sehr sensibel auf Gefühle und Beziehungen reagieren. Die Nutzung von Metaphern wirkt darüber hinaus lernerleichternd, da sie kognitive und emotionale Funktionen integrieren (vgl. Davou 2002).
- In der Gruppe der unsicher-vermeidend gebundenen Schüler sind allerdings häufig die sprachlichen und schriftsprachlichen Ausdrucksfähigkeiten vermindert – möglichweise als Ausdruck der Angst davor, zu viel von sich selbst preiszugeben. Oftmals wird die Nutzung eines Schreibgeräts ganz verweigert oder es wird auf eine Art und Weise eingesetzt, die eher an eine Waffe gegen das Papier als an ein Schreibwerkzeug erinnert (vgl. Geddes 2007). Strukturierte Aufgaben, wie das Schreiben in Kästchen, die Vervollständigung von Sätzen oder das Schreiben von kurzen Sätzen in vorab definierte Zeilen, können den Prozess des Schreibens erleichtern, den Druck beim Schreiben vermindern und die Angst vor dem „Sich-Auslassen" auf einem leeren Blatt Papier vermindern.

Selbst wenn es dem Lehrer gelingt, eine gute, sachorientierte Beziehung zum Schüler herzustellen, muss dies jedoch nicht zwangsläufig zu einer sicheren Bindungsbeziehung führen, da mit den Konzepten der „sachorientierten Beziehung" und der „Bindungsbeziehung" unterschiedliche Beziehungsaspekte beschrieben werden.

Allerdings sind die Konzepte auch nicht unabhängig voneinander zu verstehen: Die bisherigen Ergebnisse der Bindungsforschung zeigen, dass eine sichere Bindungsbeziehung eine gute Voraussetzung für den Aufbau einer guten und kompetenzfördernden „sachorientierten Beziehung" ist. Da die Eltern sicher gebundener Kinder feinfühlig gegenüber den Bindungsbedürfnissen ihrer Kinder sind, ist es wahrscheinlich, dass sie auch feinfühlig auf die sachbezogenen Interessen ihrer Kinder eingehen und sich in die Welt ihres Kindes hineinversetzen können. Bisher wurde allerdings nicht untersucht, ob eine gute sachorientierte Beziehung auch für den Aufbau einer sicheren Bindungsbeziehung förderlich ist, wie dies von Geddes (2007) und Julius (2002) postuliert wird: Kinder, die über einen längeren Zeitraum die Erfahrung gemacht haben, dass ihr Lehrer im Sachbereich feinfühlig ist, sollten demnach diese Erfahrungen sukzessive auch auf bindungsrelevante Situationen übertragen können. Diese Hypothese muss allerdings noch systematisch empirisch überprüft werden.

Unabhängig von ihrer Bedeutung im Kontext der Anbahnung einer Bindungsbeziehung liefert das Konzept der sachorientierten Beziehung aber wichtige

Hinweise zur professionellen Gestaltung von Lehrer-Schüler-Beziehungen, wenn es um die Erlangung von Sachkompetenz geht. Nach Daten von Stephan haben unsicher-vermeidende Kinder, deren Lehrern es gelingt, eine kompetenzfördernde Sachbeziehung zu ihnen aufzubauen, „die Chance, sich im Interessen- und später im Arbeitsbereich zu bewähren und daraus Anerkennung und emotionale Befriedigung zu ziehen. Bleiben werden aber sicherlich Defizite im eigenen Gefühlserleben und im Beziehungsbereich." (2015, 280) (vgl. Julius 2002).

### Beziehungsorientierte Intervention bei unsicher-ambivalent gebundenen Schülern

**Die Lehrerebene:** Anders als bei unsicher-vermeidend gebundenen Kinder liegt der Hauptfokus der Intervention bei unsicher-ambivalent gebundenen Kindern auf der Beziehungsebene. Dabei sollten Konsistenz und Zuverlässigkeit im Zuwendungsverhalten des Lehrers den pädagogischen Rahmen für die Arbeit bilden, in der möglichst viele Aspekte der Lehrer-Schüler-Beziehung einbezogen werden.

- Julius (2002) schlägt vor, dass dies dadurch geschehen kann, dass der Lehrer sich an jedem Schultag über einen bestimmten, fest vereinbarten Zeitraum mit dem Kind beschäftigt, indem **feste Rituale** (z. B. Begrüßungs- und Abschiedsrituale) eingeführt werden, die die Vorhersagbarkeit und Konstanz verstärken. Der Lehrer sollte unbedingt vermeiden, einmal getroffene Vereinbarungen mit dem Schüler nicht einzuhalten oder Verabredungen mit ihm abzusagen, zu verschieben oder nicht einzuhalten. Dies kann gerade in der Phase des Aufbaus der Lehrer-Schüler-Beziehung starke Wutreaktionen und Enttäuschungen auslösen, die aus den erneut bestätigten Erwartungen von Unzuverlässigkeit und fehlender Feinfühligkeit erwachsener Bezugspersonen gegenüber den Bedürfnissen des Schülers resultieren.
- Wenn Beziehungsunterbrechungen unvermeidbar sind, können **Übergangsobjekte** im Sinne Winnicotts (1976) hilfreich sein. Zu Beginn der Lehrer-Schüler-Beziehung wird der Schüler z. B. gebeten, auf ein Objekt, das dem Lehrer gehört oder symbolisch für ihn steht, für eine Weile gut aufzupassen. In dieser Zeit kann sich der Lehrer anderen Schülern zuwenden. Während des Frontalunterrichts zeigen explizit für den unsicher-ambivalent gebundenen Schüler gedachte Kommentare, dass der Lehrer ihn und seine Bedürfnisse nicht vergessen hat (vgl. Geddes 2007). Stehen längere Trennungen bevor, z. B. weil der Lehrer erkrankt ist oder Schulferien sind, kann dem Schüler für diese Zeit erlaubt werden, das Übergangsobjekt mit nach Hause zu nehmen. Eine andere Möglichkeit ist beispielsweise, dem Kind eine Postkarte zu schreiben – als Beweis, dass der Lehrer als Bindungsperson durch die Trennung nicht verloren gegangen ist (vgl. Brisch 1999; Julius 2002).

Allein mit Hilfe dieser Maßnahmen lassen sich die internalen Arbeitsmodelle unsicher-ambivalent gebundener Kinder jedoch noch nicht verändern. Nachdem sie in der Regel zunächst ein übermäßig abhängiges Verhalten gegenüber dem Lehrer zeigen, indem sie z. B. ständig dessen Nähe suchen und ihn möglicherweise fragen, ob sie ihn zu Hause besuchen dürfen, kommt es im schulischen Setting normalerweise zu einem Punkt, an dem das Kind die Unfähigkeit des Lehrers realisiert, seine massiven Bindungsbedürfnisse zu erfüllen. Dies wird als weiterer Beleg dafür interpretiert, dass Anderen nicht zu trauen ist und, dass sie selbst es nicht wert sind, die Fürsorge einer erwachsenen Bindungsfigur zu erhalten. Es kann zu Ärger- und Wutreaktionen kommen. Aus bindungstheoretischer Sicht gibt das Auftreten dieser Reaktionen dem Lehrer aber eine sehr gute Gelegenheit, dem Kind Beziehungserfahrungen zu ermöglichen, die mit seinem bisherigen Arbeitsmodell von Bindung nicht vereinbar sind.

- Anstatt das Kind zurückzuweisen oder zu maßregeln, sollte der Lehrer adäquate Grenzen für unakzeptables Verhalten setzen. Klare Grenzen verkleinern die Angst und eröffnen zugleich Wege, andere Formen des Umgangs mit Ärger zu erlernen (z. B. das Verbalisieren von Ärgergefühlen, vgl. Pearce / Pearce 1994; Axline 2016).
- Das Verhalten des Kindes sollte anerkannt und empathisch auf die Ärgerreaktionen eingegangen werden. An dieser Stelle kann der Lehrer Interpretationen für den Grund des Verhaltens anbieten, ihn z. B. in einer, dem Alter und Entwicklungsstand angemessenen Sprache sagen, dass er sich vorstellen könnte, dass der Schüler ärgerlich ist, weil er nicht in der Lage ist, seine Bedürfnisse nach Nähe zu erfüllen, oder dass er herausbekommen möchte, ob der Lehrer eine sichere Bindungsfigur ist, die ihn nicht zurückweist (vgl. Julius 2002). Solche Äußerungen zeigen dem Schüler, dass der Lehrer feinfühlig ist.
- Das feinfühlige Lehrerverhalten muss allerdings zeitlich stabil sein, denn erst dann wird das internale Arbeitsmodell von unsicher-ambivalent gebundenen Kindern mit neuen Beziehungserfahrungen konfrontiert. Anders als unsicher-vermeidend gebundene Kinder haben sie durchaus die Erfahrung gemacht, dass ihre primären Bindungspersonen manchmal feinfühlig sind, allerdings nicht konstant.
- Feinfühligkeit sollte ferner das gesamte Interaktionsverhalten des Lehrers kennzeichnen und sich nicht nur auf Ärgerreaktionen beschränken, allerdings ist reflektiertes Lehrerverhalten gerade auf Ärgerreaktionen wichtig, denn Zurückweisung oder Ablehnung würden dazu führen, dass das internale Arbeitsmodell unsicher-ambivalent gebundener Kinder weiter zementiert wird (vgl. Julius 2002).

Auch Geddes (2007) betont die Erfahrung verlässlicher und konsistenter Unterstützung durch einen Erwachsenen, die nicht in die Abhängigkeit führt, sondern zu Autonomie und Selbstständigkeit als das Wichtigste für den unsicher-ambivalent gebundenen Schüler. Im Unterschied zu Julius (2002) stellt sie aber stärker die Trennungsangst und die daraus resultierende Schulphobie heraus, die sich im Fernbleiben des Schülers von der Schule mit der Unterstützung und dem Einverständnis seiner Eltern äußert. Diese Trennungsangst setzt sich bis in die Sekundarstufe fort. Aus diesem Grunde braucht der unsicher-ambivalent gebundene Schüler eine konstante Bezugsperson auch über die Grundschule hinaus.

- Da in der Sekundarstufe durch den häufigen Lehrerwechsel eine konstante Bezugsperson zumeist nicht klar identifizierbar ist, kann diese Funktion z. B. ein Mentor übernehmen, den das Kind jeden Morgen trifft und der es durch die relativ komplexen Klassen- und Lehrerwechsel begleitet.

- Da das Fernbleiben von der Schule und die Schulphobie häufig von den Eltern unterstützt wird bzw. aus der Angst resultiert, der primären Bezugsperson könnte in der eigenen Abwesenheit etwas zustoßen, ist es sinnvoll, die Eltern mit in die Intervention einzubeziehen. Die elterliche Beziehung ist manchmal stark zugunsten der Mutter-Kind-Beziehung verzerrt (vgl. Fallbeispiel Colin in Kapitel 7.2). Die Stärkung der Paarbeziehung oder eine Erziehungspartnerschaft zwischen dem Lehrer und der Mutter, können helfen, die Verstrickung zwischen Mutter und Kind aufzulösen, weil diese in eine angemessenere Erwachsenenbeziehung mündet. Dies setzt allerdings bei den Eltern ein gewisses Veränderungspotenzial und die Bereitschaft zur Zusammenarbeit mit dem Lehrer voraus.
- Da dies nicht immer gegeben ist, sind oftmals auch andere Dienstleister aus dem sozialen Netz involviert. Generell erleichtern eine geringe Klassengröße und ein hohes Maß an individueller Unterstützung dem Kind die Trennung und die Entwicklung einer autonomen Identität.

***Die Ebene der Lernaufgabe, des Lernplans und der Unterrichtsplanung:*** Geddes (2007) betont, dass der Lehrer ferner über die Aufgabenauswahl die Möglichkeit einer beziehungsorientierten Intervention hat.

- Differenzierte Aufgaben, die in kleine Schritte zerlegt werden können und die Gelegenheit zur Rollenübernahme geben, modellieren die Erfahrung, dass zwei unabhängige Personen gemeinsam an einer Aufgabe arbeiten, ohne dass ihre Identitäten verschmelzen.
- Auch Brettspiele erfordern Trennung der Identitäten, indem man gegeneinander spielt. Dies bietet gleichzeitig auch die Möglichkeit, Feindseligkeit und Ärger gegenüber Erwachsenen in einer sozial anerkannten Form nach einer klaren Struktur und unter Beachtung von Regeln auszudrücken.
- Die Angst vor der Einzelarbeit kann reduziert werden, indem eine Aufgabe zeitlich begrenzt und die Dauer der Bearbeitungszeit mittels einer ablaufenden Uhr angezeigt wird.
- Im Rahmen des Lehrplans lässt sich ein reichhaltiges Angebot an Materialien, insbesondere Geschichten, einbinden, um die Reflektion und die emotionale Entwicklung an den Themen Trennung, Identität und Unabhängigkeit voran zu bringen.
- Anfänge, Trennungen und Enden sollten generell gut geplant und vorbereitet werden. Trennungsangst kann leichter überwunden werden, wenn ihr eine Übergangszeit oder ein Übergangsraum gegeben wird. Im Kindergartenalter führt beispielsweise die Möglichkeit zu kurzem kreativem Einzelspiel zu einer Reduktion der Trennungsangst mit anschließendem Parallelspiel in der Kindergartengruppe.
- Wenn Veränderungen oder Wechsel anstehen, müssen diese ausreichend lange vorher angekündigt werden. Genau zu wissen, was passieren wird, nimmt die Angst vor der Trennung und dem Unbekannten. Dies gilt insbesondere für den Wechsel in die Sekundarstufe.
- Häufiges Fernbleiben vom Unterricht ist schließlich oftmals ein Indikator für unsicher-ambivalente Beziehungserfahrungen. Es ist wichtig, dass schnell darauf reagiert wird, da dies dem Schüler vermittelt, dass man seine Abwesenheit bemerkt hat und er in der Schule vermisst wird. Dies führt seitens des Schülers zu der Erfahrung, dass das Schulsystem sicher und verlässlich ist.

**Die Peer-Ebene:** Unsicher-vermeidend gebundene Kinder haben nicht selten die Fähigkeit entwickelt, sich so auf die Gefühle und Bedürfnisse Anderer einzustellen, dass sie diese leicht manipulieren und kontrollieren können. Gerade Mädchen, die bevormundend auftreten, sind oft sehr unbeliebt bei ihren Mitschülern.

- Wenn es gelingt, diese Fähigkeit zur Verantwortungsübernahme für andere Personen auf Verantwortungsübernahme für Aufgaben umzuleiten, erfahren sich unsicher-ambivalent gebundene Schüler als wertvoll für die Gemeinschaft, indem sie unabhängig von den Anderen einen wichtigen Beitrag leisten, für den sie von Anderen geschätzt werden.
- Daneben fördert Kleingruppenarbeit die Gleichaltrigenbeziehungen und bietet Gelegenheit für einen Austausch über eigene Erfahrungen. Werden Aufgaben bearbeitet, die Trennungen und Übergänge thematisieren, kann der Schüler damit verbundene Ängste sicherer explorieren, Unterstützung durch die Peers erfahren und die Erfahrung machen, dass bei jedem Menschen andere Assoziationen und Gedanken dazu ausgelöst werden, das Denken und die Erfahrungen also eigenständig und unabhängig von anderen sind (vgl. Morton 2000; Waters 2003).

## Beziehungsorientierte Intervention bei desorganisiert gebundenen Schülern

Bei desorganisiert gebundenen Schülern sind die bisher beschriebenen pädagogischen Interventionen zwar notwendig, aber nicht ausreichend. Sie stellen lediglich eine sinnvolle Ergänzung zu einer – zumeist psychoanalytisch orientierten – Einzeltherapie dar. Die Einflussfaktoren Frühdiagnostik, körperliche Sicherheit, emotionale Sicherheit durch das professionelle Netzwerk, die Art der Aufgaben und Strategien für den Notfall können nach Geddes (2007) zur Angstreduktion beitragen und die Lernleistung der Schüler langsam steigern.

- **Frühdiagnostik**
  Das Verhaltensmuster desorganisiert gebundener Kinder ist bereits zu einem sehr frühen Entwicklungszeitpunkt auffällig. Je länger diese Kinder ohne emotionale und körperliche Sicherheit leben, desto schwieriger wird es, die Verteidigungsstrategien gegen die extreme Angst zu verändern. Daher ist die Früherkennung dieser Hochrisikogruppe für sozial-emotionale und Bildungsbenachteiligung ebenso essentiell, wie die Entwicklung eines geeigneten Frühinterventionsplans sowie die Bereitstellung der entsprechenden personellen und finanziellen Ressourcen. Die Interventionskosten im späteren Leben sind weitaus höher, wenn die Bedürfnisse dieser Kinder nicht frühzeitig erkannt werden (vgl. hierzu die vorgestellten Programme und Ansätze in Kapitel 5).

- **Das Bedürfnis nach körperlicher Sicherheit**
  Bei desorganisiert gebundenen Schülern steht zunächst nicht das Bedürfnis nach feinfühligen Reaktionen im Kontext neuer Beziehungen im Vordergrund. Liebevolles Verständnis ist deshalb zwar wichtig, aber nicht genug, um das Ausmaß an Unsicherheit und Gefährdung, das diese Kinder erlebt haben, zu kompensieren. Priorität haben dagegen körperliche Sicherheit, Vorhersagbarkeit und Verlässlichkeit. Ein Gebäude wie z. B. die Schule, mit regelhaften, vorhersagbaren Strukturen und Routinen, vorhersagbaren, verlässlichen Reak-

tionen und Verhaltensweisen Anderer, mit Regeln, die Schutz geben und wo Veränderungen planbar und vorhersehbar sind, gibt desorganisiert gebundenen Kinder möglichweise zum ersten Mal in ihrem Leben das Gefühl, körperlich aufgehoben und sicher zu sein. Dies wird im Folgenden an einem Fallbeispiel nach Geddes (2007) illustriert.

Lars, ein sechsjähriger Junge, reagiert hochsensibel auf alle Reize und hat große Konzentrationsprobleme. In seiner Bindungsgeschichte finden sich Hinweise auf traumatisierende Gewalterfahrungen. Ein Ansatzpunkt für pädagogische beziehungsorientierte Intervention im Einzelunterricht besteht darin, dass er es mag, wenn der Lehrer ihm alleine vorliest. Der Lehrer wählt die Geschichte „Ein Monster zieht in die Stadt", die von einem einsamen Monster handelt, das nach einem Haus sucht, in dem es leben kann. Schließlich findet es tatsächlich eines, das passend für seine ungewöhnliche Größe und Form ist. Diese Geschichte scheint für Lars ein Symbol für seine Suche nach einem sicheren Zufluchtsort zu werden, denn anschließend malt er eine Bildgeschichte zu diesem Buch.
Er versucht sich mit den ihm gestellten Lernaufgaben auseinanderzusetzen, wird dabei aber von seinen Ängsten zu versagen sehr stark beeinträchtigt. Er kann es kaum ertragen zu sehen, dass andere Schüler schneller und fehlerfreier lesen oder Aufgaben lösen, die er nicht bewältigen kann. Durch aggressives Verhalten, das durch jede neue Aufgabe oder Herausforderung ausgelöst wird, versucht er seinen Lehrer zu kontrollieren und die schmerzhafte, beschämende Erfahrung der Unfähigkeit und des Unwissens zu umgehen. Seine Lernfortschritte sind dennoch erkennbar, da eine Reihe von Geschichten, die ihm der Lehrer vorliest, anfangen einen Sinn für ihn zu ergeben. Eine dieser Geschichten handelt von einer Familie, die sich einen Hund aus dem Tierheim aussuchen. Das erste Wort, das Lars erlesen kann, ist „Hund" und er beginnt die Geschichtenreihe von „Floppy, dem Hund" selbstständig zu lesen. Floppy wird unschuldig verdächtigt, etwas Böses getan zu haben, seine neue Familie kann ihn nicht behalten. Später stellt sich aber heraus, dass er unschuldig ist, er wird zum Held und seine Familie ist froh, ihn wieder zu haben. Einen Ort zu finden, an dem man leben kann, akzeptiert, verstanden und geliebt wird, scheint im Kern der Metapher dieser Geschichte zu stehen.

Wenig später kann Lars wieder eine Regelklasse besuchen. Allerdings ein Jahr unter seinem chronologischen Alter und mit hoher Einzelunterstützung. Es gelingt ihm, sich an die Klassenregeln und Klassenstrukturen anzupassen, indem er seine Mitschüler imitiert, nicht aber auf direkte Anweisung des Lehrers hin. Wird er z. B. direkt gebeten, sich in den Stuhlkreis zu setzen, läuft er kopflos im Klassenzimmer herum, werden aber einfach alle aufgefordert, sich in den Stuhlkreis zu setzen, folgt auch Lars. Imitation scheint somit eine Alternative zum Gehorsam für ihn darzustellen. Dank einer hohen Einzelförderung ist er sukzessiv auch in der Lage, dieselben Aufgaben zu bewältigen wie seine Mitschüler. Seine Konzentrationsspanne ist sehr kurz, aber er kann kurze schriftliche Aufgaben lösen, wenn sie mit Arbeiten am Computer abwechseln.

Wie das Fallbeispiel zeigt, kann die Reduktion des hohen Angstniveaus desorganisiert gebundener Schüler durch einen sicheren Ort mit vorhersagbaren Routinen zu einer körperlichen Beruhigung und der Aufgabe der Flucht- und Verteidigungsposition führen. Unter diesen Voraussetzungen ist ihre Anpassungsfähigkeit nutzbar und Lernen am Modell ihrer Mitschüler wird möglich.

- **Emotionale Sicherheit durch das professionelle Netzwerk**
  Pädagogische Fachkräfte und Therapeuten, die mit desorganisiert gebundenen Kindern arbeiten, sind selber in hohem Maße durch das täglich wiederkehrende Verhalten dieser Kinder gestresst. Ihre unerwarteten Wutausbrüche mit Aggressivität, ihre ständige Verweigerung jeglicher Kooperation, die permanenten Störungen des Unterrichts sowie das Fehlen von Respekt und Empathie anderen gegenüber sind emotional auslaugende Erfahrungen für den Lehrer, die seine Fähigkeiten zu denken und reflektiert zu handeln beeinträchtigen. Durch **Supervision** oder **kollegiale Intervision**, in der Ängste mit anderen Professionellen geteilt werden, wird Reflexion über eigenes Verhalten und Schülerverhalten sowie die gemeinsame Entwicklung von angemessenen Handlungsstrategien möglich. Nach Geddes (2007) muss das professionelle Netzwerk für alle Beteiligten zur emotionalen sicheren Basis werden. Reflexion verhindert affektive Reaktionen auf die Provokationen des desorganisiert gebundenen Schülers, die sein internales Arbeitsmodell noch weiter bestätigen würden.

- **Die Bedeutung der Lernaufgabe**
  Das Fallbeispiel von Tim weist auf das Interventionspotenzial hin, das in der Lernaufgabe steckt. Allerdings empfinden desorganisiert gebundene Schüler nicht nur die Beziehung zu einer anderen Person als bedrohlich, sondern oftmals auch ihre Umwelt, da deren Exploration sich in der Vergangenheit als gefährlich erwiesen hat. Lernaufgaben können Schüler an diese negativen Erfahrungen erinnern und reaktives Verhalten auslösen. Geddes (2007) beschreibt, dass konkrete, mechanische und rhythmische Aktivitäten, die linkshemisphärisch verarbeitet werden, eine beruhigende Wirkung haben können (vgl. das Fallbeispiel von Tim in Kapitel 7.2, der während des rhythmischen Werfens seines Basketballs an die Wand in der Lage ist, über seine Bewältigungsstrategien in traumatisierenden Situationen zu sprechen). Zählaufgaben, Malen, Sortieren, Konstruktionsaufgaben sowie das Legen und Komplettieren von Objekt- oder Bildreihen können erste Ansatzpunkte sein. Geschichten bergen das Potenzial, dass desorganisiert gebundene Schüler eine Metapher oder ein Symbol für körperliche Sicherheit und Geborgenheit finden. Gerade bei jüngeren Schülern kann die engagierte Konstruktion und das Bauen eines Hauses (z. B. eines Baumhauses, einer Hütte, aber auch bereits deutlich symbolischer der Ausbau einer Wohnung in einem Schuhkarton oder der Bau eines Puppenhauses) für sie und ihren Lernfortschritt die wichtigste Aufgabe sein. Ältere Schüler finden in Geschichten, Parallelen zu ihren eigenen Erlebnissen sowie im Ende der Geschichte symbolisch einen sicheren Ort, an dem sie leben und von dem aus sie auch beginnen können zu lernen.

- **Strategien für den Notfall**
  Die beste pädagogische Praxis kann nicht verhindern, dass unvorhersehbare Situationen eintreten, auf die desorganisiert-gebundene Schüler reagieren,

indem sie „ausrasten" oder in regressive Verhaltensweisen verfallen. Über einen Vorfall vernünftig zu reden ist in der Regel dann nicht möglich, da das Flucht- oder Kampfverhaltensmuster des desorganisiert gebundenen Schülers aktiviert ist. In solchen Fällen ist es besser, sofort in eine „Sicherheitsroutine" zu wechseln. Diese kann z. B. darin bestehen, dass der Schüler in einen sicheren, ruhigen, reizarmen Raum gebracht wird und einen Kasten mit konkreten Routineaufgaben erhält. Geddes (2007) berichtet, dass eine ihrer Schülerinnen diesen Kasten ihren „Kummerkasten" nannte. Sobald der Schüler sich beruhigt hat, kann über den Vorfall gesprochen werden. Danach ist dann auch eine Rückkehr in den Klassenraum möglich. Strategien für den Notfall zu haben, geben dem Lehrer Sicherheit und schützen ihn, die Mitschüler und den desorganisiert gebundenen Schüler. Die Eskalation der Situation kann vermieden werden. Die Entwicklung guter Strategien erfordert vorausschauendes Planen und gute Beobachtungsfähigkeiten des Lehrers, welches im Einzelfall geeignete Notfallstrategien sein können. Darüber hinaus ist eine gute Zusammenarbeit mit den Kollegen und Rückhalt beim Schulleiter erforderlich, denn manchmal ist sein Büro oder ein Teil des Lehrerzimmers der ausgewählte Rückzugsort. Sind geeignete Strategien aber erst einmal implementiert, stellen diese ein produktives Zusammenarbeiten wieder her und sichern dieses auch langfristig.

Zusammenfassend verfügen Schulen über ein enormes – teilweise weitestgehend ungenutztes – Resilienzpotenzial. Dies gilt besonders im Hinblick auf sozial benachteiligte Schüler, die mit ihren primären Bezugspersonen nur unsichere oder sogar desorganisierte Bindungsmuster aufbauen konnten. Diese sind auf Möglichkeiten kompensatorischer Bindungsbeziehungen und sachorientierter Beziehungen angewiesen. Lehrer können diese modellieren und damit einen substantiellen Beitrag zur psychischen Gesundheit und zum Wohlbefinden ihrer Schüler leisten (vgl. Every Child Matters, DfES, 2003).
Allerdings brauchen sie dafür Unterstützung oder um es frei nach Bowlbys Worten zu sagen: Eine Gesellschaft, die ihre Kinder wertschätzt, muss auch ihren Eltern und den pädagogischen Fachkräften, die mit ihnen arbeiten, Wertschätzung und Unterstützung geben (vgl. Steele 2002).

# Teil III

# Professionelle pädagogische Beziehungsgestaltung und Praxisreflexion

Im Folgenden wird abschließend auf die professionelle pädagogische Beziehungsgestaltung und Möglichkeiten ihrer Entwicklung im Rahmen der Aus-, Fort- und Weiterbildung sowie in der Supervision und kollegialen Intervision eingegangen. In Abgrenzung von der elterlichen Responsivität und Feinfühligkeit (Sensitivität) in der intuitiven Elterndidaktik, wie sie in der Bindungstheorie konzeptualisiert ist, wird im Zusammenhang mit Professionalisierung der Fachkräfte von **Professioneller Responsivität** (Gutknecht 2012) bzw. **Sensitiver Responsivität** (Remsperger 2013) gesprochen. Die Bedeutung dieser Konzepte für die pädagogische Praxis wird in Kapitel 8 aufgearbeitet. Im Anschluss daran werden in Kapitel 9 exemplarisch Strategien zum Aufbau professioneller Responsivität bei Fachkräften beschrieben.

## 8. Die Bedeutung der Sensitiven und Professionellen Responsivität

Im Unterschied zu den Eltern ist die pädagogische Fachkraft weder die erste, noch die wichtigste Bezugsperson im Leben eines Kindes. Vielmehr arbeiten Fachkräfte für einen begrenzten Zeitraum mit ihnen zunächst fremden Kindern. Diese stammen aus unterschiedlichen kulturellen und sozio-ökonomischen Kontexten, verfügen über unterschiedliche Entwicklungsstände, sind aber altersgleicher als dies in der Familie der Fall ist (Gutknecht 2012, vgl. dazu auch Kapitel 6.1).
Anders als im sozialen Netz der Familie, in dem Nachbarn oder Verwandte die Betreuung übernehmen, handelt es sich bei der institutionellen Betreuung nicht um eine Hilfeleistung, die auf Gegenseitigkeit beruht oder um eine Beziehung, die auch außerhalb der eigentlichen Betreuungssituation aufrecht erhalten bleibt. Im Kontext einer wechselseitigen, responsiven Beziehung sind hier die Gefühle der Fachpersonen von hoher Relevanz. Während sich in der Familie oder in der Verwandtschaft in den meisten Fällen nur derjenige zur Betreuung des Kindes bereit erklärt, der das Kind lieb hat, können pädagogische Fachkräfte diese „emotionale Arbeit" je nach Persönlichkeit und Berufsverständnis entweder bereitwillig leisten oder sie durch Versachlichung und Ent-Individualisierung der Kinder vermeiden (Grossmann 1999, S. 166).
Die Fachkraft-Kind-Beziehung verlangt insbesondere bei Säuglingen und Kleinkindern ein erhöhtes Maß an Einfühlungsvermögen, Herzlichkeit und Wärme sowie emotionalem Ausdrucksvermögen. Pädagogische Fachkräfte sollen den Kindern Sicherheit bieten, eine haltende Umgebung oder einen sicheren Hafen (Holding Matrix) als Basis für Explorationen geben. Es bleibt aber im Regelfall eine Beziehung auf Zeit, in der die Trennung unausweichlich ist: Kinder wechseln von der Krippe

in die Kindertageseinrichtung, von der Kindertageseinrichtung in die Schule, pädagogische Fachkräfte heiraten, ziehen fort, wechseln die Gruppe, sie erleben eine „Krippengeneration" nach der anderen. Gerade im Bereich der Früh- und Elementarpädagogik handelt es sich um „sozial verbrauchende" Berufe, die kraftzehrend, Burnout gefährdend, wenig angesehen und gering bezahlt sind. Zudem handelt es sich häufig um eine Arbeit unter schlechten Rahmenbedingungen (ungünstige Betreuungsschlüssel, suboptimale räumliche Gegebenheiten, hoher Zeitdruck durch vielfältige Anforderungen).
Dennoch entwickeln Fachkräfte manchen Kindern gegenüber Gefühle der engen Verbundenheit oder sogar Liebe. Der Abschied, der im professionellen Kontext irgendwann stattfinden muss, ist dann schmerzhaft für die Kinder, aber auch die Fachkraft (Grossmann 1999). Um sich vor diesem Trennungsschmerz zu schützen, lassen sich manche Fachkräfte nicht mehr auf nahe Beziehungen zu den Kindern ein und folgen funktionalistischen Beziehungsmustern.

Vor diesem Hintergrund ist es durchaus als kritisch zu betrachten, ob Fachpersonen Bindungsdefizite von Kindern kompensieren können (vgl. dazu auch Kapitel 2.5). Dies gilt gerade dann, wenn sich daran Hoffnungen und Erwartungen knüpfen, die sich auf längere Sicht nicht erfüllen lassen. Für den Ausbildungskontext von Fachpersonen ist es daher fraglich, ob es angesichts des vier Mal so hohen Einflusses der Eltern auf die Entwicklung des Kindes im Vergleich zur pädagogischen Fachkraft und den hohen Fluktuationsraten im professionellen Feld angemessen ist von „Bindungsähnlichkeit" oder „bindungsähnlicher Beziehung" zu sprechen (vgl. Ahnert 2007).

Davon abgesehen ist das Konzept der Feinfühligkeit, wie es in der Bindungsforschung etabliert ist, gerade in der jüngeren Vergangenheit auch für die Bewertung der Eltern-Kind-Interaktion kritisiert worden, da die Zusammenhänge mit der späteren Bindungssicherheit zwar vorhanden sind, aber nicht stärker als andere Aspekte elterlichen Verhaltens ins Gewicht fallen. Beispielsweise lassen sich nur ca. 12 % der Varianz der kindlichen Bindungsmuster durch die mütterliche Feinfühligkeit aufklären (De Wolff/van Ijzendoorn 1997). Vernachlässigt wurde lange sowohl der Einfluss des kindlichen Temperaments auf das Verhalten in der Fremden Situation (Zentner/Bates 2008) als auch kulturelle Einflüsse. So ist das Konzept der Feinfühligkeit eng an die ausschließliche Aufmerksamkeit eines Elternteils auf das Kind in der Interaktion gebunden. Dies ist aber lediglich ein kulturspezifisches Muster elterlicher Qualität in den westlichen Industrienationen (Otto/Keller 2013).

Die Betonung des engen Zusammenhangs von Bindung und Bildung ist dennoch überaus hilfreich, um Fachpersonen auf die Begleitung von Kindern und Eltern im Übergang von der Familie in die Kindertagesbetreuung oder von dieser in die Schule vorzubereiten. Darüber hinaus ist die Bedeutung der Beziehung begrifflich klar herausgearbeitet und kann in der Aus-, Fort- und Weiterbildung beispielsweise über das Medium Film emotional verankert werden. Dennoch weist Gutknecht (2012) darauf hin, dass es in der aktuellen Debatte um Bindung und Bildung eher vage bleibt, wie das ko-regulative und ko-konstruktive Verhalten pädagogischer Fachkräfte in den verschiedenen Interaktionssituationen im institutionellen Tagesablauf – angefangen bei der Pflege über gemeinsame Mahlzeiten bis hin zu bildungsrelevanten Vorerfahrungen z. B. mit Schrift und Zahlen – zu beobachten ist und responsiv gestaltet werden kann (Jungmann et al. 2015, Koch et al. 2015).

Die eigentliche Bedeutung des Erwerbs bzw. des Aufbaus eines Habitus der Professionellen Responsivität bei den Fachkräften liegt darin, dass die Kontextqualität der Institution häufig die Fachkräfte in ihrem intuitiven didaktischen Verhalten behindert. Sie sind mit der Zeit aufgrund der vielfältigen Anforderungen und Belastungen nicht mehr in der Lage, Wärme und Herzlichkeit zu zeigen und stumpfen immer mehr ab. Das bewusste Einüben prompter und feinfühliger Berührungen, einer einfühlsamen Sprache sowie der responsiven Abstimmung von räumlicher Nähe und Distanz kann insbesondere einen Schutzfaktor für Säuglinge und Kleinkinder darstellen, ist aber auch für ältere Kinder, die Eltern und die Fachkräfte selbst wichtig.

## 8.1 Sensitive vs. Professionelle Responsivität

Der Begriff der Sensitiven Responsivität (Remsperger 2013) geht auf das Konzept der mütterlichen Feinfühligkeit von Ainsworth (1974/2003) zurück, wird von Remsperger allerdings weiter gefasst. Eine Fachkraft, die sensitiv responsiv auf die kindlichen Signale reagiert, muss diese bemerken, korrekt lesen und angemessen darauf reagieren. Als Grundvoraussetzungen für das Bemerken von kindlichen Signalen im praktischen Handeln nennt Remsperger (2011, S. 127) Zugänglichkeit und Aufmerksamkeit der Fachkraft.

- *Zugänglichkeit* erfordert Interesse, Zeit, Ruhe und Muße und die Fähigkeit der Fachkraft, dies auch auszustrahlen, z. B. indem sie sich offen und abwartend verhält. Sie drängt sich nicht auf und überlässt dem Kind die Initiative, lässt es auf sich zukommen und gibt ihm Raum zum Erzählen bzw. mit ihr in Interaktion zu treten.
- Merkmale von *Aufmerksamkeit* sind ruhiges Zuhören, Abwarten ohne das Kind zu unterbrechen sowie Aussagen, Verhalten, Interessen, Bedürfnisse und Motivationen des Kindes aufmerksam zu verfolgen.

Zugänglichkeit und Aufmerksamkeit kommen im Verhalten über die vier Kommunikationskanäle Sprache, Stimme, Gesicht und Körper zum Ausdruck. Beispielsweise belegen die von Remsperger (2013) ausgewerteten Videoszenen, dass sich sensitiv-responsive Fachkräfte im Dialog mit kleinen Kindern auf Augenhöhe des Kindes begeben, Blickkontakt herstellen und emotionale Äußerungen spiegeln, indem sie ihre Münder zum Zeichen des Staunens öffnen oder freudig die Arme heben.

Als Grundvoraussetzung für die Angemessenheit und Feinfühligkeit der Reaktionen sind sowohl Promptheit als auch Richtigkeit der Interpretation der kindlichen Signale benannt (Remsperger 2011). Es wird dabei von vier Kriterien angemessenen Verhaltens ausgegangen.

- Grundlegend ist eine *akzeptierende und wertschätzende Haltung* den kindlichen Interessen und Bedürfnissen gegenüber sowie der Respekt vor seiner

Autonomie. Das bedeutet auch, dass die eigenen Bedürfnisse nach Nähe und Distanz zugunsten der kindlichen Bedürfnisse zurückgestellt werden können.

- Das zweite Kriterium ist der *Grad der inneren Beteiligung* und des Sich-Einlassens der Fachkraft in der Interaktion mit dem Kind. Die Spannbreite innerer Beteiligung reicht auf der Adult Involvement Scale (Howes/Hamilton 1992) von „Nichtbeachtung kindlicher Äußerungen" über „Beachtung, aber lediglich routiniertes oder anweisendes Antworten" bis hin zur „Wahrnehmung emotionaler Signale und das feinfühlige Reagieren darauf". Starke innere Beteiligung findet z. B. ihren Ausdruck in der Freude über die Fortschritte des Kindes oder durch den Wunsch nach Aufrechterhaltung der Interaktion.
- Das dritte Kriterium bezieht sich auf das *emotionale Klima*. Ein positives emotionales Klima, das durch Freude an der gemeinsamen Interaktion und das Aufgreifen kindlicher Emotionen gekennzeichnet ist, stellt eine Voraussetzung angemessener Reaktionen der Fachkraft dar. Die Spannbreite gefühlsmäßigen Verhaltens liegt zwischen der Kongruenz von Gefühlsausdrücken (z. B. Freude, die über alle Ausdruckskanäle erkennbar ist) und der Regulation kindlicher Gefühlszustände (z. B. besorgtes Gesicht und besänftigende Stimme, um das Kind bei Kummer zu trösten) (Remsperger 2011, S. 139).
- Das vierte und letzte Kriterium ist die *Stimulation*, womit die Art und Weise der Beeinflussung kindlicher Lernprozesse und -inhalte durch Erwachsene gemeint ist. Gelungene Stimulation in der Fachkraft-Kind-Interaktion ist durch Unterstützung und Motivation gekennzeichnet. Informationen werden idealerweise in kindgerechter, entwicklungsangemessener, kultursensibler Weise vermittelt, die Fachkraft bringt sich in die kindlichen Aktivitäten ein, um Denkanstöße zu geben und Kommunikationsprozesse sowie weitere Aktivitäten anzuregen. Neben diesen Aspekten regen lustvolle und motivierende Angebote auch unterschiedliche Sinne an, die Fachkraft ist aufmerksam, akzeptierend und abwartend, kindliche Bewältigungsformen werden akzeptiert und unterstützt.

Gutknecht (2012) geht in ihrem Konzept der *Professionellen Responsivität* deutlich darüber hinaus, indem sie den Begriff der Responsivität explizit mit dem Bildungsauftrag von Kindertageseinrichtungen verknüpft. Daher muss die Interaktionskompetenz von Fachkräften in Bildungssettings im Ausbildungskontext entwickelt werden. Im Sinne der Intuitiven Didaktik benötigen sie inhaltliches Know-how, um beispielsweise sprachliche, naturwissenschaftliche, künstlerisch-ästhetische, aber auch musikalische oder psychologische Bildungsprozesse responsiv initiieren zu können. Responsives Verhalten meint in dieser Konzeptualisierung aber weit mehr als das Lesen von Körpersignalen des Kindes und die prompte Reaktion darauf. Responsivität als abgestimmtes Antwortverhalten soll vielmehr von den Fachpersonen auch in Bezug auf die Eltern sowie im institutionellen Kontext in der Interaktion mit Kolleginnen und Kollegen, Vorgesetzten, Kooperations- und Netzwerkpartnern gezeigt werden. Daraus ergibt sich die Notwendigkeit der Entwicklung verschiedener Strategien, um in einem Netz von Antwortprozessen innerhalb eines komplexen Rollensystems handlungsfähig zu sein. Aus diesem Grund muss auch die institutionelle Ebene im Analyse- und Interpretationsprozess in Hinblick auf die Responsivität als grundlegende Matrix berücksichtigt werden.

Im Konzept der Professionellen Responsivität wird der Bindungsbegriff zur Beschreibung der Fachperson-Kind-Beziehung sehr zurückhaltend verwendet. Um dennoch die notwendige emotionale Tiefe dieser Beziehung zu beschreiben, wird von der „Holding Matrix" gesprochen. Die Fachkräfte sollen den Kindern eine „haltende Umgebung" zur Verfügung stellen oder „zum sicheren Hafen" für die Kinder werden, von dem aus sie explorieren und Lernerfahrungen machen können. Diese Bilder und Begriffe vermögen auch eine klare positive Kraft in Elterngesprächen zu entfalten.

Auch Remsperger (2011) weist darauf hin, dass das Ausmaß der Sensitiven Responsivität in Abhängigkeit von unterschiedlichen Kontextfaktoren zu betrachten ist. Diese lassen sich im Wesentlichen den Qualitätsdimensionen von Kindertageseinrichtungen zuordnen (Tietze et al. 2005).

- Der Begriff der *Orientierungsqualität* bezeichnet die Klarheit und Differenziertheit der konzeptionell formulierten pädagogischen Ziele einer Einrichtung. Weiterhin sind die Orientierungen der Fachkräfte durch deren Menschenbilder und ihre Haltungen, die das pädagogische Handeln im Sinne eines generativen Prinzips leiten, begründet.
- Die *Strukturqualität* zeigt sich in der sächlichen, räumlichen und personellen Ausstattung einer Einrichtung. Sie wird über die Gruppengrößen und die Fachkraft-Kind-Relation bestimmt, bemisst sich aber auch nach der Vorbereitungszeit, die für die direkte Arbeit mit den Kindern zur Verfügung steht sowie dem Ausbildungsniveau der pädagogischen Fachkräfte.
- Mit der *Prozessqualität* sind vor allem die Fachkraft-Kind-Interaktionen, aber auch die Peer-Interaktionen und die Kommunikation innerhalb des pädagogischen Teams gemeint. Die Qualität dieser Prozesse zeigt sich in der Bildungsatmosphäre und in den Lern- und Erfahrungsmöglichkeiten des Kindes. Sie wirkt sich unmittelbar auf die Entwicklungsprozesse der Kinder und damit auf die *Ergebnisqualität* aus.

  Sensitiv-responsives Verhalten der Fachkräfte im Sinne einer hohen Prozessqualität wird erleichtert, wenn Tagesverläufe flexibel gestaltbar bleiben und verlängerte Spielphasen möglich sind. Ein wesentlicher Kontextfaktor ist die *Zeit*, die eine Fachkraft benötigt, um Ausdrucksweisen, Verhalten und Bedürfnisse eines Kindes kennen und verstehen zu lernen, um prompt und angemessen mit ihm in Interaktion zu treten. Kommt ein Kind z. B. neu in die Kindertageseinrichtung, nehmen sich zugeteilte Fachkräfte in der Eingewöhnungsphase oft insbesondere Zeit für dieses eine, neue Kind und den guten und kontinuierlichen Austausch mit seinen Eltern. Was für den Anfang wichtig ist, behält im Laufe der Zeit in der Kindertageseinrichtung seine Bedeutung. Um sich mit Kindern auf ihren Entwicklungsweg zu begeben und sie gemeinsam mit den Eltern zu begleiten, brauchen Fachkräfte Zeit, sich immer wieder neu auf ein Kind einzulassen. Diese Zeit, gilt es einzuräumen, wenn Respekt vor der kindlichen Autonomie und Wertschätzung gelebt werden soll (vgl. Remsperger 2011, S. 111).

  Um sich immer wieder Zeit mit jedem einzelnen Kind der Gruppe nehmen zu können, ist der Zusammenhalt und die Abstimmung im *Team* sehr wichtig. Keine Fachkraft kann dauerhaft eine tragfähige Beziehung zu einem einzelnen

Kind aufbauen, wenn sich nicht auch deren Kolleginnen und Kollegen der Bedeutung des Sich-Zeitnehmens und Sich-Einlassens bewusst sind. Im Wechsel kann es gelingen, sich gegenseitig Zeiträume mit Kindern für besonders intensive Kontakte im Spiel, in Pflegesituationen oder beim gemeinsamen Essen zu ermöglichen. Bereits bei der Dienstplangestaltung sind solche Zeit-Räume in den Arbeitsstrukturen zu beachten. Dies gilt insbesondere dann, wenn die Personalressourcen knapp und der Betreuungsschlüssel nicht optimal ist: Wie viele und welche Fachkräfte sind wann und wo eingesetzt? Wann sind wie viele Kinder da? Können Pausen und Dienst so gelegt werden, dass z.B. während der gemeinsamen Mahlzeiten mehr Erwachsene da sind? Ist bei der Dienstverteilung darauf geachtet worden, dass für jedes Kind eine ihm oder ihr vertraute Bezugsperson verfügbar ist? (Andres/Laewen 2013).

Neben der Zeit, die sich die Fachkraft für das einzelne Kind nimmt, kommt dem *Gruppengeschehen* eine besondere Bedeutung zu. In zahlreichen Studien (Ahnert 2004) wurde nachgewiesen, dass Kinder insbesondere dann eine stabile Bindung zu ihren Bezugserzieherinnen aufbauen, wenn deren feinfühliges Verhalten sich nicht ausschließlich auf ein einzelnes Kind konzentriert, sondern gruppenbezogen ausgeprägt ist. Ein wichtiger Faktor ist die Fähigkeit der Fachkraft, die Gruppe zu regulieren. Dies sorgt für eine gute Gruppenatmosphäre und damit für ein stabiles Betreuungssetting für jedes einzelne Kind. Die anderen Kinder (Peers) sind dabei als wichtige weitere Ressource zu sehen und sollten in adäquaten Momenten einbezogen werden (z.B. Trösten eines Kindes durch seine Peers, wenn es Kummer) hat. Dadurch werden auch die Sozialkompetenz der Kinder und ein gefühlvollerer Umgang miteinander gefördert.

> Um eine optimale Prozessqualität zu erreichen, sind eine ausgeprägte, durch ein hohes Maß an Reflexion gekennzeichnete Orientierungsqualität, eine gute, durch ausreichende Ressourcen getragene Strukturqualität sowie ein professionelles Management notwendige Voraussetzungen.

- Zur *Organisations- und Managementqualität* gehören schließlich neben der fachlichen Leitung die Bewirtschaftung und Personalführung, die Kooperation mit den Eltern, die Öffentlichkeitsarbeit und die Kontakte mit dem Träger, den Behörden usw. Ein gutes Management gilt als Voraussetzung für die Leistungsfähigkeit des Personals in der Gestaltung der pädagogischen Prozesse mit den Kindern.

- Die Fachkraft-Kind-Beziehung ist nie losgelöst von der *Eltern-Kind-Bindung* zu betrachten. Daher sollte die eigene Haltung einer Fachkraft zu den Eltern gut reflektiert sein, denn Gefühle – positive, wie negative – zwischen Fachkraft und Eltern spiegeln sich im Verhalten gegenüber dem Kind wieder. Die Zusammenarbeit mit den Eltern ist ein wichtiger Bestandteil der pädagogischen Arbeit. Insbesondere für Kinder mit Verhaltensauffälligkeiten ist der regelmäßige Austausch mit den Eltern wichtig, da Ursachen für kindliche Verhaltensauffälligkeiten in der familiären Situation, in der Kindertageseinrichtung oder im Kind selbst liegen können. Eine Abklärung der Ursachen kann in der Regel nur von

Eltern und Fachkräften gemeinsam erreicht werden. Idealerweise sollten die erzieherischen Maßnahmen gegenüber dem jeweiligen Kind abgestimmt sein, damit positive und dauerhafte Verhaltensänderungen möglich werden. Konkrete Umsetzungs- und Gestaltungsmöglichkeiten für die Zusammenarbeit mit Eltern verhaltensauffälliger Kinder finden sich z. B. bei Schirmer (2011).

Schließlich kommt auch dem *Träger* einer Kindertageseinrichtung eine wichtige Rolle zu, da er – innerhalb des ihm zur Verfügung stehenden Rahmens – die Zuweisung zeitlicher, räumlicher und personeller Ressourcen verantwortet. Er schätzt Qualifikationsniveau und persönliche Eignung der Fachkräfte ein, sorgt für Qualitätssicherungs- und -entwicklungsprozesse und lenkt die Kompetenzentwicklung des Personals sowohl im pädagogischen Alltag als auch längerfristig über Fort- und Weiterbildungsmöglichkeiten, auf die im Folgenden eingegangen wird.

Zusammenfassend sind die facettenreichen Elemente eines gelungenen Aufbaues einer Fachkraft-Kind-Beziehung auf allen Ebenen und in allen Dimensionen der Qualität der pädagogischen Alltagsgestaltung in der Einrichtung zu finden. Notwendig ist in jedem Fall das Bemühen einer jeden Fachkraft, um eine sensitiv-responsive Grundhaltung und die ständige Bereitschaft zur Reflexion des eigenen Verhaltens.

## 8.2 Notwendigkeit und Bedeutung der Entwicklung Professioneller Responsivität

Die Sensitive Responsivität pädagogischer Fachkräfte beeinflusst den Ergebnissen von Remsperger (2013) zufolge nicht nur die Beziehungen zu Kindern, sondern vor allem die kindlichen Lern- und Bildungsprozesse. Da die Feinfühligkeit der pädagogischen Fachkräfte jedoch auch wesentlich von den kontextuellen Rahmenbedingungen einer Situation abhängt, ist neben dem Interaktionsverhalten der Fachkräfte auch die Gestaltung pädagogischer Settings für die Bildung und Erziehung von Kindern sehr bedeutsam. Im Wesentlichen ergeben sich daraus drei Reflexionsfelder in der Aus-, Fort- und Weiterbildung pädagogischer Fachkräfte.

- **Reflexion kindlicher Lerndispositionen und Verhaltensweisen.** Da pädagogische Fachkräfte nur angemessen und sensitiv-responsiv auf Kinder reagieren können, wenn sie die Signale eines jeden Kindes bemerken und richtig verstehen, müssen sie die kindlichen Interaktionssignale genau beobachten. Hierbei können sie Lerndispositionen der Kinder (Carr et al. 2000) in den Blick nehmen. Demnach lernen Kinder insbesondere dann, wenn sie interessiert und engagiert sind, d. h. wenn sie sich mit hoher Motivation und innerlich stark beteiligt auf eine Handlung oder eine Interaktion einlassen. Um die individuellen Ausdrucksfähigkeiten und Lerndispositionen von Kindern reflektieren zu können, müssen die Fachkräfte hinterfragen, ob Kinder in einer Situation interessiert, engagiert und bewegt „bei der Sache“ sind, wie sie sich verbal und nonverbal mitteilen, ob und wenn ja, welche Strategien Kinder nutzen, um mit Schwierigkeiten umzugehen. Darüber hinaus gilt es zu überprüfen, ob auch das Bedürfnis nach

Aufmerksamkeit und Unterstützung von ruhigeren und jüngeren Kindern erkannt wird. Weiterhin sollte beobachtet werden, wie Kinder im Interaktionsverlauf auf die Fachkräfte reagieren und wie sie nach Abschluss einer Interaktion auf diese wirken.

- **Reflexion pädagogischer Situationen.** Während pädagogische Lernsettings und Angebote stark durch die Fachkräfte bestimmt und gelenkt werden, regen Interaktionen im freien Spiel in der Kindertageseinrichtung oder freie Arbeitsformen in der Schule eigenaktive kindliche Lernprozesse an. Pädagogische Fachkräfte müssen reflektieren, ob sie Kindern einerseits genügend Struktur und Unterstützung geben, um gestellte Aufgaben oder Probleme zu lösen, ihnen andererseits aber auch genügend Raum lassen, um sich auszuprobieren, sich mitzuteilen und selbst Problemlösungen zu finden. Hierzu gehört es, Kindern zuzuhören, sie ausreden zu lassen und konsequent sowie mit zugewandter Körperhaltung, fortwährendem Blickkontakt und unterstreichenden Gesten die Signale der Kinder zu spiegeln. Bei jüngeren oder langsameren Kindern ist die Geduld der Fachkräfte gefragt, damit sie die Kinder nicht vorschnell unterbrechen und ihnen Handlungen oder Antworten vorweg greifen. Sie müssen also auch inne halten und sich selbst unterbrechen, um Kinder zum Mitmachen und Mitreden anzuregen. Schließlich gilt es, im kollegialen Austausch die Ursachen für Unruhe und Ablenkungen zu ergründen und Situationen im Tagesablauf auszumachen, die sich gut für den Austausch mit Kindern nutzen lassen. Können pädagogische Fachkräfte einige Faktoren dieser Situationsumstände selbst zum Positiven wenden, sind ihnen bei der Gestaltung besserer Rahmenbedingungen jedoch die Hände gebunden. Hier sind die verantwortlichen Akteure dringend gefragt, wenn es ihnen tatsächlich um die Ermöglichung besserer Lernchancen von Kindern geht.
- **Reflexion der eigenen Sensitiven bzw. Professionellen Responsivität.** Die Arbeit an einem sensitiv-responsiven pädagogischen Verhalten bedeutet zudem, sich mit der eigenen Haltung und der Gestaltung der Beziehungen zu Kindern auseinanderzusetzen. Eine Methode, die sich hierfür besonders gut eignet, ist die Beantwortung von hypothetischen Fragen aus Kindersicht (vgl. Tabelle 8). Diese basieren auf dem neuseeländischen Ansatz der „Teaching Stories", die nahezu parallel zu den Learning Stories von Carr et al. (2000) entwickelt und von Remsperger (2011, 2013) systematisch mit den Komponenten Sensitiver Responsivität verknüpft wurden. Sie sollen Erzieherinnen unterstützen, ihre Beziehungen zu Kindern zu reflektieren und feinfühliger zu gestalten.

Die Art und Weise, wie Fachkräfte mit erlerntem Wissen, mit allgemeinen und didaktischen Fähigkeiten und Fertigkeiten, mit pädagogischen Konzepten sowie Werkzeugen (Verfahren, Instrumenten, Methoden) für die Begleitung von Bildungs- und Entwicklungsprozessen umgehen, ist stets durch ihre Haltung geprägt. Diese umfasst die Einstellung gegenüber sich selbst, gegenüber Menschen, mit denen man interagiert, sowie gegenüber der sie umgebenden Lebenswelt und den Bedingungen der konkreten Handlungssituation. Die Wurzeln der Haltung liegen in den eigenen biografischen Erfahrungen der Fachkräfte, in den sie prägenden Lebenswelten und Milieus. Die eigene familiäre Sozialisation, die „Betreuungsbiografie" und das gesellschaftliche und persönliche Bild von Mutterschaft, Familie und Kindheit finden – zumeist unreflektiert und damit nicht professionell – ihren

Niederschlag in der pädagogischen Handlungspraxis der Fachkräfte. Daher ist es unabdingbar, den Kernkompetenzen Selbstreflexivität, biografische Kompetenz und forschende Haltung im Rahmen von Aus- und Weiterbildung besondere Aufmerksamkeit zu schenken (Nentwig-Gesemann et al. 2011).

| **Fragen der Kinder** | **Weiterführende Reflexionsfragen für die pädagogische Fachkraft** |
|---|---|
| Kennst du mich und meine Interessen? | Weiß ich, wofür du dich gerade interessierst und beobachte ich dich ausreichend?<br>Greife ich deine aktuellen Interessen und Themen auf und spreche mit dir darüber?<br>Überlege ich gemeinsam mit dir, wie und was du lernst?<br>Dokumentiere ich deine Lernwege gemeinsam mit dir? |
| Hörst du mir zu und reagierst du auf mich? | Bin ich offen für das und wirklich interessiert an dem, was du mir erzählst, zeigst oder tust?<br>Habe ich Zeit und Ruhe, dir aufmerksam zuzuhören?<br>Gebe ich dir ausreichend Raum zum Erzählen?<br>Spreche ich langsam, deutlich und in angemessenem Ton? Wie stimme ich mich nonverbal mit dir ab?<br>Suche und halte ich den Blickkontakt mit dir?<br>Nehme ich deine verbalen und nonverbalen Signale wahr und verstehe ich sie?<br>Reagiere ich auf deine Signale und lasse mich wirklich auf dich ein?<br>Frage ich nach und versuche ich deine Interessen und Bedürfnisse zu verstehen?<br>Bringe ich mich aktiv in die Interaktion ein?<br>Fällt mir etwas zu deinen Schilderungen ein und berichte ich davon? |
| Kann ich dir vertrauen? | Wie ist meine Beziehung zu dir?<br>Begegne ich dir mit Offenheit, Wertschätzung, Respekt und Akzeptanz auf Augenhöhe?<br>Wie frage ich dich, wie antworte ich dir? Ist meine Wortwahl wertschätzend?<br>Wie gehe ich mit deinen „Fehlern" um? Wie berichtige oder lobe ich dich? |

*Tabelle 8: Reflexionsfragen aus Kindersicht zur „Sensitiven Responsivität"*
*(aus: Remsperger 2011, S. 300–302)*

| Fragen der Kinder | Weiterführende Reflexionsfragen für die pädagogische Fachkraft |
|---|---|
| | Äußerst du dich mir gegenüber ohne Ängste und lässt du mich an deinen Gefühlen teilhaben? Greife ich deine Gefühle prompt auf?<br>Befinde ich mich mit dir auf Augenhöhe und lasse ich den Körperkontakt mit dir zu?<br>Zeige ich Gefühlsregungen und bringe ich Freude, Begeisterung, aber auch Traurigkeit zum Ausdruck? |
| Ermunterst du mich, über Neues nachzudenken und Unbekanntes auszuprobieren? | Lasse ich mich von deiner Begeisterung anstecken und nehme ich gleichzeitig deine Lernchancen wahr?<br>Bestärke ich dich in dem, was du tust und sagst?<br>Greife ich deine Ideen auf und rege dich zu neuen Gedanken und Handlungen an?<br>Wie drücke ich mich im Gespräch verbal aus?<br>Welche neuen Kommunikationsanlässe schaffe ich für dich?<br>Lasse ich dir die nötigen Freiräume, damit du dich selbsttätig und eigenständig erproben kannst? |
| Unterstützt du mich dabei, ein Teil der Gruppe zu sein? | Unterstütze ich dich bei der Integration in die Gruppe?<br>Bestärke ich dich in diesem Integrationsprozess und fördere damit dein Selbstvertrauen?<br>Inwiefern greife ich deine Interessen auf, um sie mit denen anderer Kinder zu verknüpfen und gemeinsame Lernprozesse zu ermöglichen? |

*Tabelle 8: Reflexionsfragen aus Kindersicht zur „Sensitiven Responsivität“ (Fortsetzung) (aus: Remsperger 2011, S. 300–302)*

# 9. Strategien zum Aufbau Sensitiver und Professioneller Responsivität

Nach Nentwig-Gesemann et al. (2011) sind Professionalisierungsprozesse auf Erfahrung und Handeln beruhende lebenslange Lern- und Bildungsprozesse. In diesem Rahmen begleiten und gestalten pädagogische Fachkräfte nicht nur die Bildungsprozesse der Kinder, sondern in der Interaktion mit ihnen liegt die Chance, sich selbst zu entwickeln, zu verändern und zu bilden. Das Potenzial des persönlichen Wachstums wird in der Aus- und Weiterbildung verschenkt, wenn es vordergründig um den Erwerb von Wissen und Fertigkeiten sowie sozialer und personaler Kompetenzen geht.

Darüber hinaus sind Werthaltungen im Sinne von handlungsleitenden Orientierungen, die in der biografischen Entwicklung verwurzelt sind, individuelle und lebensweltlich geprägte Perspektiven auf die Welt, habitualisierte Handlungsmuster ebenso zu beachten, wie emotionale Prägungen und eine in den Körper „eingeschriebene" Art und Weise, wie man der Welt und den Mitmenschen begegnet.

Diese Dimensionen liegen als generative Grundstruktur hinter der Ebene der Disposition und Performanz von Kompetenzen. Sie bilden als Grundhaltung den „Nährboden" dafür, dass sich Empathiefähigkeit, Feinfühligkeit und sensitive Responsivität, eine ressourcenorientierte Perspektive, Offenheit für und Wertschätzung von Diversität ausbilden können und in der Praxis wirksam werden. Biografische Kompetenz, Selbstreflexivität und eine forschende Haltung sind keine kurzfristig zu erlernenden Kompetenzen, sondern habituelle Orientierungen, die in Lebensgeschichten tief verwurzelt sind und im Rahmen von längerfristig angelegter Professionalisierung „einsozialisiert" werden müssen (Nentwig-Gesemann et al. 2011).

## 9.1 Aufbau biografischer Kompetenz

Die strukturierte Reflexion der eigenen biografischen Vergangenheit in einem professionellen Setting wird als *Biografiearbeit* bezeichnet. Sie dient dem Verständnis der Bedeutung der Vergangenheit für die Gegenwart und der Entdeckung von Gestaltungsmöglichkeiten in der Zukunft.

Mit der Biografiearbeit werden im Allgemeinen drei Ziele verfolgt:

1. **Stärkung autobiografischer Kompetenzen.** Hierbei soll die Fähigkeit erworben werden, sich mit der eigenen Vergangenheit auseinanderzusetzen. Dazu wird Mut zum Erzählen ebenso vermittelt, wie die Bereitschaft eigene Erfahrungen in der Vergangenheit als „verborgene Schätze" wahrzunehmen.
2. **Rekonstruktion der Lebensgeschichte des Einzelnen.** Durch das Erzählen werden individuelle Geschichten wiederbelebt und Schritt für Schritt ein ganzheitliches Verständnis der eigenen Biografie erlangt.
3. **Integration der Lebensgeschichte.** Das in der Vergangenheit Erfahrene wird reflektiert und möglichst positiv verarbeitet. Dadurch können Brüche, Widersprüche und Scheitern in der Biografie integriert und die gewonnenen Erkenntnisse zu einer Ressource für die Zukunft gemacht werden.

Im Rahmen von pädagogischen Professionalisierungsprozessen wird Biografiearbeit mittlerweile als Kernelement betrachtet. Sie wird angewendet, um z. B. die Motivation zur Berufswahl im Allgemeinen oder das häufig vorliegende Helfermotiv im Speziellen erkennen zu können. Gerade für den Wechsel von Nähe und Distanz in professionellen pädagogischen Beziehungen oder in der Sozialarbeit beeinflusst Biografiearbeit die Sichtweise auf die eigene Tätigkeit positiv. Die pädagogischen Fachkräfte werden beispielsweise dazu angeregt, über das eigene Handeln und prägende Erlebnisse in der eigenen Bildungsbiografie zu erzählen. Dazu müssen sie in ein nachdenkendes Verhältnis zu den Erlebnissen und damit in eine kritische Reflexion treten und dies als Mittel und Weg der Berufsbildung nutzen.
So lassen sich emotionale Blockaden rational erkennen, beispielsweise Übertragung oder Gegenübertragungen, die in diesem Satz zum Ausdruck kommt: „Nun weiß ich, an wen mich das Verhalten dieses Schüler erinnert. Mein großer Bruder wusste auch immer alles besser und hat mir ständig widersprochen, obwohl ich die besseren Ideen hatte." Durch ein solches rückschauendes Betrachten, das Aktualisieren vergangener Erfahrungen und die Vergegenwärtigung der damaligen Lebenssituation können Geschehnisse, die unsere Persönlichkeit geformt haben, ins Bewusstsein gerufen und wiederbelebt werden. Gudjons et al. (2008) sehen darin die Chance zu einem besseren Selbst-Verständnis, indem die eigene Geschichte angenommen werden kann und sich daraus zukünftige Handlungsperspektiven entwickeln und persönliche Potenziale entfalten lassen.

## 9.2 Entwicklung von Selbstreflexivität

Durch konsequente Biografiearbeit entwickelt sich die *Selbstreflexivität.* Von besonderer Bedeutung sind dabei die Deutung, Um- und Neudeutung von Situationen und Möglichkeiten als Reflexionsinstrumente im Transformationsprozess (Müller-Commichau 2006). Die angewandten Methoden zur Anregung zu selbstreflexiven Prozessen werden an die Situation und Person angepasst und kommen flexibel zum Einsatz.
Für die Einübung selbstreflexiver Kompetenzen in der Aus-, Fort- und Weiterbildung eignen sich aber auch Videoaufzeichnungen oder schriftliche Fallskizzen anderer Alltagssituationen in der Kindertageseinrichtung bzw. des Unterrichts im Rahmen der schulpraktischen Übungen oder des Referendariats. Der Selbstreflexionsprozess kann durch die folgenden Kernfragen nach Viernickel et al. (2011, S. 72) angeregt und strukturiert werden.

**Kernfragen zur Selbstreflexion**

- Welche persönlichen Erfahrungen und Erlebnisse bringen wir mit?
- Inwiefern sind unsere pädagogischen Orientierungen biografisch geprägt?
- Wie stark beeinflussen und lenken sie unser (pädagogisches) Handeln?
- Welche Werte und Normen liegen dieser Haltung zugrunde?
- In welchem Ausmaß wurden uns diese Werte und Normen im familiären und/oder gesellschaftlichen Kontext vermittelt?

- Inwiefern prägt unser Bild vom Kind bzw. vom Schüler und unser professionelles Selbstverständnis die pädagogische Arbeit?

**Speziell für frühpädagogische Kontexte:**

- Welches gesellschaftliche und persönliche Bild von Mutterschaft, Vaterschaft, Familie und Kindheit dokumentiert sich in unserem Handeln?

Dozentinnen und Dozenten in der Aus-, Fort- und Weiterbildung sollten den Einsatz von Videos genau planen, vor allem im Hinblick darauf, was die Zuschauer später erinnern sollen. Nach Gutknecht (2012) können zur Entwicklung Professioneller Responsivität Filme mit wechselnden Analyse-Techniken in einer Coaching-, Didaktik- oder Beratungssituation betrachtet werden.

- Eine pädagogische Fachkraft macht in einer Kindergruppe ein Bildungsangebot oder gestaltet eine Pflegeinteraktion-Situation und erstellt davon eine DVD.
- Eine Praxismentorin lässt sich als positives Modell in zentralen Schlüssel- oder spezifischen Angebotssituationen filmen. Die Sequenzen dienen als Lehrfilme in den entsprechenden thematisch passenden Ausbildungsabschnitten. Beispielsweise führt die Praxismentorin ein „typisches" Aufnahmegespräch mit einer ihr fremden Studentin aus dem Studiengang durch, die eine Mutter spielt, deren Profil sie zuvor in der Lehrveranstaltung an der Hochschule entwickelt hat. Der Film wird in der Lehrveranstaltung zu „Frühen Transitionen" ausgewertet.

Ein Film kann aber auch aus unterschiedlichen didaktischen Perspektiven heraus eine Aus-, Fort- oder Weiterbildungsveranstaltung begleiten.

- Es ist beispielsweise möglich, zum Thema „Übergänge gestalten" zu verfolgen, wie ein Kind den Übergang von der Familie in die Kindertageseinrichtung oder von der Kindertageseinrichtung in die Schule bewältigt. Dazu wird Filmmaterial eingesetzt, dass das Erstgespräch zeigt, die ersten Tage im Kindergarten, aber auch Aufzeichnungen von prozessbegleitenden Elterngesprächen oder eines Abschlussgesprächs.
- Die Gruppe kann aber auch einen Film unter einer vollkommen anderen Fragestellung ansehen als der vom Filmemacher intendierten. So kann ein Film über Selbstbildung auf seine Ko-Konstruktionsinhalte hin analysiert werden, ein Film über die Mittagssituation in der Kindertageseinrichtung wird in Bezug auf das sprachlich-kommunikative Handeln der pädagogischen Fachkraft analysiert, ein Film über den Eingewöhnungsprozess in die Krippe wird in Bezug auf Synchronisation und Bewegungshandeln der Protagonisten in Fütter- und Wickelsituationen ausgewertet.
- Durch die Einnahme der Gegenperspektive kann eine überaus große Wachheit der Zuschauenden erreicht werden, die im wechselseitigen inneren Dialog mit sich selbst und dem Gesehenen immer auf die Gegenperspektive fokussieren und damit in ein Spannungsverhältnis zur Stimme des Kommentators oder der Kommentatorin eintreten.
- Eine weitere Form der Perspektivenübernahme spielt eine Rolle, wenn die Teilnehmergruppe den Film aus der fiktiven Perspektive eines Elternteils, eines Kollegen bzw. einer Kollegin, einer Praktikantin, einer Praxismentorin oder einer Leitungskraft analysiert.

- Bei der Fokussierung auf ein zentrales Interaktionsmuster werden Filmsequenzen wiederholt gezeigt, um den professionellen Blick für bestimmte Muster in der Interaktion zu schärfen und sie im Alltag schnell wieder erkennen zu können. Dies gilt beispielsweise für die Grußreaktion, bei der Erwachsener und Kind beide die Augenbrauen heben, aber auch für den triangulären Blickkontakt, bei dem das Kind vom Gegenstand zum Erwachsenen und wieder zurück zum Gegenstand blickt.
- Filmisches Material kann zur Vervielfachung kritischer Anfangs-Sequenzen eingesetzt werden, indem in Filmfragmenten von unterschiedlichen (angehenden) Fachkräften kurz nacheinander viele verschiedene Möglichkeiten zu agieren bei gleicher Aufgabenstellung aufgezeigt werden. Merkmale von Bedingungen des Gelingens solcher Interaktionen können so gemeinsam herausgearbeitet werden. Eine der häufigsten Fragen, die auf diese Weise bearbeitet werden kann, ist jene nach dem gelungenen Einstieg in die Bildungsarbeit mit Kindern, aber auch in Beratungskontexten. Über die Arbeit mit Filmfragmenten lassen sich kurz nacheinander viele verschiedene Möglichkeiten aufzeigen, wie unterschiedliche Studierende bei gleicher Aufgabenstellung Anfänge gestalten. Aus didaktischen Gründen wird hier immer nur die Anfangssituation gezeigt.
- Bei der Stop-and-Go-Technik wird der Film gestoppt, sobald ein Mitglied der Gruppe oder die Seminarleitung relevant Erscheinendes für die Fragestellung der Aus-, Fort- oder Weiterbildungseinheit entdeckt hat und den eigenen fachlichen Blick mit den anderen teilen möchte. Bei Einsatz der Stop-and-go-Technik liegt die Intention auch darin, Hypothesen zu bilden über das Verhalten des Kindes und der Fallgeberin, die Hypothesen zu erhärten oder Handlungsalternativen zu finden.

In Abhängigkeit von den zeitlichen Rahmenbedingungen kommen mehrere Durchführungsvarianten in Frage (Gutknecht, 2012).

**Durchführungsvarianten der Stop-and-Go-Technik**

**Variante I**
Die Videosequenz wird von der pädagogischen Fachkraft, die als Fallgeberin fungiert, in Form einer schriftlichen Skizze mit Fragen zum Fall im Diskurs mit der Seminarleitung vorbereitet.

Die Gruppe liest die Ausarbeitung und hat Gelegenheit klärende Fragen an die Fallgeberin zu stellen.
Die Videosequenz wird ohne Unterbrechung angesehen und jedes Gruppenmitglied gibt der Fallgeberin ein erstes kurzes Feedback.

Im Anschluss daran wird die Fragestellung genau eingegrenzt. Die Videographie wird erneut angesehen und der Film immer gestoppt, wenn aus der Gesamtgruppe einschließlich Fallgeberin oder Seminarleitung relevante Beobachtungen zur Fragestellung mitgeteilt werden sollen.

**Variante II**
Die pädagogischen Fachkräfte und die Seminarleitung steigen sofort mit der Stop-and-Go-Technik ein.

IIa Die Fallgeberin stoppt den Film an den von ihr als relevant betrachteten Stellen, fordert gezielt Rückmeldungen der Gruppe dazu ein, kommentiert nach Sammlung der Rückmeldungen selbst und lässt den Film weiterlaufen.

IIb Der Film wird nach Themenschwerpunkten angesehen. Nach der Begrüßung erfolgt ein Stopp, nach der Einführung in das Thema wird der Film ebenfalls gestoppt sowie nach jedem neuen Thema.

IIc Der Film wird unter einem bestimmten Fokus betrachtet. Sobald etwas passiert, was zu diesem Fokus passt, wird gestoppt (z. B. bei jedem geglückten Blickkontakt, bei jeder synchronisierten Bewegung).

IId Der Film wird unter dem Fokus „Alternativen" betrachtet. Er wird immer gestoppt, wenn ein Gruppenmitglied eine Idee für eine zielführende Verhaltensalternative hat.

Bei der Analyse eines Bildungsangebots ist der Zugang über die Beziehungsmerkmale häufig das erste Feedback an die Fallgeberin, insbesondere, wenn das Angebot einmal im Ganzen betrachtet werden kann. Ein exemplarisches Analyse-Schema für sich körperlich ausdrückendes Beziehungsverhalten gibt der folgende Kasten.

**Analyse-Schema: Körperliches Beziehungsverhalten (nach Gutknecht, 2012)**

- Wie groß ist die räumliche Distanz zwischen der pädagogischen Fachkraft und dem Kind bzw. zwischen den Kindern? Gibt es einen Grund für die große/geringe Distanz? Ist diese bewusst so gewählt?
- Arbeitet die Fachkraft in der Situation mit Berührungen? Wenn ja, an welchen Körperstellen findet Berührung statt? Sind Berührungsmuster identifizierbar?
- Sind Verhaltensweisen der Annäherung oder des Rückzugs, der Zuwendung oder der Abwendung bei der Fachkraft, den Kindern oder des Kindes erkennbar? Beispiel: Immer, wenn die Fachkraft das Kind zu einer bestimmten Handlung auffordert, antwortet es in spezifischer Weise (Schließen der Augen, Schauen aus dem Fenster, Weglaufen, Ausstieg aus der Gruppeninteraktion).
- Wo liegt der Aufmerksamkeitsfokus des Kindes? Wo liegt der Aufmerksamkeitsfokus der Fachkraft? Sind die beiden synchronisiert, in ihren Blicken, Bewegungen, Absichten und Motiven?
- Verhalten sich Fachkraft und Kind gegensynchron? Beispiel: Die Fachkraft spricht das Kind an, um seine Aufmerksamkeit auf eine Aufgabe zu lenken. Das Kind schaut es dem Fenster. Das Kind beginnt sich einer Aufgabe

zu widmen oder zu explorieren, die Fachkraft schaut zu einem anderen Kind oder ist bereits aus der Interaktion ausgestiegen.
- Welchen Blickwinkel nimmt die Fachkraft ein? Gibt es wechselseitigen Blickkontakt? Erhalten bestimmte Kinder seltener ihre Aufmerksamkeit oder sind sie oft ausgeschlossen?
- Wie sind Tonfall und Lautstärke der Stimme? Welcher Gesichtsausdruck, welche Mimik lässt sich beobachten?

Bei Bildungsangeboten besteht die Chance, dass die Fallgeberin aufgebaut und gestärkt mit vielen Ideen, Anregungen und neuen Gedanken aus der Sitzung geht. Durand, Hopf und Nunnenmacher (2013) untersuchten in einer Fallstudie mit videografierten Bilderbuchsituationen die Selbstreflexionsprozesse von pädagogischen Fachkräften. Es zeigte sich, dass die Fachkräfte im Rahmen der Videoreflexion sich selbst und ihr Handeln beim gemeinsamen Bilderbuchbetrachten reflektieren können, die Konfrontation mit dem eigenen Handeln aus der Außenperspektive als Herausforderung erleben, die eigene Perspektive und das Handeln des Kindes in den Blick nehmen, sich in der Perspektivenübernahme üben, Handlungspotenziale benennen und entwickeln.

## 9.3 Entwicklung einer forschenden Haltung

Die soziale Wirklichkeit, die von (früh-)pädagogischen Fachkräften bewältigt werden muss, ist komplex. Oft müssen sie situativ und spontan entscheiden, was zu tun ist. Dies erfordert die Fähigkeit, auch in ungewohnten Kontexten eine fall- und situationssensible Passung zwischen Theorie und Praxis, zwischen theoretischem und didaktischem Wissen und Können sowie zwischen Handlungs- und Erfahrungswissen herzustellen. In der Aus-, Fort- und Weiterbildung sollte Wert auf eine durchgehende und enge Verzahnung von Theorie und Praxis sowie von Aktion und Reflexion gelegt werden, damit sich ein forschender Habitus ausbilden kann. Als professionelle Schlüsselkompetenz umfasst er die folgenden Fähigkeiten:

- Neugierde und Offenheit gegenüber dem „Fremden“, aber auch eine gesunde kritische Distanz zu dem scheinbar Funktionierenden,
- Erfassung der Realität als perspektivische Konstruktion und daraus resultierend die Fähigkeit zum Perspektivenwechsel (z. B. Wie sieht die Situation aus der Sicht des Kindes/der Kinder aus? Wie stellt sich die Situation aus der Perspektive eines Kollegen/einer Kollegin dar? Wie würde ich die Situation aus Elternsicht beurteilen?),
- Theoretisches Wissen als Inspiration des forschenden Blicks (z. B. Wie könnte das Verhalten eines Kindes vor dem Hintergrund des Wissens über die sozial-emotionale Entwicklung interpretiert werden? Generierung von Hypothesen, die dann systematisch in Alltagsbeobachtungen überprüft und im Zuge dessen bestätigt oder verworfen werden),
- Systematisierung und Kreativität im Vergleich des Erfahrenen mit bereits gemachten Erfahrungen,

- Kritikfähigkeit sich selbst und der sozialen Situation gegenüber, um Prozesse des Verstehens und Erklärens vollziehen zu können, die sich von jenen des Alltagshandelns und Alltagsdenkens unterscheiden.

Helsper (2001, S. 12) sieht die Notwendigkeit in der Bildung eines derartigen Habitus in der Lehrerbildung darin, dass „Lehrer(innen) – Professionelle generell – die Fähigkeit zu einer Befremdung der eigenen Schulkultur, zu einem exzentrischen Blick auf die eigene professionelle Praxis um dieselbe in eine ‚reflexive' zu transformieren" benötigen."

Das notwendige Bindeglied zwischen wissenschaftlich-theoretischen Aus- und Weiterbildungsanteilen sowie den konkreten Praxiserfahrungen ist das Einüben in das methodisch angeleitete und professionell begleitete Nachdenken und Reflektieren über Praxis. Im Rahmen von Aus- und Weiterbildung muss daher in interaktionsbasierten Lernsituationen ein geschützter Rahmen geschaffen werden, in dem das eigene Interaktionsverhalten in typischen pädagogischen Situationen erprobt, analysiert, reflektiert und weiterentwickelt werden kann. Für den Aufbau von Handlungssicherheit ist vor allem die Reflexion über *Dilemmasituationen* im pädagogischen Alltag wichtig. Dabei handelt es sich um pädagogische Situationen, die nicht mit bisherigen Handlungsroutinen bewältigt werden können. Die Fachkraft befindet sich in einem inneren – kognitiven oder emotionalen – Konflikt (Nentwig-Gesemann 2013).

- Das Dilemma kann zum Beispiel in einem Missverhältnis zwischen den eigenen Orientierungsmustern und den sozialen Erwartungen beruhen (Rahmeninkongruenz). Wenn Akteure keine Realisierungsmöglichkeiten für die Umsetzung ihrer Orientierungen sehen oder wenn sie unter dem Druck der Handlungspraxis entgegen ihrer eigenen Überzeugungen und Idealvorstellungen handeln, sind auch dies Gründe für krisenhafte Erfahrungen.
- Ein Dilemma kann sich aber auch aus der Erfahrung ergeben, noch kein gesichertes Handlungsrepertoire für die Gestaltung einer Situation zur Verfügung zu haben und „ins Ungewisse" zu handeln. So entstehen Situationen, die mit emotionaler Aktivierung, mit Stress oder starken Gefühlen verbunden sind und in denen sich Kernfragen der professionellen und auch biografischen Entwicklung stellen. Die Irritationen, die mit solchen fokussierten Erfahrungssituationen einhergehen, sind dabei als Ausgangspunkte für besonders bedeutungsvolle Lern- und Bildungsprozesse zu verstehen. In Momenten, in denen nicht sofort vermeintlich „passende" Antworten auf die Fragen gefunden werden, die sich stellen, werden Lernprozesse angestoßen.

Die Chance des Dilemmas ergibt sich dabei nicht von selbst, sondern erst im Rahmen eines methodisch-didaktisch abgesicherten Reflexionsprozesses und innerhalb einer vertrauensvollen Beziehung zwischen Lehrenden und Lernenden. Die Arbeit mit Dilemma-Situationen in der Ausbildung oder im Coaching muss durch Lehrkräfte oder den Coach fallsensibel, d. h. der Situation selbst, dem jeweiligen Studierenden und den Kontextbedingungen gerecht werdend, begleitet werden. Fachkräfte sollen lernen, zunächst den eigenen Normalitätshorizont in Bezug auf die Arbeit mit Kindern und Familien zu hinterfragen. Im Anschluss daran sollten sie versuchen, eine Situation aus mehreren Perspektiven zu betrachten und zu verstehen, um schließlich ihr pädagogisches Handeln fall- und situationsadäquat begründen und gestalten zu können. Die einzelnen Schritte und mögliche Fragen zur Einzelbearbeitung sowie zur anschließenden Gruppendiskussion einer Dilemmasituation in der Aus-, Fort- und Weiterbildung sind in dem folgenden Kasten zusammengefasst.

1. **Situationswahrnehmung und -beschreibung:** Welche Aspekte der Situationsbeschreibung erscheinen Ihnen besonders bedeutsam? Was finden Sie hier vor? Welche Deutungen fallen Ihnen ein?
2. **Situationsanalyse und -interpretation:** Wie bewerten Sie die Handlungsweisen und Reaktionen der einzelnen Akteure?
3. **Planung und Begründung professionellen pädagogischen Handelns:** Wie würden Sie agieren? Welche (weiteren) Handlungsoptionen fallen Ihnen ein?
4. **Selbstreflexion:** Wie begründen Sie Ihr (fiktives) Handeln? Auf welche Theorien bzw. auf welche Erfahrungen stützen Sie Ihre Entscheidung?
5. **Entwicklung von Perspektiven:** Welche Fragen/Herausforderungen ergeben sich für Sie?

Die beschriebenen Techniken und Methoden zur Entwicklung der biografischen und der selbstreflexiven Kompetenzen sowie des forschenden Handelns lassen sich in unterschiedlichen Settings der Aus-, Fort- und Weiterbildung realisieren. Vor allem sollten sie aber Raum in der Supervision und der kollegialen Fallbesprechung und Beratung finden.

Die **Supervision** dient der Unterstützung und Beratung der pädagogischen Fachkräfte durch externe Fachkräfte. Eine Supervision kann folgende Ziele haben (vgl. Lippmann 2005; Mutzeck 2008):

- Aufbau einer realistischeren Selbsteinschätzung
- Fähigkeit zum systematischen Strukturieren der Berufstätigkeit
- Verbesserung der Arbeitssituation bzw. Verbesserung der Bewältigung der Arbeitssituation
- Verbesserung der Arbeitsatmosphäre
- Schulung kommunikativer Kompetenzen
- Lösungsorientierung und Konstruktivität im Umgang mit Konflikten
- Weiterentwicklung der Konzeption einer Einrichtung

In der **kollegialen Fallbesprechung und Beratung (Intervision)** können spezifische Fragestellungen oder Dilemmasituationen aus dem pädagogischen Alltag systematisch mit einem Team von Kolleginnen und Kollegen reflektiert werden. Mit dem Begriff „kollegial" ist in diesem Zusammenhang gemeint, dass keine Hierarchien bestehen, da keine externe Fachperson anwesend ist. Alle Teilnehmenden handeln eigenverantwortlich.
Ein Nutzen kollegialer Fallbesprechungen kann u. a. darin gesehen werden, dass die Professionalität aufgrund eines erweiterten Reflexions- und Wahrnehmungsprozesses erweitert wird, v. a. bezüglich eigener Denkmuster, emotionaler Betroffenheit, persönlichen Handelns, Gestaltung der Kontakte und Beziehungen zu anderen (vgl. Lippmann 2005). Die kollegiale Fallbesprechung kann mit und ohne Videounterstützung durchgeführt werden. Im Zentrum der bindungs- oder

beziehungsorientierten Reflexion steht aber auf jeden Fall wiederum die Auseinandersetzung mit der eigenen, biografisch geprägten Art und Weise der Beziehungsgestaltung sowie der eigenen Reaktionen, die bestimmte Kinder in der pädagogischen Fachkraft auslösen (Übertragungsreaktionen, vgl. Kapitel 7). Der Austausch mit Kollegen oder Personen gleichen Interesses fördert die retrospektive Betrachtung der eigenen Biografie und die Analyse eigener Anteile an solchen Übertragungsprozessen. Darüber hinaus können hier auch Hypothesen über das Verhalten bestimmter Kinder oder Kindergruppen gebildet und alternative pädagogische Reaktionen generiert werden, um dem Verhalten eine andere Richtung zu geben. Gemeinsam kann beispielsweise auch beschlossen werden, eines der Programme zur Förderung sozialemotionaler Entwicklung auszuprobieren. Die Gruppe bildet dann einen Rahmen für den Erfahrungsaustausch über dieses Programm.

Ein häufiges Thema in der Supervision, aber auch der kollegialen Fallbesprechung und Beratung, ist die eigene Professionalität und deren Grenzen. Pädagogische Fachkräfte sind mit der Therapeutenrolle für schwer traumatisierte Kinder oder Kinder mit sehr starken Verhaltensauffälligkeiten überfordert. Sich dies eingestehen zu können und für die Wahrnehmung und das Erkennen dieser Grenze Unterstützung zu erfahren, ist eine wichtige Aufgabe von Supervisions- und Interventionsrunden. In diesen Runden können auch Entscheidungen über interdisziplinäre Zusammenarbeit mit Medizinern, Psychologen oder Psychotherapeuten und die Möglichkeiten der Einbeziehung der Eltern im Sinne von Erziehungspartnerschaften getroffen und das konkrete Vorgehen besprochen werden.

Nicht alle pädagogischen Fachkräfte haben die Möglichkeit eine externe Supervision in Anspruch zu nehmen. Dennoch gehört die Selbstbeobachtung und -reflexion untrennbar zum professionellen Handeln im Sinne einer Sensitiven Responsivität. Die Anregungen zur Reflexion des eigenen Beziehungsverhalten aus professioneller Distanz, die im Rahmen dieses Kapitels gegeben wurden, stellen einen Leitfaden zur Selbstbeobachtung dar, sollen aber auch dazu beitragen, zumindest kollegiale Intervisionsprozesse im Team zu etablieren.

# Literatur


Achenbach, T. M. (1998): CBCL 4-18. Elternfragebogen über das Verhalten von Kindern und Jugendlichen (2. Auflage). Göttingen: Hogrefe.

Ahnert, L. (1998): Betreuungssituation von Kleinkindern im Osten Deutschlands vor und nach der Wende. In: Ahnert, L. (Hrsg.): Tagesbetreuung für Kinder unter drei Jahren. Theorien und Tatsachen. Göttingen: Huber, 29–44.

Ahnert, L. (2003): Frühsozialisation in der DDR und die Entwicklung von Bindungsbeziehungen. In: Kirchhöfer, D./Neuner, G./Steiner, I./Uhlig, C. (Hrsg.): Kindheit in der DDR: Die gegenwärtige Vergangenheit. Frankfurt a. M.: Peter Lang, 177–188.

Ahnert, L. (2006): Die Anfänge der frühen Bildungskarriere: Familiäre und institutionelle Perspektiven. In: Frühe Kindheit, 6, 18–23.

Ahnert, L. (2007): Von der Mutter-Kind- zur Erzieherinnen-Kind-Bindung? In: Becker-Stoll, F./Textor, M. R. (Hrsg.), Die Erzieherin-Kind-Beziehung. Zentrum von Bildung und Erziehung. Berlin: Cornelsen, 31–41.

Ahnert, L. (2014): Bindungsbeziehungen außerhalb der Familie: Tagesbetreuung und Erzieherinnen-Kind-Bindung. In Ahnert, L. (Hrsg.): Frühe Bindung: Entstehung und Entwicklung. 3. Aufl. München: Reinhardt, 256–277.

Ahnert, L./Pinquart, M./Lamb, M. E. (2006): Security of children's relationships with nonparental care providers: A meta-analysis. In: Child Development, 77, 664–679.

Ainsworth, M. D. S./Bell, S. M./Stayton, D. (1974): Infant-mother attachment and social development. In: M. P. Richards (Ed.): The introduction of the child into a social world. London: Cambridge University Press, 99–135.

Ainsworth, M. D. S./Bell, S. M./Stayton, D. J. (1971): Individual differences in strange situations behavior of one-year-olds. In: Schaffer, H. R. (Ed.): The origins of human social relations. London: Academic Press.

Ainsworth, M. D. S./Blehar, M. C./Waters, E./Wall, S. (1978): Patterns of attachment. A psychological study of the strange situation. Hillsdale: Erlbaum.

Ainsworth, M.D.S./Eichberg, C. G. (1991): Effects on infant-mother attachment of mother's experience related to loss of anattachment figure. In: Parkes, C. M./Stevenson-Hinde, J./Marris, P. (eds.), Attachment across the life cycle. New York: Routledge. Pp. 160–183.

Albers, T./Jungmann, T. (2008): Chancengleichheit unter Drei. Gemeinsame Bildungsprozesse in der integrativen Krippe. In: klein & groß, 4, 28–31.

Als, H. (1982): Towards a synacitve theory of development: Promise of the assessment of infant individuality. In: Infant Mental Health Journal, 3, 228–243.

Andres, B./Laewen, H.-J. (2013): Grundlagen für die Qualitätsentwicklung in Kinderkrippen. Erweiterung des infans-Konzepts der Frühpädagogik für Kinder bis drei Jahre. Berlin: infans.

Axline, V. M. (2016): Kinder-Spieltherapie im nicht-direktiven Verfahren. 11. Aufl. München: Reinhardt.

Bakermans-Kranenburg, M. J./van Ijzendoorn, M. H./Juffer F. (2003): Less is more: Meta-analyses of sensitivity and attachment interventions in early childhood. In: Psychological Bulletin, 129 (2), 195–215.

Bandura, A. (1977): Self-efficacy: Toward a unifying theory of behavioral change. In: Psychological Review, 84, 191–215.

Bandura, A. (1979): Sozial-kognitive Lerntheorie. Stuttgart: Klett-Cotta.

Bandura, A. (1982): Self-efficacy mechanism in human agency. In: American Journal of Psychology, 37, 122–147.

Barry, K./King, L. (1998): Beginning Teaching (3rd Ed.). Wentworth Falls: Social Science Press.

Beland (1988): Second Step. A violence-prevention curriculum. Grades 1–3. Seattle: Committee for Children.

Beland (1991): Second Step. A violence-prevention curriculum. Preschoolkindergarten. Seattle: Committee for Children.

Beller, K. (2002): Eingewöhnung in die Krippe. Ein Modell zur Unterstützung der aktiven Auseinandersetzung aller Beteiligten mit Veränderungsstress. In: Frühe Kindheit, 5 (2), 9–14.

Belsky, J./Vandell, D. L./Burchinal, M./Clarke-Stewart, K. A./McCartney, K./Owen, M.T (2007): Are there long-term effects

of early child care? In: Child Development 2007, 78, 681–701.
Biermann-Ratjen, E. / Eckert, J./Schwartz, H. J. (1979): Gesprächspsychotherapie. Stuttgart: Kohlhammer.
Booth, C. L. / Kelly, J. F. / Spieker, S. J. / Zuckerman, T. G. (2003):Toddler's attachment security to child-care providers: the Safe and Secure Scale. In: Early Education and Development, 14, 83–100.
Bovensiepen, G. / Hopf, H. / Molitor, G. (2004): Unruhige und unaufmerksame Kinder. Psychoanalyse des hyperkinetischen Syndroms. Frankfurt a.M.: Brandes & Apsel.
Bowi, U. / Ott, G. / Tress, W. (2008): FAUSTLOS – Gewaltprävention in der Grundschule. In: Praxis der Kinderpsychologie und Kinderpsychiatrie, 57, 509–520.
Bowlby, J. (1969): Attachment and loss: Vol. 1. Attachment. New York: Basic Books.
Bowlby, J. (1973): Attachment and loss. Vol. 2. Separation: Anxiety and anger. New York: Basic Books.
Bowlby, J. (1979): Das Glück und die Trauer. Stuttgart: Klett-Cotta.
Bowlby, J. (1980): Attachment and loss. Vol. 3. Loss: Sadness and depression. New York: Basic Books.
Bowlby, J. (1984): Attachment and loss. Harmondsworth [etc.]: Penguin books.
Bowlby, J. (1995): Elternbindung und Persönlichkeitsentwicklung. Therapeutische Aspekte der Bindungstheorie. Heidelberg: Dexter.
Boyer, E. L. (1983): High School: A report on secondary education in America. New York: Harper & Row, Inc.
Brazelton, T. B. (1984): Neonatal Behavioral Assessment Scale. Philadelphia: Lipincott.
Brazelton, T. B. / Greenspan, S. I. (2002): Die sieben Grundbedürfnisse von Kindern. Was jedes Kind braucht, um gesund aufzuwachsen, gut zu lernen und glücklich zu sein. Weinheim: Beltz.
Brisch, K. H. (1999): Bindungsstörungen: Von der Bindungstheorie zur Therapie. Stuttgart: Klett-Cotta.
Brisch, K. H. (2000): The use of the telephone in the treatment of attachment disorders. In: J. Aronson (Ed.): Use of the telephone in psychotherapy. New Jersey: Aronson, 375–395.
Brisch, K. H. (2001): Bindungsstörungen – Von der Bindungstheorie zur Therapie. Stuttgart: Klett-Cotta.
Brisch, K. H. (2007): Prävention von Bindungsstörungen. In: von Suchodoletz, W. (Hrsg.): Prävention von Entwicklungsstörungen. Göttingen: Hogrefe, 167–181.
Bronfenbrenner, U. (1989): Die Ökologie der menschlichen Entwicklung. Frankfurt am Main: Fischer.
Bronfenbrenner, U. (1996): The ecology of human development: Experiments by nature and design (9th Ed.). Cambridge, MA: Harvard University Press.
Bullock / Lütkenhaus (1988): The development of volitional behavior in the toddler years. In: Child Development, 59, 664–674.
Cairns, R. (1994): Lifelines and Risks: Pathways of Youth in Our Time
Calvet-Kruppa, C. (2001): Feinfühligkeit als Interaktionsqualität: Ein Leitfaden entwicklungspsychologischer Intervention. Psychoanalytische Texte zur Sozialforschung, 5, 153–165.
Carr, M. (2001): Assessment in early childhood settings: learning stories. London: Chapman.
Carr, M. / May, H. / Podmore, V. N. / Cubey, P. / Hatherly, A. /Macartney, B. (2000): Learning and teaching stories: Action research on evaluation in early childhood. Wellington: New Zealand Council for Educational Research and Ministry of Education.
Coley, R. L. / Chase-Lansdale, P. L. (1998): Adolescent pregnancy and parenting: Recent evidence and future directions. In: American Psychologist, 53, 152–166.
Davou, B. (2002): Unconscious processes influencing learning. In: Journal of Psychodynamic Practice, 8, 277–294.
de Shazer, S. (2009): Das Spiel mit den Unterschieden. Wie therapeutische Lösungen lösen. 6. Aufl. Heidelberg: Carl Auer.
De Wolff, M. / van IJzendoorn, M. H. (1997): Sensitivity and attachment: A metaanalysis on parental antecedents of infant attachment. Child Development, 68, 571–591.
DfES (2003): Every Child Matters. http://publications.everychildmatters.gov.uk/eOrderingDownload/CM5860.pdf [24.11.2008].

Diego, M. A. / Field, T. / Hernandez-Reif, M. (2001): BIS/BAS scores are correlated with frontal EEG asymmetry in intrusive and withdrawn depressed mothers. In: Infant Mental Health Journal, 22, 665–675.

Dodge, K. A. / Crick, N. R. (1990): Social information-processing biases of aggressive behavior in children. In: Personality and Social Psychology Bulletin, 16 (1), 8–22.

Downing, G. (2003): Video Mikroanalyse Therapie: Einige Grundlagen und Prinzipien. In: Scheuerer-Englisch, H. / G. J. Suess, G. J. / Pfeifer, W. K. (Hrsg.), Wege zur Sicherheit: Bindungswissen in Diagnostik und Intervention. Giessen: Psychosozialer Verlag, 51–67.

Dozier, M. (2004): The impact of attachment-based interventions on the quality of attachment among infants and young children. In: Tremblay, R. E. / Barr, R. G. / Peters, R. D. (Eds.), Encyclopedia on Early Childhood Development. Montreal, Quebec: Centre of Excellence for Early Childhood Development, 1–5. http://www.child-encyclopedia.com/documents/DozierANGxp.pdf. [24.11.2008].

Dreesmann, H. (1982): Unterrichtsklima: Wie Schüler den Unterricht wahrnehmen. Weinheim: Beltz.

Durand, J. / Hopf, M. / Nunnenmacher, S. (2013): Wie reflektieren pädagogische Fachkräfte ihr eigenes Interaktionshandeln? Eine Fallanalyse im Kontext von Bilderbuchbetrachtungen. In: K. Fröhlich-Gildhoff / I. Nentwig-Gesemann / A. König / U. Stenger / D. Weltzien (Hrsg.), Forschung in der Frühpädagogik VI. Schwerpunkt: Interaktion zwischen Fachkräften und Kindern (S. 145–176). Freiburg: FEL.

Eckerman, C. O. / Didow, S. M. (1988): Lessons drawn from observing young peers together. In: Acta Paeditrica Scandinavia, 344 (77), 55–70.

Eder, F. (1986): Schulumwelt und Schulzufriedenheit. In: Zeitschrift für erziehungswissenschaftliche Forschung, 20 (2), 83–103.

Eder, F. (1996): Schul- und Klassenklima. Ausprägung, Determinanten und Wirkung des Klimas an höheren Schulen. Innsbruck: StudienVerlag

Eder, F. (2001): Schul- und Klassenklima. In: Rost, D. H. (Hrsg.): Handwörterbuch Pädagogische Psychologie. Weinheim: Beltz, 578–586.

Egeland, B. (2010): Ergebnisse einer Langzeitstudie an Hoch-Risiko-Familien – Implikationen für Prävention und Intervention. In: Brisch, K. H. / Grossmann, K. E. / Grossmann, K. / Köhler, L. (Hrsg.): Bindung und seelische Entwicklungswege. 3. Aufl. Stuttgart: Klett-Cotta.

Egeland, B. / Erickson, M. (1987): Psychologically unavailable caregiving: The effects on development of young children and the implications for intervention. In: Brassard, M. / Germain, B. / Hart, S. (Eds.), Psychological maltreatment of children and youth. NY: Pergamon Press, 110–120.

Egeland, B. / Erickson, M. (1993): Attachment theory and findings: implications for prevention and intervention. In: Kramer, S. / Parens, H. (Eds): Prevention in mental health: now, tomorrow, ever? London: Jason Aronson, Inc, 21–50.

Egeland, B. / Weinfield, N. S. / Bosquet, M. / Cheng, V. K. (2000): Remembering, Repeating, and Working through: Lessons from Attachment-Based Interventions. In: Osofsky, J. D. / Fitzgerald, H. E. (Eds.): WAIMH Handbook of Infant Mental Health in Groups at High Risk. New York: Wiley, 35–89.

Eggert, D. / Reichenbach, C. / Bode, S. (2014): Das Selbstkonzept Inventar (SKI). 3. Aufl. Dortmund: borgmann.

Emanuel, R. (2000): Ideas in Psychoanalysis: Anxiety. UK: Icon Books.

Erickson, M. F. (2000): Seeing is BelievingTM (a training video). Minneapolis, MN: Irving B. Harris Training Center for Infant and Toddler Development, University of Minnesota. www.harristrainingcenter.org

Erickson, M. F. / Egeland, B. (2014): Die Stärkung der Eltern-Kind-Bindung. 3. Aufl. Stuttgart. Klett-Cotta.

Erickson, M. F. / Sroufe, L. A. / Egeland, B. (1985): The relationship between quality of attachment and behavioor problems in pre-school in a high-risk-sample. In: I. Bretherton / E. Waters (Eds.): Growing Points of Attachment Theory and Research. Monographs of the Society for Research in Child Development, 50, Ser. No. 209, 1–2

Fairbairn, W. R. D. (2006): Psychoanalytic Studies of the Personality. London: Routledge.

Fatzer, G. (2005): Supervision und Beratung. 11. Aufl. Köln: Edition Humanistische Psychologie.

Fegert, J. M. (2000): Entwicklungschancen und Entwicklungsrisiken in Einelternfamilien. Vortrag auf der Tagung „Alleinerziehen", Bundesministerium für Familien, Senioren, Frauen und Jugend, Berlin.

Fingerle, M. (2000): Vulnerabilität. In J. Borchert (Hrsg.), Handbuch der Sonderpädagogischen Psychologie (S. 287–293) Göttingen: Hogrefe.

Fonagy (2003): Das Verständnis für geistige Prozesse, die Mutter-Kind-Interaktion und die Entwicklung des Selbst. In: Fonagy, P. / Target, M. (Hrsg.): Frühe Bindung und psychische Entwicklung. Gießen: Psychosozial, 31–48.

Fonagy, P. (1996): Prevention, the appropriate target of infant psychotherapy. Plenary address at the Sixth World Congress of the World Association for Infant Mental Health. Tampere, Finland, 27. July 1996.

Fonagy, P. / Steele, H. / Steele, M. (1991): Maternal representations of attachment during pregnancy predict the organisation of infant-mother attachment at one year of age. In: Child Development 62, 891–905.

Fonagy, P. / Target, M. / Steele, H. / Steele, M. (1998): Reflexive Kompetenz-Skala. Manual zur Auswertung von Erwachsenenbindungsinterviews, Version 5, Juli 1998. Manuskript. Deutsche Übersetzung: Reinke E. Institut für Theoretische und Angewandte Psychoanalyse, Universität Bremen, 2000.

Fraiberg, S. / Adelson, E. / Shapiro, V. (1975): Ghosts in the nursery: A psychoanalytic approach to impaired infant-mother-relationships. In: Journal of the American Academy of Child Psychiatry, 14, 1387–1422.

Fremmer-Bombik, E. (1987): Beobachtungen zur Beziehungsqualität im zweiten Lebenjahr und ihre Bedeutung im Lichte mütterlicher Kindheitserinnerungen. Diss. Universität Regensburg.

Friedrich, H. (2003): Beziehungen zu Kindern gestalten. Weinheim: Beltz.

Furstenberg F. F. / Brooks-Gunn, J. / Chase-Lansdale, L. (1989): Adolescent fertility and public policy. In: American Psychologist, 44, 313–320.

Garmezy, N. / Masten, A. S. / Tellegen, A. (1984): The study of stress and competence in children: A building block for developmental psychopathology. Child Development, 55, 97–111.

Geddes, H. (2003): Attachment and the Child in School. Part I: Attachment theory and the "dependent" child. In: Emotional and Behavioural Difficulties, 8 (3), 231–242.

Geddes, H. (2005): Attachment and learning. Part II: The learning profile of the avoidant and the disorganized attachment patterns. In: Emotional and Behavioural Difficulties, 10 (2), 79–93.

Geddes, H. (2007): Attachment in the classroom. UK: Worth publishing Ltd.

George, C. / Kaplan, N. / Main, M. (1985): The attachment interview for adults. Berkeley: Unpublished manuscript.

Gerhardt, S. (2015): Why love matters – How affection shapes a baby's brain (2nd Ed.). London: Routledge.

Gloger-Tippelt, G. (1988): Schwangerschaft und erste Geburt. Psychologische Veränderungen der Eltern. Stuttgart: Kohlhammer.

Gloger-Tippelt, G. (2008): Präventive Programme zur Stärkung elterlicher Beziehungskompetenzen. Der Beitrag der Bindungsforschung. In: Ziegenhain, U. / Fegert, J. M. (Hrsg.): Kindeswohlgefährdung und Vernachlässigung. 2. Aufl. München: Reinhardt, 128–141.

Gloger-Tippelt, G. (Hrsg.) (2001): Bindung im Erwachsenenalter. Ein Handbuch für Forschung und Praxis. Bern: Huber.

Goldin-Meadow, S. (1997): When gesture and words speak differently. Current Directions in Psychological Science, 6, 138–143.

Goldstein, L. / Lake, V. (2000): „Love, love, and more love for children": exploring preservice teachers' understandings of caring. In: Teaching and Teacher Education, 16(8), 861–872.

Goleman, D. (1997): Emotionale Intelligenz. München: dtv.

Good, T. / Brophy, J. (2000): Looking In Classrooms (8th Ed.). New York: Longman.

Greenberg, M. T. (1999): Attachment and psychopathology in childhood. In: Cassidy, J. / Shaver, P. R. (Eds.): Handbook of attachment. Theory, research, and

clinical applications. New York: Guilford, 469–496.
Grossmann, K. (1999): Merkmale einer guten Gruppenbetreuung für Kinder unter drei Jahren im Sinne der Bindungstheorie und ihre Anwendung auf berufsbegleitende Supervision. In: Deutscher Familienverband (Hrsg), Handbuch Elternbildung. Band 2: Wissenswertes im zweiten bis vierten Lebensjahr des Kindes (S. 165–184). Opladen: Leske & Budrich.
Grossmann, K. (2015): Kontinuität und Konsequenzen der frühen Bindungsqualität während des Vorschulalters. In: Spangler, G./Zimmermann, P. (Hrsg.): Die Bindungstheorie. Grundlagen, Forschung und Anwendung. 7. Aufl. Stuttgart: Klett-Cotta, 191–202.
Grossmann, K./Fremmer-Bombik, E./Rudolph, J./Grossmann, K. E. (1988): Maternal attachment representations as related to patterns of infant-mother attachment and maternal care during the first year. In R. A. Hinde/J. Stevenson-Hinde (Eds.), Relationships within families (pp. 241–260). Oxford: Oxford Science Publications.
Grossmann, K./Grossmann, K. E./Spangler, G./Suess, G./Unzer, L. (1985): Maternal sensitivity and newborns orientation responses as related to quality of attachment in northern Germany. In: Bretherton, I./Waters, E. (Eds.): Growing points of attachment theory and research. Monographs of the Society for Research in Child Development, 50, Ser. No. 209, 1–2.
Grossmann, K. E./Becker-Stoll, F./Grossmann, K./Kindler, H./Schieche, M./Spangler, G./Wensauer, M./Zimmermann, P. (1997): Die Bindungstheorie: Modell, entwicklungspsychologische Forschung und Ergebnisse. In: Keller, H. (Hrsg.): Handbuch der Kleinkindforschung. Göttingen: Hogrefe, 51–95.
Grossmann, K. E./Grossmann K. (2004): Bindungen: das Gefüge psychischer Sicherheit. Stuttgart: Klett-Clotta.
Grossmann, K. E./Grossmann, K. (1993): Emotional organization and concentration on reality from an anttachment theory perspective. In: International Journal of Educational Research 19. 541–554.
Grossmann, K. E./Grossmann, K. (2006): Bindung und Bildung. Über das Zusammenspiel von Psychischer Sicherheit und Kulturellem Lernen. In: Frühe Kindheit, 9, 10–17.
Grossmann, K. E./Grossmann, K./Huber, F./Wartner, U. (1981): German children's behavior towards their mothers at 12 months and their fathers at 18 months in Ainsworth's Strange Situation. International Journal of Behavioral Development, 4, 157–181.
Gudjons, H./Wagner-Gudjons, B./Pieper, M. (2008): Auf meinen Spuren. Übungen zur Biografiearbeit (7. Aufl.). Bad Heilbrunn: Klinkhardt.
Gutknecht, D. (2012): Bildung in der Kinderkrippe. Wege zur professionellen Responsivität. Stuttgart: Kohlhammer.
Haertel, G. D./Walberg, H. J./Haertel, E. H. (1981): Socio-psychological environments and learning: A quantitative synthesis. In: British Educational Research Journal, 7 (1), 27–36.
Hahlweg, K./Hoyer, H./Naumann, S./Ruschke, A. (1998): Evaluative Begleitforschung zum Modellprojekt „Beratung für Familien mit einem gewaltbereiten Kind oder Jugendlichen". Abschlussbericht. Braunschweig: Technische Universität Braunschweig.
Hartmann, H.-P. (2001): Stationär-psychiatrische Behandlung von Müttern mit ihren Kindern. In: Praxis der Kinderpsychologie und Kinderpsychiatrie, 50, 537–551.
Helsper, W. (2001): Praxis und Reflexion – die Notwendigkeit einer „doppelten Professionalisierung" des Lehrers. Forschen lernen, 1 (3), 7–15.
Hopkins, J. (1987): The observed infant of attachment theory. British Journal of Psychotherapy, 6 (4), 460–470.
Howes, C. (1987): Social competence with peers in young children: Developmental sequences. In: Developmental Review, 7, 252–272.
Howes, C./Hamilton, C. E. (1992): Children's relationships with caregivers: mothers and child care teachers. Child Development, 63 (4), 859–866.
Hughes, M./McCollum, J. (1994): Neonatal intensive care: mothers´ and fathers´ perceptions of what is stressful. In: Journal of Early Intervention, 18, 258–268.
Ihle, W./Esser, G. (2002): Epidemiologie psychischer Störungen im Kindes- und Jugendalter: Prävalenz, Verlauf, Komor-

bidität und Geschlechtsunterschiede. In: Psychologische Rundschau, 53 (4), 159–169.

Jackel, B. (1999): Rituale als Helfer im Grundschulalltag. Dortmund: borgmann.

Jacobson, T. / Ziegenhain, U. (1997): Der Separation Anxiety Test – SAT. Unveröffentlichtes Manuskript.

Jones, N. A. / Field, T. / Hart, S. / Lundy, B. / Davalos, M. (2001): Maternal self-perceptions and reactions to infant crying among intrusive and withdrawn depressed mothers. In: Infant Mental Health Journal, 22, 576–586.

Jotzo, M. / Schmitz, B. (2001): Eltern Frühgeborener in den ersten Wochen nach der Geburt: Eine Prozess-Studie zum Verlauf von Belastung, Bewältigung und Befinden. In: Psychologie in Erziehung und Unterricht, 48, 81–97.

Julius, H. (2002): Beziehungsorientierte Interventionen für verhaltensgestörte Kinder. In: Erziehung und Unterricht, 152, 601–618.

Jungmann, T. (2003): Biologische Risikobelastung und Sprachentwicklung bei unreif geborenen Kindern. Dissertation an der Universität Bielefeld. http://bieson.ub.uni-bielefeld.de/volltexte/2003/279/.

Jungmann, T. (2007): Frühgeburtlichkeit und ihre Risiken. Sprach- und Kognitionsentwicklung. Saarbrücken: Verlag Dr. Müller.

Jungmann, T. / Brand, T. / Däne, V. / Herrmann, P. / Günay, H. / Sander, M. & Sierau, S. (2015): Comprehensive evaluation of the Pro Kind Home Visiting program: A summary of results. Mental Health and Prevention, 3 (3), 88–97.

Jungmann, T. / Kurtz, V. / Brand, T. (2008): Das Modellprojekt „Pro Kind" – Eine Verortung in der Landschaft früher Hilfen. In: Frühförderung Interdisziplinär, 2/2008, 67–78.

Jungmann, T. / Morawiak, U. / Meindl, M. (2015): Überall steckt Sprache drin. Alltagsintegrierte Sprach- und Literacyförderung für 3- bis 6-jährige Kinder. München: ERV.

Kaplan, N. (1987): The sixth-year separation anxiety test classification system. Unpublished manuscript.

Klein, L. / Vogt, H. (2004): Die richtige Frage zur richtigen Zeit. Fragen sind der Schlüssel zum Verstehen im Dialog. In: Henneberg, R. / Klein, H. / Vogt, H. (Hrsg.): Mit Kindern leben, lernen, forschen und arbeiten. Kindzentrierung in der Praxis. Seelze-Velber: Kallmeyer, 204–209.

Klem, A. / Connell, J. (2004): Relationships Matter: Linking Teacher Support to Student Engagement and Achievement. In: The Journal of School Health, 74(7), 262–273.

Klinkhammer, J. (2013): Evaluation des Präventionsprogramms „Kindergarten plus" zur Förderung der sozialen und emotionalen Kompetenzen. Dissertation an der Leuphana Universität Lüneburg. Online verfügbar unter: http://opus.uni-lueneburg.de/opus/volltexte/2013/14276/ Zugriff: 11.01.2016

Koch, K. / Schulz, A. / Jungmann, T. (2015): Überall steckt Mathe drin. Alltagsintegrierte Förderung mathematischer Kompetenzen für 3- bis 6-jährige Kinder. München: ERV.

Koglin, U. / Barquero, B. / Mayer, H. / Scheithauer, H. / Petermann, F. (2007): Deutsche Version des Strengths and Difficulties Questionnaire (SDQ-Deu): Psychometrische Qualität der Lehrer-/ Erzieherversion für Kindergartenkinder. Diagnostica, 53 (4), 175–183.

Krause, K. / Bochner, S. / Duchesne, S. (2006): Educational Psychology for Learning and Teaching (2nd Ed.). Southbank, Victoria: Nelson Australia Pty Ltd.

Kriz, J. (1999): Systemtheorie für Psychotherapeuten, Psychologen und Mediziner. Eine Einführung. Wien: UTB/Facultas.

Kubesch, B. (2002): "Why don't we do it in school?" Dialoge über Dialoge über den schulischen Alltag. In: Hargens, J. / von Schlippe, A. (Hrsg.): Das Spiel der Ideen. Reflektierendes Team und systemische Praxis. 2. Aufl. Dortmund: borgmann.

Laible, D. / Thompson, R. (1998): Attachment and emotional understanding in preschool children. In: Development Psychology 34, 1038–1045.

Lamborn, S. D. / Mounts, N. S. / Steinberg, L. / Dornbusch, S. M. (1991): Patterns of competence and adjustment among adolescents from authoritative, authoritarian, indulgent, and neglectful families. In: Child Development, 62, 1049–1065.

Largo, R. H. (2007): Kinderjahre. München: Piper.

Larrivee, B. (2005): Authentic Classroom Management: Creating a learning community and building reflective practice (2nd Ed.). Boston, USA: Pearson Education, Inc.

Laskowski, A. (2000): Was den Menschen antreibt. Frankfurt/Main: Campus.

Lemerise, E. A. / Arsenio, W. F. (2000): An integrated model of emotion processes and cognition in social information processing. In: Child Development, 71, 107–118.

Leu, H. R. / Flämig, K. / Frankenstein, Y. / Koch, S. / Pack, I. / Schneider, K. / Schweiger, M. (2007): Bildungs- und Lerngeschichten. Bildungsprozesse in früher Kindheit beobachten, dokumentieren und unterstützen. Weimar/Berlin: Verlag das Netz

Lieberman, A. F. (2003): The treatment of attachment disorder in infancy and early childhood: Reflections from clinical intervention with later-adopted foster care children. In: Attachment & Human Development, 5 (3), 279–282.

Lippmann, E. (2013): Intervision. 3. Aufl. Berlin: Springer.

Littner, N. (1960): The child's need to repeat his past. Some implications for placement. Social Services Review, 34, 128–148.

Ludwig-Körner, C. / Koch, G. (2005): Prävention und Intervention in der frühen Kindheit. In: Deegener G. / Körner, W. (Hrsg.): Kindesmisshandlung und Vernachlässigung. Ein Handbuch. Göttingen: Hogrefe, 735–769.

Lyons-Ruth, K. / Jacobvitz, D. (1999): Attachment Disorganization: Unresolved loss, relational violence, and lapses in behavioral and attentional strategies (pp. 520–554). In: Cassidy, J. / Shaver, P. (eds.), Handbook of Attachment: Theory, Research and Clinical Applications. Guilford Press.

Main, M. (1985): Security in infancy, childhood, and adulthood: A move to the level of representation. Monographs of the Society of Research in Child Development, 50 (1–2), 66–104.

Main, M. / Kaplan, N. / Cassidy, J. (1985): Security in infancy, childhood, and adulthood: A move to the level of representation. In: Bretherton, I. / Waters, E. (Eds.): Growing points of attachment theory and research. Monographs of the Society for Research in Child Development, 50 (1–2), 66–104.

Main, M. / Kaplan, N./Cassidy, J. (1985): Security in infancy, childhood, and adulthood: a move to the level of representation. In: Bretherton, I. / Waters, E. (Ed.): Growing points in attachment theory and research. Monographs of the Society for Research in Child Development, 50, 66–106.

Main, M. / Weston, D. (1982): Avoidance of the attachment figure in infancy: descriptions and interpretations. In: Parkes, C. M. / Stevenson-Hinde, J. (Eds.): The Place of Attachment in Human Behaviour. London: Routledge, 31–59.

Marvin R. / Pianta, R. C. (1996): Mothers' reaction to their child's diagnosis: Relations with security of attachment. In: Journal of Clinical Child Psychology, 68, 286–290.

Maywald, J. (2008): Kindergarten plus. Konzept Kurzversion. http://www.kindergartenplus.de/downloads.html [24.11.2008].

McInerney, D. / McInerney, V. (2010): Educational Psychology: Constructing Learning (5th Ed.). Frenchs Forest, NSW: Pearson Education Australia.

Merker, H. (1998): Kleinkinder in altersheterogenen Gruppen. In: Ahnert, L. (Hrsg.): Tagesbetreuung für Kinder unter drei Jahren. Göttingen: Huber, 125–135.

Moore, M.-S. (1998): How can we remember but be unable to recall? The complex function of multi-modular memory. In: Sinason, V. (Ed.): Memory in Dispute. London: Karnac Books.

Morton, G. (2000): Working with stories in groups. In: Barwick, N. (Ed.): Clinical Counselling in Schools. London: Routledge.

Müller-Commichau, W. (2006): Coaching in pädagogischen Handlungsfeldern. Educational Sciences, 8 (2), 385–399.

Mutzeck, W. (2008): Methodenbuch Kooperative Beratung. Weinheim: Beltz.

Nentwig-Gesemann, I. (2013): Professionelle Reflexivität: Herausforderungen an die Ausbildung frühpädagogischer Fachkräfte. In: U. Erdsiek-Rave / M. John-Ohnesorg (Hrsg.), Frühkindliche Bildung – Das reinste Kinderspiel?! (S. 29–36). Berlin: Schriftenreihe des Netzwerk Bildung, Friedrich-Ebert-Stiftung.

Nentwig-Gesemann, I. / Fröhlich-Gildhoff, K. / Harms, H. / Richter, S. (2011): Professionelle Haltung – Identität der Fachkraft für die Arbeit mit Kindern in den ersten drei Lebensjahren. Eine Expertise der Weiterbildungsinitiative Frühpädagogische Fachkräfte (WiFF).

NICHD Early Child Care Research Network (1997): The effects of infant child care on infant-mother attachment security: Results of the NICHD Study of Early Child Care. In: Child Development, 68, 860–879.

NICHD Early Child Care Research Network (2003a): Does amount of time spent in child care predict social emotional development during the transition to kindergarten? In: Child Development, 74, 976–1005.

NICHD Early Child Care Research Network (2003b): Morning-to-afternoon increases in cortisol concentrations for infants and toddlers at child care: age differences and behavioural correlates. In: Child Development, 74, 1006–1020.

NICHD Early Child Care Research Network. (2003c): Families matters: even for kids in child care. In: Journal of Developmental and Behavioral Pediatrics, 24, 58–62.

Noddings, N. (2005): The Challenge to Care in Schools (2nd Ed.). New York, NY: Teachers College Press.

Oerter, R. (2002): Kindheit. In: Oerter, R./ Montada, L. (Hrsg.): Entwicklungspsychologie. Weinheim: Beltz, 209–257.

Olds, D. (2007): Preventing crime with prenatal and infancy support of parents: the Nurse-Family Partnership. In: Victims and Offenders, 2, 205–225.

Olds, D. / Henderson / C. R. / Kitzman, H. J. / Eckenrode, J. J. / Cole, R. E. / Tatelbaum, R. C. (1999): Prenatal and infancy home visitation by nurses: Recent findings. In: The Future of Children, 9, 44–63.

Olds, D. / Kitzman, H. J. / Cole, R. E. / Robinson, J. / Sidora, K. / Luckey, D. W. / Henderson, C. R. / Hanks, C. / Bondy, J. / Holmberg, J. (2004): Effects of nurse home-visiting on maternal life-course and child development: age 6 follow-up results of a randomized trial. In: Pediatrics, 114 (4), 1550–1559.

Opp, G. / Unger, N. (2006): Kinder stärken Kinder. Positive Peer Culture in der Praxis. Hamburg: Edition Körber Stiftung.

Otto, H. / Keller, H. (2013): Bindung und Kultur. Nifbe-Themenheft Nr. 1. Verfügbar unter: http://www.mainkrokodile.de/pdfs/13_11_15QEBindungKultur.pdf Zugriff: 10.01.2016

Parens, H. / Kramer, S. (1993): Prevention in mental health. London: Jason Aronson.

Pauli-Pott, U. (1991): Die moderne Temperamentsforschung und ihre Bedeutung im transaktionalen Entwicklungsmodell. In: Psychosozial, 46, 29–37.

Pearce, J. W. / Pearce, T. D. (1994): Attachment theory and its implications for psychotherapy with maltreated children. In: Child Abuse & Neglect, 18, 425–438.

Pekrun, R. (1991): Schulleistung, Entwicklungsumwelten und Prüfungsangst. In: Pekrun, R. / Fend, H. (Hrsg.): Schule und Persönlichkeitsentwicklung: Ein Resümee der Längsschnittforschung. Stuttgart: Enke, 164–180.

Petermann, F. / Niebank, K. / Scheithauer, H. (Hrsg.) (2000): Risiken in der frühkindlichen Entwicklung. Göttingen: Hogrefe

Pfeiffer, E. / Lehmkuhl, U. (2003): Bindungsstörungen. In: Herpertz-Dahlmann, B. / Resch, F. / Schulte-Markwort, M. / Warnke, A. (Hrsg.): Entwicklungspsychiatrie. Biopsychologische Grundlagen und die Entwicklung psychischer Störungen (Kapitel 4.6). Berlin: Schattauer

Pianta, R. C. (1999): Enhancing Relationships between Children and Teachers (1st Ed.). Washington, DC: American Psychological Association.

Pianta, R. C. (2006): Teacher-child relationships and early literacy. In D. Dickinson & S. Neuman (Eds.), Handbook of early literacy research, Vol. 2 (pp. 149–162). New York: Guilford Press.

Pianta, R. C. / Nimetz, S. L. (1991): Relationships between children and teachers: Associations with classroom and home behavior. Journal of Applied Developmental Psychology, 12, 379–393.

Pianta, R. C. / Nimetz, S. L. (1999): Relationships between children and teachers: associations with classroom and home behavior. In: Journal of Applied Developmental Psychology, 12, 379–393.

Pierrehumbert, B. (1998): Entwicklungskonsequenzen aus der Erweiterung der Mutter-Kind-Dyade. In: Ahnert, L. (Hrsg.), Tagesbetreuung für Kinder unter drei Jahren. Theorien und Tatsachen. Göttingen: Huber, 99–112.

Quigley, R. (2004): Positive Peer Groups: "Helping others" meets primary deve-

lopmental needs. In: Reclaiming Children and Youth, 13 (3), 134–137.
Raschke, I./Weber, C. (1998): Frühe Sozialbeziehungen in altershomogenen Kleinkindgruppen. In: Ahnert, L. (Hrsg.): Tagesbetreuung für Kinder unter drei Jahren. Theorien und Tatsachen. Göttingen: Huber, 113–124.
Rauh, H. (2002): Vorgeburtliche Entwicklung und Frühe Kindheit. In: Oerter, R./Montada, L. (Hrsg.): Entwicklungspsychologie. Weinheim: Beltz.
Rauh, H. (2008): Resilienz und Bindung bei Kindern mit Behinderungen. In: Opp, G./Fingerle, M. (Hrsg.): Was Kinder stärkt. Erziehung zwischen Risiko und Resilienz. 3. Aufl. München: Ernst Reinhardt Verlag, 175–191.
Rauh, H./Ziegenhain, U. (1996): Krippenerfahrung und Bindungsentwicklung. In: Tietze, W. (Hrsg.): Früherziehung. Trends, international Forschungsergebnisse, Praxisorientierungen. Neuwied: Luchterhand, 97–113.
Remsperger, R. (2011): Sensitive Responsivität. Zur Qualität pädagogischen Handelns im Kindergarten. Wiesbaden: VS Verlag für Sozialwissenschaften.
Remsperger, R. (2013): Reaktionen von Kindern auf eine höhere bzw. geringere sensitive Responsivität in unterschiedlichen pädagogischen Situationen. In K. Fröhlich-Gildhoff/I. Nentwig-Gesemann/A. König/U. Stenger/D. Weltzien (Hrsg.), Forschung in der Frühpädagogik – Band 6. Schwerpunkt: Interaktionen zwischen Fachkräften und Kindern (S.119–144). Freiburg: FEL.
Rogers, C. R. (1959): A theory of therapy, personality and interpersonal relationships as development in client-centered framework. In: Koch, S. (Ed.): Psychology: A study of a science. Vol. III. New York: McGraw Hill, Pp. 184–256.
Rutter, M./Maughan, B./Mortimore, P./Ouston, J./Smith, A. (1979): Fifteen thousand hours: secondary schools and their effects on children. London: Open Books; Cambridge: Harvard University Press.
Rutter, M./Sroufe, L. A. (2000): Developmental psychopathology: Concepts and challenges. In: Development and Psychopathology, 12 (3), 265–296.
Sachse, R. (2006): Therapeutische Beziehungsgestaltung. Göttingen: Hogrefe.
Sameroff, A. J. (2005): Ports of entry and the dynamics of mother-infant interventions. In: Sameroff, A. J./McDonough, S. C./Rosenblum, K. L. (Eds.): Treating Parent-Infant Relationship Problems (2nd Ed.). New York: Guilford Press, 3–28.
Sarimski, K. (2000): Frühgeburt als Herausforderung. Psychologische Beratung als Bewältigungshilfe. Göttingen: Verlag für Psychologie.
Scheithauer, H./Petermann, F. (1999): Zur Wirkungsweise von Risiko- und Schutzfaktoren in der Entwicklung von Kindern und Jugendlichen. In: Kindheit und Entwicklung 8, 3–14.
Scheuerer-Englisch, H. (1989): Das Bild der Vertrauensbeziehung bei zehnjährigen Kindern und ihren Eltern: Bindungsbeziehungen in längsschnittlicher und aktueller Sicht. Dissertation, Universität Regensburg.
Scheuerer-Englisch, H. (2007): Bindungssicherheit fördern – eine wesentliche Aufgabe der Erziehungs- und Familienberatung. In: Psychologie in Erziehung und Unterricht 54, 2, 161–174.
Schick, A. (2004): Inhalte, Implementation und Effektivität eines Gewaltpräventions-Curriculums. In: SchulVerwaltung spezial, 3, 22–24.
Schick, A. (2006): Gewaltprävention in Grundschule und Kindergarten mit Faustlos. In: Psychoanalyse im Widerspruch, 35, 91–106.
Schick, A./Cierpka, M. (2002): FAUSTLOS – Ein Gewaltpräventions-Curriculum für Grundschulen und Kindergärten – Praktische Anwendung und Effektivität. epd-Dokumentation, 49, 66–75.
Schick, A./Cierpka, M. (2003): Faustlos: Evaluation eines Curriculums zur Förderung sozial-emotionaler Kompetenzen und zur Gewaltprävention in der Grundschule. In: Kindheit und Entwicklung, 12, 100–110.
Schick, A./Cierpka, M. (2004): Evaluation des Faustlos-Curriculums für den Kindergarten. Stuttgart: Landesstiftung Baden-Württemberg.
Schick, A.,/Cierpka, M. (2005): Faustlos: Evaluation of a curriculum to prevent violence in elementary schools. In: Journal of Applied & Preventive Psychology, 11, 157–165.
Schirmer, B. (2011): Herausforderndes

Verhalten in der Kita. Zappelphilipp, Trotzkopf & Co. Göttingen: Vandenhoeck & Ruprecht.
Schleiffer, R. (2005): Über Lernvermeidung – Eine funktionale Analyse „lernbehinderter" Kommunikation. In: Zeitschrift für Sozialpädagogik, 3, 338–359.
Schmidt, H. D. / Scheeweiß, B. (1985): Schritt um Schritt – die Entwicklung des Kindes bis zum 7. Lebensjahr. Berlin: Verlag Volk und Gesundheit.
Schneewind, J. (2005): Alle Gefühle haben ihren Grund. Interview mit Julia Schneewind. In: klein & groß, 10, 7–8.
Schneewind, J. / Landowsky, A. (2002): Kindergarten plus – Ein Programm zur Förderung der sozialen und emotionalen Kompetenzen im Kindergarten. http://www.juliaschneewind.de/documents/Kindergartenplus_SchneewindLandowsky_2003.pdf [24.11.2008].
Schneewind, K. A. (1995): Beziehungsempowerment: Handreichungen zur Stärkung von Beziehungsfertigkeiten in unterschiedlichen Lebensbereichen. In W. Edelstein (Hrsg.), Entwicklungskrisen kompetent meistern. Heidelberg: Asanger, 110–112.
Schore, A. (1994): Affect Regulation and the Origin of the Self. Hillsdale, NJ: Erlbaum.
Schwarzer, R. (1983): Unterrichtsklima als Sozialisationsbedingung für Selbstkonzeptentwicklung. In: Unterrichtswissenschaft, 11 (2), 129–148.
Sendak (1967): Where the wild things are. Random House, UK Ltd. (deutsche Auflage: Wo die wilden Kerle wohnen, erschienen im Diogenes Verlag)
Sieran, S. / Dähne, V. / Brand, T. / Kurtz, V. / van Klitzing, K. & Jungmann, T. (2015): Effects of home visitation on maternal competencies, family enviroment, and child development. A randomized controlled trial. Prevention Science, 16 (5), http://dx.doi.org/10.1007/s11121-015-0573-8
Sheraan, T. / Marvin, R. / Pianta, R. (1997): Mothers' resolutions of their child diagnosis and self-reported measures of parenting stress, marital relations, and social support. In: Journal of Pediatric Psychology, 22, 197–212.
Sierau, S. / Dähne, V. / Brand, T. / Kurtz, V. / von Klitzing, K. / Jungmann, T. (2015): Effects of home visitation on maternal competencies, family environment, and child development. A randomized controlled trial. Prevention Science, 16 (5), http://dx.doi.org/10.1007/s11121-015-0573-8
Spangler, G. / Grossmann, K. (1999): Individual and physiological correlates of attachment disorganization in infancy. In: Solomon, J. / George, C. (Ed.): Attachment disorganization. New York: Guilford 95–124.
Spangler, G. / Grossmann, K. E. (1993): Biobehavioral organization in securely and insecurely attached infants. In: Child Development, 64, 1439–1450.
Spangler, G. / Zimmermann, P. (2015): Die Bindungstheorie: Grundlagen, Forschung und Anwendung. 7. Aufl. Stuttgart: Klett-Cotta.
Spangler, G./Zimmermann, P. (1999): Bindung und Anpassung im Lebenslauf: Erklärungsansätze und empirische Grundlagen für Entwicklungsprognosen. In: Oerter, R./v. Hagen, C./Röper, G./Noam, G. (Hrsg.): Klinische Entwicklungspsychologie, 170–194.
Spindler, A. / Lux, U. (2012): Evaluation des Präventionsprogramms „SAFE – Sichere Ausbildung für Eltern". Ergebnisbericht zu den Mentorenschulungen und Elternkursen 2007–2010. IFP-Projektbericht 21 / 2012, Handlungsfeld: Professionalisierung. Online verfügbar unter: http://www.ifp.bayern.de/imperia/md/content/stmas/ifp/ifp_bericht_safe_nr21-2012.pdf Zugriff: 11.01.2016
Spivack, G. / Shure, M. B. (1974): Social adjustment of young children. A cognitive approach to solving real-life problems. San Francisco: Jossey-Bass.
Sroufe, L. A. (1983): Infant–caregiver attachment and patterns of adaptation in preschool: The roots of mal-adaption and competence. In: Perlmutter, M. (Ed.): Minnesota Symposia in Child Psychology (Vol. 16, pp. 41–83). Hillsdale, NJ: Erlbaum.
Sroufe, L. A. / Egeland, B. / Carlson, E. (1999): One social world: The integrated development of parent–child and peer relationships. In: Collins, A. / Laursen, B. (Eds.), Minnesota Symposium on Child Psychology, Vol. 30. Mahwah, NJ: Erlbaum, 241–261.
Sroufe, L. A. / Fleeson, J. (1986): Attachment and the construction of relationships. In: Hartup, W. / Rubin, Z. (Eds.): Relationships

and development: Hillsdale, NJ: Erlbaum, 51–71.

Statistisches Bundesamt (2004): Datenreport 2004. Zahlen und Fakten über die Bundesrepublik Deutschland. Berlin: Bundeszentrale für politische Bildung.

Steele, H. (2002): State of the art: attachment theory. In: The Psychologist, 15 (10), 518–522.

Steinhausen, H.-C. (2000): Hyperkinetische Störungen bei Kindern, Jugendlichen und Erwachsenen. Stuttgart: Kohlhammer.

Stephan, C. (2015): Bindungsbeziehung – Spielbeziehung – Kompetenzentwicklung. In: Spangler, G. / Zimmermann, P. (Hrsg.): Die Bindungstheorie: Grundlagen, Forschung und Anwendung. 7. Aufl. Stuttgart: Klett-Cotta, 265–281.

Stern, D. (2004): The motherhood constellation: Therapeutic approaches to early relational problems. In: Sameroff, A. / McDonough, S. / Rosenblum, K. (Eds.): Treating parent-infant relationship problems: Strategies for intervention. New York: Guilford Press, 29–42.

Strauß, B. (2006): Bindungsforschung und therapeutische Beziehung. In: Psychotherapeut 51, 5–14.

Sturzbecher, D. / Großmann, H. (2008): Die Erzieherin-Kind-Beziehung aus der Sicht des Kindes im Vergleich zur Eltern-Kind-Beziehung. In: Becker-Stoll, F. / Textor, M. R. (Hrsg.): Die Erzieherin-Kind-Bindung. Zentrum von Bildung und Erziehung. Berlin: Cornelsen, 42–57.

Suess, G. J. / Kißgen, R. (2005): STEEP – ein bindungstheoretisch und empirisch fundiertes Frühinterventionskonzept. In: Psychologie in Erziehung und Unterricht, 4, 287–292.

Suess, G. J. / Zimmermann, P. (2001): Anwendung der Bindungstheorie und Entwicklungspsychopathologie. Eine neue Sichtweise für Entwicklung und (Problem-) Abweichung. In: Suess, G. J. / Scheuerer-Englisch, H. (Hrsg.): Bindungstheorie und Familiendynamik. Gießen: Psycho-Sozial.

Textor, M. R. (2008): Bildung in der Erzieherin-Kind-Beziehung. In: Becker-Stoll, F. / Textor, M. R. (Hrsg.): Die Erzieherin-Kind-Bindung. Zentrum von Bildung und Erziehung. Berlin: Cornelsen, 74–96.

Thiel-Bonney, C. (2002): Beratung von Eltern mit Säuglingen und Kleinkindern. Videogestützte Verhaltensbeobachtung und Videomikroanalyse als Interventionsmöglichkeit. In: Psychotherapeut, 47, 381–384.

Thurmair, M. (2003): Heilpädagogische Schwerpunkte in der interdisziplinären Frühförderung. Kindheit und Entwicklung, 12 (1), 12–19.

Tietze, W. / Roßbach, H.-G. / Grenner, K. (2005): Kinder von 4 bis 8 Jahren. Zur Qualität der Erziehung und Bildung im Kindergarten, Grundschule und Familie. Weinheim: Beltz.

Trotzkopf & Co. Göttingen: Vandenhoeck & Ruprecht.

Tulving, E. (1985): How many memory systems are there? American Psychologist, 40, 385–398.

van den Boom, D. C. (1994): The influence of temperament and mothering on attachment and exploration: An experimental manipulation of sensitive responsiveness among lower-class mothers with irritable infants. In: Child Development, 65, 1457–1477.

van IJzendoorn, M. H. / Schuengel, C. / Bakermans-Kranenburg, M. J. (1999): Disorganized attachment in early childhood: Meta-analyis of precursors, concomitants, and sequelae. In: Development and Psychopathology, 11, 225–249.

Van Ijzendoorn, M. J. (1995): Adult attachment representations, parental responsiveness, and infant attachment: A meta-analysis on the predicitive validity of the adult attachment interview. In: Psychological Bulletin, 117, 387–403.

Viernickel, S. (2000): Spiel, Streit und Gemeinsamkeiten. Landau: Empirische Pädagogik.

Viernickel, S./Netwing-Gesemann, I./Harms, H./Schwarz, S./Richter, S. (2011): Profis für Krippen: Curriculare Bausteine für die Aus- und Weiterbildung pädagogischer Fachkräfte. Freiburg: FEL.

Vogt-Hillmann, M. / Burr, W. (2006): Kinderleichte Lösungen. Lösungsorientierte Kreative Kindertherapie. 5. Aufl. Dortmund: borgmann.

von Schlippe, A. / Schweitzer, J. (1996): Lehrbuch der systemischen Therapie und Beratung. Göttingen: Vandenhoeck & Ruprecht.

Wartner, U. G. / Grossmann, K. / Fremmer-Bombik, E. / Suess, G. (1994): Attachment patterns at age six in south Germany: Predictability from infancy and implications for preschool behavior. Child Development 65:1014–1027.

Waters, E. / Deane, K. E. (1985): Defining and assessing individual differences in attachment relationships: Q-methology and the organization of behavior in infancy and early childhood. In: Bretherton, I. / Waters, E. (Eds.): Growing points of attachment theory and research. Monographs of the Society for Research in Child Development, Serial No. 209, Vol. 50, Nos. 1–2, 39–40.

Waters, T. (2003): The therapeutic use of story writing. In: Journal of Psychodynamic Practice, 8, 343–358.

Werner, E. E. / Smith, R. S. (1982): Vulnerable but invincible: A longitudinal study of resilient children and youth. New York: McGraw-Hill.

Wild, R. (1998): Kinder wissen, was sie brauchen. Freiburg: Herder.

Winnicott, D. W. (1976): Von der Kinderheilkunde zur Psychoanalyse. München: Kindler.

Wygotski (1987): Ausgewählte Schriften. Band 2: Arbeiten zur psychischen Entwicklung der Persönlichkeit. Köln: Pahl-Rugenstein.

Wygotski, L. (1978): Denken und Sprechen. Frankfurt: Fischer.

Zentner, M. R. (2000): Das Temperament als Risikofaktor in der frühkindlichen Entwicklung. In: Petermann, F./Niebank, K. / Scheithauer, H. (Hrsg.): Risiken in der frühkindlichen Entwicklung. Göttingen: Hogrefe, 258–281.

Zentner, M./Bates, J. E. (2008): Child temperament: An integrative review of concepts, research programs, and measures. European Journal of Development Science, Vol. 2, No. 1–2, 7–37.

Ziegenhain, U. / Derksen, B. / Dreisörner, R. (2004): Frühe Förderung von Resilienz bei jungen Müttern und ihren Säuglingen. In: Kindheit und Entwicklung, 13 (4), 226–234.

Ziegenhain, U. / Dreisörner, R. / Derksen, B. (1999): Intervention bei jugendlichen Müttern. In: Suess, G. J. / Pfeiffer, W.-K. (Hrsg.): Frühe Impulse. Die Anwendung der Bindungstheorie in der Beratungspraxis. Gießen: Edition Psychosozial, 222–245.

Ziegenhain, U. / Fegert, J. M. (2012): Frühkindliche Bindungsstörungen. In: Eggers, C. / Fegert, J. M. /Resch, F. (Hrsg.): Psychiatrie und Psychotherapie des Kindes und Jugendalters. 2. Aufl. Berlin: Springer, 875–890.

Ziegenhain, U. / Fries, M. / Bütow, B. / Derksen, B. (2006): Entwicklungspsychologische Beratung für junge Eltern. Grundlagen und Handlungskonzepte für die Jugendhilfe. Weinheim: Juventa.

Ziegenhain, U. / Rauh, H. / Müller, B. (1998): Emotionale Anpassung von Kleinkindern an die Krippenbetreuung. In: Ahnert, L. (Hrsg.), Tagesbetreuung für Kinder unter drei – Theorien, Tatsachen. Göttingen: Hogrefe, 82–98.

Ziegenhain, U. / Wolff, U. (2000): Der Umgang mit Unvertrautem – Bindungsbeziehung und Krippeneintritt. In: Psychologie in Erziehung und Unterricht, 47, 176–188.

Zimmermann P. (2015): Bindungsentwicklung von der frühen Kindheit bis zum Jugendalter und ihre Bedeutung für den Aufbau von Freundschaftsbeziehungen. In: Spangler, G. / Zimmermann, P. (Hrsg.): Die Bindungstheorie. Grundlagen, Forschung und Anwendung. 7. Aufl. Stuttgart: Klett-Cotta, 203–231.

Zimmermann, P. (1999): Emotionsregulation im Jugendalter. In: Friedlmeier, W. / Holodynski, M. (Hrsg.): Emotionale Entwicklung. Heidelberg: Spektrum, 219–240.

Zimmermann, P. (2007): Bindung und Erziehung – gleiche oder sich ergänzende Beziehungsfaktoren? Zusammenhänge zwischen elterlicher Autonomie- und Kompetenzunterstützung, Bindungsrepräsentation und Selbstregulation im späten Jugendalter. In: Psychologie in Erziehung und Unterricht, 54, 2, 147–160.

Zimmermann, P. / Becker-Stoll, F. / Fremmer-Bombik, E. (1997): Die Erfassung der Bindungsrepräsentation mit dem Adult Attachment Interview: Ein Methodenvergleich. Kindheit und Entwicklung , 3, 173–182.

Zimmermann, P. / Suess, G. J. / Scheuerer-Englisch, H. / Grossmann, K. (2000): Der Einfluss der Eltern-Kind-Bindung auf die Entwicklung psychischer Gesundheit. In: Petermann, F. / Niebank, K. / Scheithauer, H. (Hrsg.): Risiken in der frühkindlichen Entwicklung. Göttingen: Hogrefe, 301–325.

**Raum für Notizen:**

**Raum für Notizen:**

**Raum für Notizen:**

**Raum für Notizen:**

**Raum für Notizen:**

**Raum für Notizen:**

## Raum für Notizen:

# Kraft aus sich selbst schöpfen ...

BEST SELLER

Martin Brentrup / Brigitte Geupel

## Selbstwert, Selbstfürsorge und Achtsamkeit

Verfahrensübergreifendes Übungsbuch für zentrale Variablen psychotherapeutischer Prozesse

Mit den Themen Selbstwert, Selbstfürsorge und Achtsamkeit wird die Reihe „Ideen aus der Box" fortgesetzt.

In diesem Band stellen die Autoren eine Sammlung ihrer in langjähriger Praxis erprobtenÜbungen aus verfahrensübergreifender Perspektive vor. Sie fokussieren mit einem ressourcenorientierten Ansatz auf die Wechselbeziehung von Selbstwert, Selbstfürsorge und Achtsamkeit. Diese 3 Faktoren stellen Hauptziel- und Wirkebenen psychotherapeutischer Prozesse dar. Die Übungen sind leicht an Patientenmerkmale, Phasen und Prozesse anzupassen. Sie wurden aus anderen Methoden und Ansätzen verdichtet bzw. weiterentwickelt.

Wie im ersten Band der Autoren „Ideen aus der Box" wird die Textsammlung durch eine CD ergänzt. Diese enthält Materialien zum Ausdrucken und Fotos für die Arbeit mit Kraft-Quellen-Karten.

Das Buch wendet sich sowohl an Einsteiger mit entsprechender supervisorischer Unterstützung, als auch an erfahrene Tätige in den Bereichen: Psychotherapie, Beratung und Coaching.

2., verb. Aufl. 2016, 128 S., Beigabe: Bildkarten und Materialien auf CD-ROM, Format DIN A5, Ringbindung

**ISBN 978-3-942976-19-0 | Bestell-Nr. 9444 | 18,80 Euro**

Ben Furman

## Es ist nie zu spät, eine glückliche Kindheit zu haben

Bestseller: Bisher über 60.000 Auflage!

In Wissenschaft und Öffentlichkeit ist der Mythos fest verankert, dass schwierige Bedingungen in der Kindheit unweigerlich zu einem unglücklichen, gefährdeten Erwachsenenleben führen. Dies kann so sein, ist aber in den meisten Fällen nicht zwangsläufig so.

Furman lässt eine große Zahl von Betroffenen selbst zu Wort kommen, die einen schwierigen Start ins Leben hatten und trotzdem oder gerade deshalb ein gelungenes Leben führen konnten. Hier geht es nicht darum, die Wahrheit zu schönen oder zu verbiegen und uns selbst zu belügen, damit wir die traurige Vergangenheit in rosarotem Licht sehen!

Wir sollen auch nicht so tun, als hätten wir eine glückliche Kindheit gehabt, wenn es nicht so war. Aber tief in ihrem Herzen wissen die Menschen oft, was ihnen helfen könnte, und schaffen es trotz widriger Umstände glücklich zu werden. Das Buch will Mut machen, auf die innere Stimme zu hören.

Das Buch wurde in die Liste der „Einhundert Meisterwerke der Psychotherapie" aufgenommen.

8. Aufl. 2019, 112 S., Format DIN A5, br

**ISBN 978-3-8080-0845-4 | Bestell-Nr. 8398 | 15,30 Euro**

Jürgen Hargens

## Gut eingestimmt?

Zum Umgang mit Stimmungslagen

„Der Ratgeber bietet einen kleinen ‚Methodenkoffer', der den Umgang mit Stimmungsschwankungen erleichtern kann. Er gibt Anleitungen, wie die Betroffenen die einzelnen Methoden adäquat für sich nutzen können. Dabei greift er u.a. auf kognitiv verhaltenstherapeutische Methoden zurück (z.B. Skalen) und klärt über die Funktion der sogenannten ‚Wunderfrage' auf (systemischer Ansatz), um nur zwei Beispiele zu nennen. Die Sprache in dem Buch ist sehr einfach gehalten, so dass es für die LeserInnen – auch ohne Vorkenntnisse – gut verständlich ist. Hargens arbeitet mit vielen bildhaften Beispielen. So gibt er z.B. auch in seinen Übungen Vorschläge, was für Gedanken kommen könnten etc. Die meisten Übungen sind gut in den Alltag integrierbar. Der Autor schreibt viel in der Ich-Form, was dem Ratgeber eine persönliche Note verleiht und dem/ der Betroffenen Hoffnung gibt.

Alles in allem ist dieser Ratgeber eine gute erste Hilfe, um einen geeigneteren Umgang mit Stimmungsschwankungen zu finden. Er zeigt einige Ideen und Methoden, die keinen Anspruch auf Vollständigkeit und keine allgemeine Wirkungsgarantie haben. Letzteres wird vor allem durch den Schreibstil in der Ich-Form deutlich ..." Anika Stitz, socialnet.de

2. Aufl. 2015, 128 S., Format 11,5x18,5cm, Klappenbroschur

**ISBN 978-3-86145-336-9 | Bestell-Nr. 8573 | 9,60 Euro**

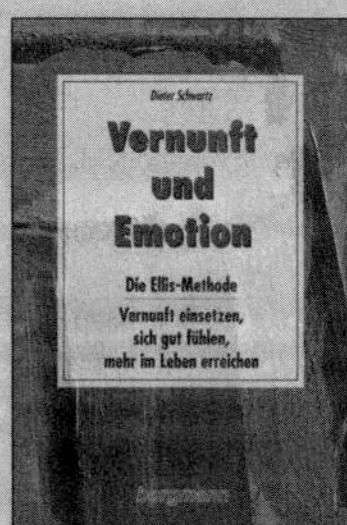


Dieter Schwartz

## Vernunft und Emotion

Die Ellis-Methode –
Vernunft einsetzen, sich gut fühlen, mehr im Leben erreichen

„Es sind nicht die Dinge allein, die die Menschen beunruhigen, sondern die Sicht, die sie von den Dingen haben." Epiktet

Verständlich und klar zeigt das Buch den Zusammenhang von Denken, Fühlen und Handeln.

Der Leser wird angeleitet, sein Denken mit Hilfe der Vernunft zu überprüfen und eine neue hilfreiche Lebensphilosophie zu entwickeln. Diese ermöglicht es, in so unterschiedlichen Lebensbereichen wie Partnerschaft, Liebe, Sexualität und Beruf mehr persönliche Zufriedenheit zu erlangen.

Auf der Grundlage Rational-Emotiver & Kognitiver Verhaltenstherapie zeigt Dieter Schwartz wie

– hinderliche, negative Gefühle, beispielsweise Angstzustände, Ärger, Schuldgefühle, depressive Stimmungen u.a., in gesunde zielförderliche Gefühle umgewandelt werden können

– ungesunder Stress und dysfunktionales Verhalten zu überwinden ist

– man eine Lebensphilosophie im Dienste seelischer Gesundheit entwickeln und so vorbeugend mit den Widrigkeiten und möglichen Schicksalsschlägen des Lebens umgehen kann.

8. Aufl. 2019, 200 S., Format DIN A5, br

**ISBN 978-3-86145-344-4 | Bestell-Nr. 8395 | 15,30 Euro**

verlag modernes lernen

Schleefstraße 14, D-44287 Dortmund
Telefon 02 31 12 80 08, Fax 02 31 12 56 40
E-Mail: info@verlag-modernes-lernen.de
Leseproben und Bestellen im Internet: www.verlag-modernes-lernen.de